外国家庭法及妇女理论研究中心项目
家 事 法 研 究 学 术 文 库

陈 苇 主编

中国诉讼离婚中儿童权利保护研究

张庆林 著

中国人民公安大学出版社
2021 · 北京

《家事法研究学术文库》顾问

（以姓氏笔画为序）

丛书主编简介

陈苇 女，1987年于西南政法学院民法专业硕士研究生毕业，获法学硕士学位，留该校任教。主要研究方向为婚姻家庭继承法、妇女儿童老人权益保护。2003年12月至2004年12月，其受国家留学基金资助公派出国留学，作为访问学者到澳大利亚悉尼大学法学院进修外国家庭法。西南政法大学民商法学院教授、博士生导师，家庭法国际学会第十六届执行委员会副主席和学术委员会委员，中国法学会婚姻家庭法学研究会副会长，重庆市妇联法律顾问，重庆市儿童工作资源中心专家，重庆市高级人民法院家事审判方式和工作机制改革试点工作指导小组成员。

代表性成果包括：独著、主编、主持翻译的《中国婚姻家庭法立法研究（初版、第二版）》《外国婚姻家庭法比较研究》《当代中国内地与港、澳、台婚姻家庭法比较研究》《中国大陆与港、澳、台继承法比较研究》《当代中国民众继承习惯调查实证研究》《外国继承法比较与中国民法典继承编制定研究》《改革开放三十年（1978–2008）中国婚姻家庭继承法研究之回顾与展望》《中国继承法修改热点难点问题研究》《我国防治家庭暴力情况实证调查研究》《21世纪家庭法与家事司法：实践与变革》《中国妇女儿童权益法律保障情况实证调查研究》《中国遗产处理制度系统化构建研究》《当代中国民众财产继承观念与遗产处理习惯实证调查研究》《中国婚姻家庭法理论与实践研究》《中国继承法理论与实践研究》《加拿大家庭法汇编》《澳大利亚家庭法（2008年修正）》《美国家庭法精要（第五版）》《澳大利亚法律的传统与发展（第三版）》等著作、译作20余部；在《中国法学》《法律科学》《法学》《法商研究》以及International Journal of Law, Policy and the Family; The International Survey of Family Law; US–China Law Review; 21st Century Law Review等中外学术刊物发表中英文学术论文90余篇。此外，还主编出版《家事法研究》学术论文集刊六卷（2005年卷至2010年卷）和“家事法研究学术文库”其他著作20余部；应邀与美国、意大利学者合作撰写美国法学院比较家庭法英文教材1部：Practical Global Family Law ——United States, China and Italy（2009年4月在美国出版）。

目　录

CONTENTS

Appendix

前　言

自1978年西南政法学院复办以来，我国著名的婚姻法专家、中国法学会婚姻法学研究会副总干事杨怀英教授担任我校婚姻法研究方向的学科带头人。1985年3月至7月，我校承担了司法部委托的全国法律专业婚姻法师资进修班的教学任务。当时全国著名的婚姻法专家巫昌祯、杨大文、王德意、李忠芳、任国钧等教授应邀前来我校，与杨怀英教授及胡平等教师共同为来自全国的婚姻法师资进修班学员上课，传授婚姻法学的理论知识和教学经验。如今，该进修班学员大部分都成为各高校婚姻法领域的知名专家学者和骨干教师，他们为国家培养了大批优秀的人才。因此，可以说我校是我国婚姻法学人才培养的摇篮。在科研方面，杨怀英教授先后主编出版《滇西南边疆少数民族婚姻家庭与法的研究》（法律出版社1988年出版）、《中国婚姻法论》（重庆出版社1989年出版，1991年荣获重庆市社科优秀科研成果三等奖）、《凉山彝族奴隶社会法律制度研究》（四川民族出版社1994年出版，1996年荣获四川省社科优秀科研成果二等奖）等专著和教材。1995年杨怀英教授去世后，由中国法学会婚姻法学研究会常务理事邓宏碧教授担任我校婚姻法研究方向的学科带头人。邓宏碧教授、胡平副教授等老教师带领讲授婚姻法课程的教师们，继续努力进行教学和科研工作。尤其值得指出的是，邓宏碧教授主编的《中国少数民族人口政策研究》（国家社会科学“八五”规划重点科研项目，重庆出版社1998年出版）于2001年荣获重庆市社会科学优秀科研成果一等奖。

薪火相传。本人于1979年9月考入西南政法学院法律系本科进行学习，1983年6月毕业任教1年后，于1984年9月考入西南政法学院攻读民法专业硕士研究生，师从杨怀英教授，主要研究方向为婚姻家庭继承法。1987年7月本人硕士研究生毕业后留校任教。自1979年9月我在母校学习法律知识，毕业后主要从事婚姻家庭继承法及妇女儿童老年人权益保护的教学和科研工作，至今已近40年。近40年里，在母校各级领导和老师们的辛勤培养下，在本人的勤奋工作和刻苦钻研下，在该校我由一名学生逐步成长为助教、讲师、副教授、教授、博士生导师、博士后合作导师；于1996年5月起担任民法教研室副主任，于1999年5月起担任民法教研室主任，于2003年5月至2019年6月担任婚姻家庭继承法教研室主任。在婚姻法学界老一辈专家的辛勤培养下，本人于1996年7月起担任中国法学会婚姻法学研究会理事；于1999年7月起担任中国法学会婚姻法学研究会常务理事；于2004年7月起担任中国法学会婚姻家庭法学研究会副会长；于2011年11月起担任家庭法国际学会第十四届执行委员会委员；于2014年8月起至2017年6月，担任家庭法国际学会第十五届执行委员会委员兼学术委员会委员；于2017年7月至2020年9月担任家庭法国际学会第十六届执行委员会副主席兼学术委员会委员。必须说明的是，自2011年11月由第十四届家庭法国际学会主席、澳大利亚悉尼大学法学院 Patrick Parkinson 教授[①]提名，经家庭法国际学会执行委员会研

① Patrick Parkinson 教授是我受中国国家留学基金资助以访问学者身份于2003年12月至2004年12月在澳大利亚悉尼大学法学院进修外国家庭法的导师。

究同意，受聘担任家庭法国际学会第十四届执行委员会委员以来，我每年积极撰写论文，“以文参会”，先后到意大利、韩国、法国、英国、巴西、荷兰等国出席家庭法国际学会召开的执委会、地区性会议和世界大会，在会上积极发言，发出中国声音，阐述中国见解，增进了其他国家学者对中国婚姻家庭领域新问题和最新修改立法的了解，扩大了中国婚姻家庭法学者在家庭法学术研究领域的国际影响力。2014 年 8 月，家庭法国际学会在巴西召开“第十五届家庭法世界大会”，会上我当选为家庭法国际学会第十五届执行委员会委员兼学术委员会委员。2017 年 7 月，家庭法国际学会在荷兰召开“第十六届家庭法世界大会”，会上我当选为家庭法国际学会第十六届执行委员会副主席并继续兼任学术委员会委员。作为中国婚姻家庭法专家，在家庭法国际学会中我是第一位来自中国的副主席，为祖国争了光。从此，我在家庭法国际学会领导层这一最高平台上，可以发出中国声音、讲述中国故事、贡献中国智慧，这有利于进一步促进中外婚姻家庭继承法研究领域的国际学术交流，为各国婚姻家庭继承法律制度的改革提供参考，以造福于全人类的婚姻家庭。

在校内学术研究和人才培养方面，2003 年 12 月至 2004 年 12 月，本人受国家留学基金资助由教育部公派出国留学，作为访问学者到澳大利亚悉尼大学法学院进修外国家庭法 1 年。留学回国后，我于 2005 年 1 月向学校提出建立“西南政法大学外国家庭法及妇女理论研究中心”的书面申请。2005 年 4 月 1 日，西南政法大学校长办公会议批准同意该研究中心成立，任命我担任主任。自 2005 年 4 月该研究中心成立以来，本人夙夜忧虑、恐负厚望，带领研究中心的教师和研究生组成科研创新团队，勤奋科研，不敢懈怠。至 2020 年 12 月止的十余年里，我担任项目负责人主持、带领团队成员师生共同完成并公开出版的中文著作和译著 20 余部，主要有：《外国婚姻家庭法比较研究》（重庆市哲学社会科学“十五”规划项目成果著作，2006年1月出版）、《加拿大家庭法汇编》（2006年1月出版）、《中国大陆与港、澳、台继承法比较研究》（重庆市教委人文社科项目成果著作，2007年1月出版）、《当代中国民众继承习惯调查实证研究》（国家社科基金项目子课题成果著作，2008年1月出版）、《澳大利亚家庭法（2008年修正）》（重庆市教委人文社科重点项目成果译作，2009年1月出版）、《美国家庭法精要（第五版）》（2010年3月出版）、《改革开放三十年（1978~2008）中国婚姻家庭继承法研究之回顾与展望》（西南政法大学重点项目成果著作，2010年1月出版）、《中国婚姻家庭法立法研究（第二版）》（2010年1月出版）、《外国继承法比较与中国民法典继承编制定研究》（国家社科基金项目结项成果著作，经专家匿名评审后被鉴定为“优秀”等级，入选2010年度《国家哲学社会科学成果文库》。全国哲学社会科学办公室在“出版说明”中指出：入选成果代表当前相关领域学术研究的前沿水平，体现我国哲学社会科学界的学术创造力，按照“统一标识、统一封面、统一版式、统一标准”的总体要求组织出版。该著作于2011年3月出版）、《澳大利亚法律的传统与发展（第三版）》（2011年5月出版）、《当代中国内地与港、澳、台婚姻家庭法比较研究》（中国司法部“法治建设与法学理论研究”课题成果著作，2012年5月出版）、《中国继承法修改热点难点问题研究》（2013年10月出版）、《我国防治家庭暴力情况实证调查研究——以我国六省市被抽样调查地区防治家庭暴力情况为对象》（中国法学会部级法学研究课题成果著作，2014年5月出版）、《21世纪家庭法与家事司法：实践与变革》（2016年10月出版）、《中国妇女儿童权益法律保障情况实证调查研究——以中国五省市被抽样调查地区妇女儿童权益法律保障情况为对象（上卷、下卷）》（中国法学会部级法学研究课题成果著作，2017 年 3 月出版）、《中国家事审判改革暨家事法修改理论与实务研究》（2018 年 4 月出版）、《中国民法典编纂视野下家事审判改革暨家事法修改研究》（2019 年 5 月出版）、《中国遗产处理制度系统化构建研究》（中国司法部“法治建设与法学理论研究”课题成果著作，2019 年 5 月出版）、《中国继承法理论与实践研究》（2019 年 5 月出版）、《中国婚姻家庭法理论与实践研究》（2019 年 9 月出版）、《当代中国民众财产继承观念与遗产处理习惯实证调查研究（上卷、下卷）》（中国司法部“法治建设与法学理论研究”子课题成果著作，2019 年 10 月出版）等。此外，本人应邀与美国、意大利学者合作撰写美国法学院比较家庭法英文教材 1 部：Practical Global Family Law——United States, China and Italy（2009 年 4 月在美国出版）。

在国内学术研究和人才培养方面，为促进婚姻家庭继承法领域的学术研究和学术交流，本人于 2005 年创办《家事法研究》学术论文集刊。自《家事法研究》2006 年首卷面世至 2011 年的 6 年期间，先后出版了 2005 年卷至 2010 年卷共计 6 卷，推出了一批具有前沿性的学术论文，培养了一批学术新人，受到国内学术界同仁和实务界人士的肯定和好评，产生了良好的社会影响。为进一步扩大《家事法研究》的学术影响，经本人提出申请，中国法学会婚姻家庭法学研究会常务理事会研究同意，《家事法研究》从 2011 年卷起始转为“中国法学会婚姻家庭法学研究会”的会刊。可以相信，在该研究会的精心主办下，《家事法研究》将在法学理论研究与司法实务探索相结合的沃土中更加茁壮成长，枝繁叶茂！

长江后浪推前浪。为推出婚姻家庭继承法学研究领域具有前沿性、创新性的学术著作，培养更多的学术新人，自 2012 年起本人主编出版《家事法研究学术文库》丛书。此文库丛书作为学术研究和学术交流的平台，遴选出版婚姻家庭继承法研究领域具有前沿水平的博士学位论文和学术专著，每年拟出版 1~3 本。本文库丛书旨在通过婚姻家庭继承法学研究领域最新学术著作的出版，推出一批前沿理论和实务问题研究的新作，促进我国婚姻家庭继承法学研究朝着更深、更广的方向发展，以更多的优秀研究成果为我国民众处理婚姻家庭继承问题提供参考，为国家完善立法、改进司法服务。至 2020 年年底，本文库丛书已出版学术著作 27 部，2021 年拟将出版《法定继承制度研究》《我国收养制度立法完善研究》《中国诉讼离婚中儿童权利保护研究》《当代外国婚姻家庭法研究》等学术著作，以飨读者。

最后，我衷心感谢编辑老师们多年来对本文库丛书出版所付出的辛勤劳动！

陈　苇

《家事法研究学术文库》主编

2021 年 3 月 28 日

自　序

2020年5月28日，中华人民共和国第十三届全国人民代表大会第三次会议通过《中华人民共和国民法典》（以下简称《民法典》）。习近平总书记指出，《民法典》是新中国成立以来第一部以“法典”命名的法律，是完善中国特色社会主义法律体系、构建社会主义法治国家的标志性和划时代的重大成果，是一部固根本、稳预期、利长远的基础性法律。其中，第五编婚姻家庭编是《民法典》的重要组成部分。它是调整婚姻家庭人身关系和财产关系的基础性法律，既调整婚姻双方之间的法律关系，又涉及家庭中妇女、儿童和老人的利益保护。婚姻是家庭的基础，家庭是社会的细胞。没有家庭的美满幸福，也就没有社会的繁荣稳定。因此，我国《民法典·婚姻家庭编》的制定与实施，对于保护婚姻家庭成员的合法权益，维护平等、和睦、文明的婚姻家庭关系，促进社会的稳定发展具有不可忽视的现实意义。

儿童权利的保护状况是衡量一个国家文明程度和法治水平的重要指标。儿童是国家的希望与未来。父母是抚养、照顾、保护儿童的最佳人选。家庭是儿童最初始和最理想的生活场所。儿童因为年幼，心智发育不健全，自我谋生和自我保护能力较差，这就需要父母等家庭成员承担应有的抚养、监护等义务与责任。因此，关注儿童健康成长，保护儿童合法权益已经成为《民法典·婚姻家庭编》的重要原则与任务目标。然而，父母的离婚改变了儿童的家庭生活环境，直接表现为抚养、监护及与父母交往方式的改变。诉讼离婚是我国夫妻双方解除婚姻关系的重要方式。诉讼离婚中儿童抚养、监护及探望等事务的处理直接关系着儿童的身心健康成长。然而现实情况是，我国的相关立法和司法实践仍存在不符合儿童最大利益原则的问题，不利于儿童权利的实现与保护。

令人欣喜的是，与之前我国 1980 年《婚姻法》（已被废止）相比，《民法典·婚姻家庭编》增补了离婚子女抚养问题规则，具体表现为：规定两周岁以下的子女由母亲直接抚养为原则；已满两周岁的子女抚养问题由父母双方协商处理；人民法院判决处理子女抚养问题时应当按照最有利于未成年人子女的原则；子女已满八周岁的应当尊重其真实意愿。这些新的规定充分体现了儿童最大利益原则的精神与理念，尊重儿童独立的主体地位和人格尊严，有利于保护儿童的合法权益。

本书以“中国诉讼离婚中儿童权利保护研究”为题目，以我国诉讼离婚中儿童受抚养权、受监护权和探望权的保护为研究对象，考察儿童权利的法律保障情况，提出诉讼离婚中儿童权利保护的完善建议，以期为我国《民法典·婚姻家庭编》的实施与完善提供参考。就我国诉讼离婚中儿童权利保护问题，本书主要提出如下观点：

关于诉讼离婚与儿童权利保护的必要性，父母离婚对儿童享有的受抚养权、受监护权和探望权造成重要影响。这就要求父母和法院在诉讼离婚中妥善处理儿童事务，保护儿童权利，否则其离婚自由应当受到一定的限制。诉讼离婚中儿童权利保护必须以儿童最大利益为原则，通过确立儿童最大利益原则及具体考量因素，加强法官的审判监督职责，强化父母责任意识来实现。

关于我国诉讼离婚中儿童受抚养权的保护，笔者建议：立法和司法实践应当坚持子女本位思想和儿童最大利益原则，禁止直接抚养人放弃承担子女抚养费的行为，理性对待儿童的意愿，坚持手足不分开原则；同时，人民法院还应当积极承担公力监督职责；在完善儿童抚养费制度方面，建议优先适用收入比例规则，扩大抚养费征收基数，建立父母财产报告制度，结合考虑生活保持标准和最低生活费标准，确立儿童抚养费担保制度。

关于我国诉讼离婚中儿童受监护权的保护，笔者建议：《民法典·婚姻家庭编》应明确儿童监护制度，以提高父母的监护责任意识；完善离婚父母对儿童的监护方式，兼采单方监护与共同监护两种类型，适用约定与法定并行、约定优先适用的原则；法定监护方式以共同监护为原则，以单方监护为补充；完善离婚父母对儿童的财产监护，提出确立儿童财产报告制度，具体包括制作儿童财产清单和定期报告儿童财产状况；同时，鼓励父母对儿童财产进行共同监护。

关于我国诉讼离婚中儿童探望权的保护，笔者建议：完善现有法律制度，界定探望权的权利义务属性，明确子女的探望主体地位，细化规定探望的时间和方式；加强法官的干预和督促力度，如将探望与抚养问题一并处理，确定探望的时间和方式；提高父母的思想认知水平，正确认识探望对于子女的重要意义，合理约定探望的时间和方式。

关于我国诉讼离婚中儿童权利的程序保障，笔者建议：完善我国诉讼离婚的调解程序，确定立案先行调解制度，组建家事调解委员会；人民法院应当树立能动司法理念，强化职权干预程序，加强法官释明权的运用，加大法官证据调查的力度；完善儿童的参与程序，主要包括完善儿童表达意见的诉讼程序和设立儿童诉讼代表人制度。

诚然，囿于本人的学识浅显和研究能力有限，在本书写作过程中，国外相关资料可能收集得不够全面，对文献资料的运用与分析可能不够准确，提出的完善建议可能存有思虑不周之处，敬请各位专家学者不吝赐教，以求进步。

张庆林
2020 年 12 月 26 日

引　言

一、研究背景及意义

（一）研究背景

儿童[①]是人类文明得以传承的基石，承载着国家的希望与寄托。古往今来，人类社会就有尊老爱幼、爱护儿童的传统美德。同时，早期的相关法律也体现出对儿童的特殊关照。例如，《周礼》中就规定了“三赦”制度：一曰幼弱，二曰老耄，三曰蠢愚。《唐律》规定，15 岁以下者触犯杀人等死罪的，可以请求减免刑罚；而“十以下，虽有死罪不加刑”。古罗马的《十二铜表法》也给予儿童特殊待遇，与成年人的处罚不同。

但是，这些爱幼、恤幼的传统思想和相关规定，并未反映出儿童在人类社会发展历程中的真实状况。美国学者劳埃德·德莫斯在

---

① 本书中的“儿童”是指未满 18 周岁的未成年人。虽然我国《民法典》（包括婚姻家庭编）统一使用的是“未成年人”的概念，改变之前我国 1980 年《婚姻法》同时使用“儿童”和“未成年子女”的做法，但是本书使用“儿童”这一概念的理由如下：一是儿童是在国际上（如联合国《儿童权利公约》）普遍采用的概念，本书使用“儿童”这一概念也符合国际趋势，有利于开展国际交流与对话；二是我国法律规定和学术研究中一直存在使用“儿童”这一概念的传统，如我国现行《宪法》、1980 年《婚姻法》和《反家庭暴力法》等法律，社会民众对“儿童”这一概念熟知度和接纳度比较高；三是本书是用本人的博士毕业论文修改完成的。毕业论文题目使用的就是“儿童”这一概念，当时我国《民法典》还没有制定。考虑到论文的完整性以及避免出现过大的修改变动，本书仍然使用“儿童”这一概念。

《童年的历史》一书中甚至指出，“童年的历史恍如一场我们刚刚醒来的噩梦。我们越向前追溯这一历史，就会发现照顾儿童的水准越来越低，儿童被杀害、遗弃、责打、恐吓和性虐待的可能性越大”。[①] 可见，儿童在历史长河中并非总是“快乐的天使”，而是经历了从权利客体到权利主体，从附属于成人到独立自由，从被否认、被忽视到被发现、被尊重的发展历程，而且这一历程是较为漫长而艰难的。

儿童权利观是现代国际社会人权运动的产物。20 世纪被称为“儿童的世纪”。随着人权思想的广泛传播，儿童逐步进入人权研究的视野，成为人权的主体。作为独立的个体，儿童享有基本的人权，儿童权利是人权的重要组成部分。因此，对儿童权利的保护水平，是衡量一个国家人权状况和儿童事业发展的重要标准。

承认、尊重、保护儿童权利已然成为国际社会的共同行为准则。联合国前秘书长科菲·安南曾指出，“没有什么信任比这个世界给孩子的信任更神圣；没有什么责任比确保孩子的权利得到尊重、确保孩子的幸福得到保护、确保孩子的生活免遭恐惧和匮乏更重要。人类进步的传承植根于孩子权利的实现”。[②] 1989 年联合国《儿童权利公约》的通过，标志着儿童之权利主体地位的真正确立。该公约规定，儿童享有最广泛的权利，并确立儿童最大利益原则，即涉及儿童的一切行为，不论是由公立或私立社会福利机构，还是由立法机构、行政当局、法院，均应以儿童的最大利益作为首要考虑因素。随着《儿童权利公约》被广泛认可与接纳，儿童最大利益原则已经成为国际社会处理儿童事务、保护儿童权利的基本准则。相应地，我国在加入《儿童权利公约》之后，通过《宪法》《民法典》《未成年人保护法》《刑法》等诸多法律规范，加强家

① 李伟明：《道德视域中的近代西方童年观变迁》，载《江海学刊》2004 年第 6 期。

② 金林祥：《20 世纪中国教育学科的发展与反思》，上海教育出版社 2000 年版，第 10 页。

庭、学校、社会和国家对儿童权利的保护。可以说，尊重、保护儿童权利已经成为我国法律重要的指导思想与任务目标。

尽管尊重儿童地位、保护儿童权利的观念已逐步为社会所接受，但是在现实生活中儿童被忽视、儿童权利被侵犯的现象仍时有发生。这是因为儿童身体和心智正处于发育阶段，尚不具备完全的自我生存、自我发展的能力，不可避免地需要依赖于成人的照顾与保护。然而，成人在处理儿童事务时，有时会为了追求自身利益，不惜将儿童作为交易筹码和牺牲品。令人痛心的是，这种情况在至亲至爱、血浓于水的亲子关系之间也未能幸免。

离婚不仅是男女双方解除婚姻关系的个人行为，更关系到儿童利益与社会公共利益。原生家庭是儿童成长发展的最自然、最理想场所。在原生家庭之中，儿童不仅能够获得父母的双系抚养和悉心照料，而且还能够与父母双方建立并维系和谐的亲子关系，有利于儿童的身心健康成长。改革开放以来，随着人们婚姻家庭观念的转变和离婚制度自由主义的确立，我国的离婚率在总体上呈现持续增长的态势。根据民政部网站公布的数据显示，2017—2019 年分别有 437.4 万、446.1 万、470.1 万对夫妻离婚，粗离婚率分别为 3.2‰、3.2‰、3.4‰；其中，通过诉讼离婚的分别有 66.9 万、64.9 万、65.3 万对，所占比例分别为 15.3%、14.5%、13.9%。[①] 然而，父母的离婚破坏了儿童生活的美好愿景，改变了儿童的家庭成长环境和父母的抚养、监护方式，这些变化时常会对儿童的身心健康造成深刻的负面影响。在我国，诉讼离婚是解除婚姻关系的重要方式。在诉讼离婚中，父母双方关系往往比较紧张，对立情绪严重，在处理子女抚养问题上，时常带有个人情绪和错误观念，欠缺对子女利益与需求的考虑，导致儿童权利受损。

家庭是社会的细胞与基础，家庭和谐稳定是国家发展、社会进

① 民政部：《社会服务发展统计公报》，http：//www.mca.gov.cn/article/sj/tjgb/，最后访问日期：2020 年 12 月 1 日。

步、民族繁荣的基石。为了化解家事纠纷，构建和谐家庭关系，2016年最高人民法院开展了家事审判方式和工作机制改革试点工作，取得显著成效。为进一步推动家事审判改革工作，2018年最高人民法院发布《关于进一步深化家事审判方式和工作机制改革的意见（试行）》，将依法保障儿童的合法权益作为重要目标之一。尽管我国婚姻家庭法等法律规范规定了诉讼离婚制度以及父母离婚后对子女抚养、教育和保护的职责，人民法院在离婚诉讼中也比较注意保护儿童权利，但是现行立法仍存在不科学、不合理之处，人民法院在处理离婚案件中儿童事务的某些做法与儿童最大利益原则不符。为此，在离婚率不断攀升和儿童权利保护盛行的今天，为真正落实儿童最大利益原则，保障儿童的身心健康成长，本书以“中国诉讼离婚中儿童权利保护研究”为题进行探讨和研究，具有重要的理论价值和现实意义。

（二）研究意义

第一，有利于妥善安排父母离婚之后儿童的生活与学习，保障儿童的身心健康成长。家庭环境对儿童成长具有重要影响。父母及家庭对儿童承担着抚养、监护、教育、保护等重要职能。父母离婚导致完整家庭结构的破裂和儿童家庭生活环境的改变，具体表现为儿童的受抚养权、受监护权以及与父母联络方式发生了变化。如何面对、处理这些变化，是否符合儿童最大利益原则，直接影响父母离婚之后儿童的身心健康。实践证明，父母离婚时常会导致儿童的生活水平降低，学习成绩下滑，心理压力过大，亲子关系淡化疏远，监管不力，有的甚至走上违法犯罪的道路。[①] 因此，秉承预防胜过治疗之理念，在诉讼离婚中，父母和法院必须对儿童的抚养、

---

① 陈苇教授的调研数据显示，家庭因素与未成年人犯罪之间存在密切关联。关于未成年犯之家庭环境的调查统计显示，父母离婚的比例最高，占37.9%；其次是留守家庭，占32.3%；最后是父母一方去世，占17.7%。参见陈苇、石婷：《家庭因素对未成年人犯罪的影响及对策实证研究——以重庆市某区人民法院未成年人犯罪案件为对象》，载《青少年犯罪问题》2013年第5期。

监护、探望等问题作出妥善安排，以保证儿童合法权利的实现。

第二，有利于实现我国的科学立法与公正司法。科学立法、公正司法是党的十八大报告中对依法治国新阶段提出的新要求、新目标之重要内容。尽管我国《民法典·婚姻家庭编》、《未成年人保护法》等法律规范规定了诉讼离婚制度以及父母离婚后对子女的抚养、监护和探望等问题，为保护儿童权利提供法律依据，但是现行立法仍存在不科学、不合理之处。同时，司法给予弱者必要的关照和倾斜，是实现特殊正义的方式。人民法院在审理离婚案件中，逐步树立儿童最大利益观念，妥善处理儿童抚养、监护、探望等问题，但是实践情况表明，诉讼离婚中儿童权利保护工作还有待加强。本书通过实证调研发现，人民法院在离婚诉讼中解决儿童抚养、监护等问题存在的不足，进而分析其原因，最后在立法和司法两个方面提出相关的完善建议。因此，正值我国《民法典》实施和推进家事审判方式和工作机制改革之际，研究诉讼离婚中儿童权利保护问题，对于完善我国婚姻家庭法和推进家事审判工作具有重要意义。

第三，有利于构建和谐亲子关系，维护社会秩序稳定。家庭和谐是维护社会秩序稳定的重要基础。在诉讼离婚中，如果父母或法院能够从儿童最大利益出发，妥善处理儿童事务，就有利于缓和父母子女之间的紧张关系，进而降低父母因儿童问题而重新发生纠纷的概率，实现家庭和谐与社会稳定。离婚之后，父母双方的关系本身就较为敏感与紧张。如果存在父母双方争夺子女抚养权，一方拖欠给付抚养费，一方对子女监护失职，或不配合对方探望子女等问题，势必会激化父母之间的矛盾与冲突，进而影响社会秩序稳定。因此，妥善处理离婚案件，依法保护儿童权益，对维护亲子关系、家庭和睦和社会稳定具有重要意义。

二、研究现状

（一）国内研究现状

国内学者对诉讼离婚中儿童权利保护问题的研究较少，而对父母离婚后儿童权利保护问题的研究成果[①]比较多，主要是针对父母离婚后儿童抚养、监护和探望问题中的某一方面展开研究。其中，研究比较全面的著作是陈思琴的《离婚后亲子关系法律制度研究》，对离婚后亲子关系进行研究并提出了立法建议。该成果主要运用比较研究方法和实证研究方法，在对离婚后亲子关系基本理论阐述的基础上，重点对儿童监护、探望、抚养进行研究。而研究一般亲子关系（不仅限于离婚后亲子关系）的学术成果较多。[②] 这些成果主要是对研究亲子关系的一般理论，考察国外立法，并针对我国提出立法完善建议。下面就本书中涉及儿童权利，儿童最大利益原则，儿童抚养、监护和探望以及诉讼程序保障问题的研究现状进行阐述。

第一，关于儿童权利的研究现状。儿童权利是人权的重要组成部分。儿童作为独立的个体，具有权利主体资格，享有特定的权利。基于儿童的身心特点考虑，需要对儿童给予特殊保护。对于儿

---

① 夏吟兰：《离婚亲子关系立法趋势之研究》，载《吉林大学社会科学学报》2007 年第 4 期；王歌雅：《离婚背景下儿童权利的法律救济》，载《人权》2008 年第 3 期；董新兰：《离婚后未成年子女利益保护法律思考》，载《法学杂志》2008 年第 1 期。

② 著作类主要有：王丽萍：《亲子法研究》，法律出版社 2004 年版；薛宁兰：《改革开放三十年中国亲子法研究之回顾与展望》，陈苇（项目负责人），《改革开放三十年（1978~2008）中国婚姻家庭继承法研究之回顾与展望》，中国政法大学出版社 2010 年版；曹贤余：《儿童最大利益原则下的亲子法研究》，群众出版社 2015 年版；司丹：《亲子关系的体系建构与制度延展》，法律出版社 2016 年版。论文类主要有：薛宁兰：《我国亲子关系立法的体例与构造》，载《法学杂志》2014 年第 11 期；郑净方、邹郁卓：《亲子关系变迁之考察》，载《河南财经政法大学学报》2014 年第 2 期；罗杰：《中国民法典之亲子关系立法模式的改进》，载《甘肃社会科学》2018 年第 3 期；李春景：《关于亲子关系否认制度若干问题探讨》，载《河北法学》2016 年第 11 期。

童权利的研究，可以分为两种：一是从法理学角度研究儿童权利的一般理论，包括儿童权利的确立与发展、性质、基本原则、具体内容以及法律保护等问题，主要著作有王雪梅的《儿童权利论——一个初步的比较研究》和吴鹏飞的《儿童权利一般理论研究》；二是从国际法角度出发，研究儿童权利保护问题，重点考察国际条约中的儿童权利保护问题，主要著作有李双元的《儿童权利的国际法律保护》、王勇民的《儿童权利保护的国际法研究》和汪金兰的《儿童权利保护的国际私法公约及其实施机制研究》。

第二，关于儿童最大利益原则。儿童最大利益原则发端于英美法系，随着《儿童权利公约》的通过，已经成为国际社会处理儿童事务的最高准则。国内对儿童最大利益原则的研究成果比较多，普遍肯定儿童最大利益原则的价值，但是对其内涵和判断标准存有分歧。通过对外国家庭法中儿童最大利益原则具体情况的考察，汲取有益的经验和做法。在婚姻家庭法领域，儿童最大利益原则应当成为处理亲子关系的基本准则。我国婚姻法应当确立儿童最大利益原则，并且明确具体的衡量因素。①

第三，关于离婚后儿童抚养问题。离婚不能解除父母对子女的抚养义务，但是改变了父母抚养子女的方式。离婚后儿童抚养问题主要包括子女直接抚养人的确定与抚养费的确定。直接抚养人的确定主要依照儿童最大利益原则，综合考虑各种因素。关于儿童抚养费，我国立法规定并不完善，存在抚养费数额较低，拖欠或不支付

---

① 关于儿童最大利益原则的研究成果，主要有：何海澜：《善待儿童：儿童最大利益原则及其在教育、家庭、刑事制度中的运用》，中国法制出版社 2016 年版；王雪梅：《儿童权利保护的“最大利益原则”研究》，载《环球法律评论》2002 年冬季号和 2003 年春季号；王洪：《论子女最佳利益原则》，载《现代法学》2003 年第 6 期；陈苇、谢京杰：《论“儿童最大利益优先原则”在我国的确立》，载《法商研究》2005 年第 3 期；王葆莳：《“儿童最大利益原则”在德国家庭法中的实现》，载《德国研究》2013 年第 4 期；冉启玉：《从理念到制度的转变：离婚亲子法中的“儿童最大利益”原则》，载《湖北社会科学》2012 年第 11 期；张伟：《论儿童最佳利益原则——以离婚后未成年子女最大利益保护为视角》，载《当代法学》2008 年第 6 期。

抚养费问题严重等问题。我国学者主要是通过借鉴国外立法经验，提出关于抚养费制度的完善建议。例如，改变抚养费的计算标准、加强抚养费的执行措施，加强法官的监督职责等。①

第四，关于离婚后儿童监护问题。父母是子女的法定监护人。父母离婚改变了对子女的监护方式。国内学者对离婚后子女监护问题研究较多，主要集中于子女监护人的确定标准和父母离婚后对子女监护权的行使方式等方面。其中，在子女监护人的确定问题上，普遍主张以儿童最大利益为原则，结合考虑具体因素，包括子女、父母的具体情况。在子女监护权的行使方式问题上，主流观点认为，我国采用单一的共同监护模式不合理，应当兼采单方监护与共同监护模式。监护方式首先由父母双方协商确定；如果协商不成，再由法院根据案情确定。② 当然也有学者的观点略微有所差异，如夏吟兰教授认为，共同监护最符合儿童最大利益原则。另外，对父母离婚后对子女财产监护问题的研究较少，主要有杨槟涛、孙颖的《离婚家庭未成年子女财产监护问题探析》一文。该文认为我国现行法律就离婚后子女的财产权益保护规定过于原则，不能满足实际需要，建议确立公权适当干预制度、子女财产报告制度、第三方代

① 陈苇、张庆林：《离婚诉讼中儿童抚养问题之司法实践及其改进建议》，载《河北法学》2015 年第 1 期；陶建国：《美国夫妻离婚后未成年子女抚养费制度及其启示》，载《理论月刊》2016 年第 3 期；陶建国：《日本未成年子女抚养费审理及强制执行制度》，载《中国青年社会科学》2016 年第 5 期；于晶：《离婚及离婚后未成年子女的法律保护》，载《中国青年政治学院学报》2005 年第 1 期；曾燕波：《英国的子女抚养费法律制度及其启示》，载《政治与法律》2008 年第 11 期；李明建：《论离婚后抚养费给付中的未成年子女最佳利益》，载《长沙大学学报》2010 年第 3 期；徐富仁：《关于离婚后未成年子女抚养费设立担保的立法构想》，载《江西社会科学》2001 年第 8 期。

② 陈苇：《离婚后父母对未成年子女监护权问题研究》，载《中国法学》1998 年第 3 期；王丽萍：《美国离婚后的子女监护制度及其启示》，载《法学论坛》2008 年第 2 期；孙若军：《父母离婚后的子女监护问题研究》，载《法学家》2005 年第 6 期；韩冰：《离婚背景下子女监护问题研究》，载《中共中央党校学报》2012 年第 4 期；王竹青：《论父母离婚后对未成年子女的监护》，载《北京科技大学学报》（社会科学版）2006 年第 1 期；陈思琴：《离婚后亲子关系法律制度研究》，中国社会科学出版社 2011 年版。

管制度以及不动产特殊保护制度。①

第五，关于离婚后儿童探望问题。国内学者普遍认为，我国探望权应当具有权利和义务属性，不能无故放弃；存在主体范围过窄的问题，应当将子女以及与子女关系密切的其他亲属作为探望权主体。② 针对现实生活中探望权执行难问题，部分学者提出保障探望权的措施，如制定不同层次的保障措施，可以变更抚养关系，缴纳协助执行保证金，建立精神损害赔偿制度，设置格式化探望权判决书等。③ 同时，还有的学者认为，探望权应当是自然人享有的对不与其共同居住的近亲属进行探望的身份权利，探望权不应仅限于离婚父母对子女的探望，应当进一步扩大适用范围；同时，建议将探望权制度从“离婚”部分移至“家庭关系”部分，以应对新型探望纠纷。④

第六，关于诉讼离婚中儿童权利的程序保障问题。国内学者对

① 杨槟涛、孙颖：《离婚家庭未成年子女财产监护问题探析》，载《法治论丛》2008 年第 5 期。

② 夏吟兰：《离婚亲子关系立法趋势之研究》，载《吉林大学社会科学学报》2007 年第 4 期；陈思琴：《离婚后亲子关系法律制度研究》，中国社会科学出版社 2011 年版；景春兰、殷昭仙：《探望权及其主体扩展的立法思考——以“儿童最大利益”原则为视角》，载《法学杂志》2011 年第 8 期；王玮：《探望权及其相关问题研究》，载《河北法学》2003 年第 4 期。

③ 陈苇、赵燕：《澳大利亚“子女接触令”实施的改进建议对我国之启示》，载《法治研究》2010 年第 9 期；任学强：《论探望权中未成年子女的权利保障》，载《天中学刊》2010 年第 1 期。

④ 瞿灵敏：《探望权的理论反思与规则重构——兼论民法典婚姻家庭编探望权的立法完善》，载《江汉论坛》2018 年第 9 期。

家事诉讼程序的研究成果较多,[①] 主要研究家事诉讼的审判机制和诉讼程序问题，其中也涉及家事诉讼程序中儿童权利保障问题。而专门研究家事诉讼中儿童权利保障的研究成果比较少。[②] 学者普遍强调家事诉讼中保护儿童权利的必要性，需要构建专门的诉讼程序制度，如充分完善离婚调解制度，法院职权主义、儿童参与程序、建立程序辅助人制度、实行审判不公开等建议。

（二）国外研究现状

1959 年联合国《儿童权利宣言》最早提出儿童最大利益原则，1989 年联合国《儿童权利公约》将此原则发展到极致。至今，国外许多国家都确立了儿童最大利益原则，将其作为离婚后儿童权利保护的最高准则，并且确立了需要考虑的具体因素，如法国、英国、美国、澳大利亚等国家。承认未成年子女在家庭中独立的人格、独立的主体地位，强调父母对于子女的照顾、保护、监护的义务与责任，强调子女的最大利益，已成为世界多数国家的共识。为

---

① 著作类主要有：张晓茹：《家事裁判制度研究》，中国法制出版社 2011 年版；陈爱武：《人事诉讼程序研究》，法律出版社 2008 年版；陈爱武：《家事法院制度研究》，北京大学出版社 2010 年版。论文类主要有：陈爱武：《论家事审判机构之专门化——以家事法院（庭）为中心的比较分析》，载《法律科学》2012 年第 1 期；陈苇、董思远：《家事审判改革视野下祖国大陆家事审判程序立法完善研究——兼以我国台湾“家事事件法”为学术视点》，载《西南政法大学学报》2018 年第 1 期；陈苇、曹贤信：《澳大利亚家事纠纷解决机制的新发展及其启示》，载《河北法学》2011 年第 8 期；蒋月：《家事审判制：家事诉讼程序与家事法庭》，载《甘肃政法学院学报》2008 年第 1 期；汤鸣：《家事纠纷法院调解实证研究》，载《当代法学》2016 年第 1 期；陈娟、尚丽娟：《家事诉讼中构建特别程序的价值及其实现》，载《河北法学》2018 年第 10 期；蒋月、冯源：《台湾家事审判制度的改革及其启示——以“家事事件法”为中心》，载《厦门大学学报》（哲学社会科学版）2014 年第 5 期；杨临萍、龙飞：《德国家事审判改革及其对我国的启示》，载《法律适用》2016 年第 4 期。

② 主要研究成果有：何燕：《家事诉讼中未成年人利益最大化原则研究》，南京师范大学博士学位论文 2016 年 3 月；陈爱武：《家事诉讼与儿童利益保护》，载《北方法学》2016 年第 6 期；任凡：《论家事诉讼中未成年人的程序保障》，载《法律科学》2019 年第 2 期；齐凯悦：《论英国家事审判改革中的儿童程序参与及对我国的启示》，载《甘肃政法学院学报》2017 年第 6 期。

了突出与强调父母对子女的责任和义务，国外部分国家或地区也改变了立法用语。例如，澳大利亚用“父母责任”代替了“监护”的概念，德国用“父母照顾”代替了“亲权”的概念。

在离婚诉讼中，为了保护儿童权利，在特定情况下对父母的离婚自由进行一定的限制。在确定子女直接抚养人时，不仅要考虑父母的意愿，更要考虑子女的意愿及其他因素。为了增强法律的可操作性，澳大利亚规定了法院认定“子女最大利益”需要具体考虑的 11 种因素，美国《统一结婚离婚法》规定了需要考虑 5 个方面的因素。在监护方式上，多采用单独监护与共同监护相结合的方式，如美国规定了单独监护、共同监护、分配监护和分离监护四种方式，同时，又将监护分为身体上的监护和法律上的监护。为了规范子女抚养费的支付，澳大利亚、德国等国家都确立了子女抚养费的计算公式，儿童抚养代理机构负责子女抚养费的收取和支付。为了保障儿童在诉讼离婚中独立的主体地位和合法权益，英国设立诉讼监护人制度，澳大利亚设立了子女代表人制度。在实践方面，澳大利亚为贯彻、落实儿童最大利益原则，政府部门设有专门的儿童权利保护机构（律政部和儿童抚养局），为离婚父母和儿童提供服务和帮助；针对家事纠纷的特点，家事法院注重发挥调解程序的作用，为离婚家庭中儿童提供法律援助。①

---

① David William Archard, *Children*, *Family and the State*, London: Ashgate Publishing Company, 2003; Philip Alston, eds., *The Best Interests of the Child*, Oxford: Clarendon Press, 1994; Stephen Cretney, *Family Law in the Twentieth Century*, Oxford: Oxford University Press, 2003; Jane Fortin, *Children's Rights and the Developing Law*, London: Reed Elsevier Ltd, 2003; Robert Mnookin, “Child-Custody Adjudication: Judicial Functions in the Face of Indeterminacy,” Law and Contemporary Problems, Vol. 39, No. 3, 1975; Kenneth Waldron, “A Review of Social Science Research on Post Divorce Relocation”, Journal of American Academy of Matrimonial Lawyer, Vol. 19, 2005; Steven Mintz. “Placing Children's Rights in Historical Perspective,” *Criminal Law Bulletin*, June 2008.

三、研究思路及研究方法

（一）研究思路

本书遵循认识事物“是什么、为什么、怎么做”的逻辑思维，来对诉讼离婚中儿童权利保护进行研究。首先，论述“儿童权利是什么”的问题，即第一章对儿童权利的一般理论进行分析，主要考察儿童的历史地位，儿童权利的内涵、理论基础及其类型和内容，为保护儿童权利奠定理论基础。其次，论述“为什么对诉讼离婚中儿童权利进行保护”的问题，即第二章分析诉讼离婚对儿童权利的影响。最后，解决“如何对诉讼离婚中儿童权利进行保护”的问题，即分别从实体法方面（第三、四、五章）和程序法方面（第六章）进行分析研究。本书坚持问题导向意识，遵循从制度到实践再回归制度，从本国到域外再回归本国的研究思路，根据司法实践调查中发现存在的问题及其原因，在借鉴国外先进立法经验和国内知名学者合理化立法建议的基础之上，提出个人的完善意见。

（二）研究方法

本书在研究过程中主要运用以下四种研究方法：

1. 历史研究方法

本书运用历史研究方法，从古代社会、近代社会、现代社会三个时期考察分析儿童法律地位的历史变迁过程，深化认识儿童法律地位不断提高和改善的历史趋势，进一步论证当代社会保护儿童权利的正当性和必然性。同时，本书也从历史的角度考察分析父母离婚后儿童监护问题的发展趋势，总结出从父权主义到父母本位再到子女本位的历史轨迹，为处理儿童监护问题提供价值指引。

2. 实证研究方法

本书运用实证研究方法，采用我国学者发表的对重庆市三个县级人民法院 2011 年 1 月至 2013 年 12 月三年期间的离婚案件进行实证调查的统计数据，考察诉讼离婚中儿童的受抚养权、受监护权和探望权存在哪些问题，分析存在问题的主要原因，最后有针对性地提出完善建议。

3. 比较研究方法

“他山之石可以攻玉。”针对诉讼离婚中儿童的受抚养权、受监护权和探望权制度，本书运用比较研究方法，先后对两大法系部分国家及地区的立法制度以及国内知名学者提出的立法建议进行考察与评析，总结、归纳先进的立法经验和有益的立法建议，以期为完善我国相关立法提供帮助。

4. 文献研究方法

本书充分运用文献研究方法，通过收集、查阅与儿童权利保护相关的文献资料，了解相关问题的研究现状，学习和借鉴前人的研究观点，为本书研究奠定理论基础。

四、创新与不足

（一）主要创新点

1. 选题具有前沿性和一定创新性

联合国1989年《儿童权利公约》倡导的儿童最大利益原则，已经成为当代许多国家亲子法改革的指导性原则。在我国，学术界对儿童权利研究主要侧重于离婚之后或离婚家庭中的儿童权利保护问题，而本书将研究阶段提前至诉讼离婚之中。预防胜于治疗。在诉讼离婚中，以儿童最大利益原则为指导，研究诉讼离婚中双方当事人和法院对于儿童受抚养权、受监护权、探望权问题的处理，以期能够妥善处理和安排父母离婚后儿童的学习与生活，减少父母离婚后对于子女抚养和监护问题的纠纷，更具前瞻性和效率性，有利于促进儿童身心健康成长。

2. 在研究方法上具有一定创新性

作者采用实证调查的研究方法，在引用我国学者发表的对重庆市三个县级人民法院2011年1月至2013年12月三年期间离婚案件实证调查统计数据的基础上，考察我国诉讼离婚中处理儿童受抚养权、受监护权及探望权问题上法律保护取得的成效，分析存在的问题及其原因，并针对这些问题提出改进措施。此立足中国司法审判实践的实证研究方法具有一定创新性。

3. 在儿童权利保护的研究内容方面，具有一定的理论创新

诉讼离婚中儿童权利保护的研究，除实体法之研究外，还对程序法进行考察与研究，以期充分发挥程序法对于实体权利的保障作用。从实体法和程序法两个方面提出相关的完善建议，具有一定的理论创新。

（二）不足之处

由于受人力、物力以及时间的限制，作者在实证研究中引用的我国学者已发表的实证调查统计数据，并且受调研地区的限制，实证研究的样本也较少，也许并不能反映整体情况，此方面略显薄弱，有待作者今后进一步开展实证调查研究。同时，外文资料的收集和运用还有进一步提升的空间。

第一章 儿童权利的基本理论研究

第一节 儿童的法律界定与法律地位

儿童的概念是一个相对性较强的概念，它伴随着不同的地方文化、地理环境以及社会经济状况的不同而有所不同。

一、儿童的法律界定

在世界范围内，“儿童”一词应用范围甚广，但其含义在不同时代、语境和文化氛围中存在较大差异。例如，在我国古汉语中，“儿童”系指年龄稍微大点的孩子；其中，“儿”常指男童，而“婴”则指女童。早在春秋战国时期的《列子》一书就有关于“儿童”的记载，如“闻儿童谣曰：‘立我蒸民，莫匪尔极’”,① 还有“兵戈既未息，儿童尽东征”,②“儿童相见不相识，笑问客从何处来”。③ 同时，“儿童”又是一个跨学科概念，成为社会学、哲学、法学、教育学、医学、心理学等多个学科的共同研究对象。基于研究内容的不同，“儿童”一词在不同学术领域的界定则存在较

① 《列子·仲尼》。
② 杜甫：《羌村》。
③ 贺知章：《回乡偶书·其一》。

大差异。①

在法学研究中，“儿童”是一个非常重要的概念和研究对象。在对儿童的界定中，长久以来各个国家普遍采用的是“年龄”这一衡量标准，当然并不是唯一标准。②

古往今来，年龄已经成为界定儿童的重要标准。“规范性的儿童时期概念同一些因素诸如特定的能力、知识和经验水平、是否拥有特定的道德利益或者对儿童特定发展阶段可能作出的行为的合理预期等相联系。”③ 同时，又受政治、经济、文化、宗教、地理等因素的影响，不同国家或地区对儿童年龄的确定也存在较大差异。例如，热带地区国家和经济比较落后的国家确定的成年年龄较小，而寒冷地区国家确定的成年年龄较大。从范围上来看，儿童年龄包括起始年龄和终止年龄。

（一）儿童的法定年龄

1. 儿童的起始年龄

儿童的起始年龄是指儿童的最低年龄从何时计算。刚出生的婴

---

① 在社会学领域，主流观点将“儿童”界定为0-14岁的群体，比较符合我国儿童发展的情况和实际工作的开展。参见刘淑娟、张海娜：《社会工作概论》，吉林大学出版社2015年版，第129页。在心理学领域，我国著名儿童心理学家朱智贤将“儿童”界定为0-18岁的人群。参见朱智贤：《儿童心理学》，人民教育出版社1981年版，第96-97页。在医学领域，儿童年龄常被分为七个阶段：胎儿期（从受孕到出生共280天）、新生儿期（出生到满28天）、婴儿期（出生后28天到1岁）、幼儿期（1-3岁）、学龄前期（3岁后到6岁）、学龄期（6岁后到青春期）、青春期（女孩从十一二岁到十七八岁，男孩从十三四岁到十八九岁）。参见栾斌等：《儿科学》，郑州大学出版社2003年版，第1-2页。

② 我国古代曾经以身高作为判断是否成年的标准，即认为达到一定的高度就具有了成年人的气力。参见王雪梅：《儿童权利论》，社会科学文献出版社2005年版，第5页。在现代社会，通过身高来界定儿童的情况同样存在，如乘坐火车、公交车时，身高低于1.2米的乘客不需要买票，身高在1.2—1.5米的乘客需要买半票，身高1.5米上的需要购买全票。

③ C. A. Wringe, *Children's Rights: A Philosophical Study*, London: Routledge & Kegan Paul Ltd, 1981, pp. 87-90.

儿应该属于儿童的范畴，大家对此观点均无异议。然而，对于还未出生的胎儿是否属于儿童，则存在较大争议。

（1）对“胎儿”的不同认识。学者对此问题主要存有肯定说和否定说两种观点。持肯定说的学者认为，胎儿是具有生命和灵魂的潜在的人类个体，是人类孕育和成长的必经阶段，给予胎儿以儿童般的照顾和呵护，体现人权观念的提升和对人类生命的尊重。例如，李双元教授认为，胎儿应该属于儿童的范畴，其缘由在于出生后的婴儿是母体内胎儿自然生长与延续的结果，二者具有同一性。① 持否定说的学者认为，儿童不应该包括胎儿，原因有三：一是无法准确界定胎儿的受孕时间；二是胎儿还没有与母体分离，不具有权利能力；三是无法确定胎儿出生时是否为活体。例如，学者王勇民认为，儿童不应该包括胎儿在内，因为联合国 1989 年《儿童权利公约》确定的儿童权利基本上只有出生的儿童才能享有与行使。②

在《儿童权利公约》的起草过程中，成员国在胎儿问题上争议较大。有些国家认为儿童的起始年龄起始于受孕之时，③ 而有些国家则认为儿童的起始年龄应始于婴儿出生之时。④ 正因如此，《儿童权利公约》对此问题不得不采取回避的做法。儿童是否包括胎儿，其实质就是胎儿的法律地位问题。这不仅是一个法律问题，更是一个复杂的伦理道德问题；不仅与人权理念、宗教观念和传统习惯有关，而且涉及政治、经济、人口政策等因素。这就决定了在这个问题上很难达成一致意见。为了保证公约适用的灵活性与广泛

---

① 李双元、李娟：《儿童权利的国际法律保护》（第二版），武汉大学出版社 2016 年版，第 4 页。

② 王勇民：《儿童权利保护的国际法研究》，法律出版社 2010 年版，第 5 页。

③ 例如，阿根廷在加入联合国《儿童权利公约》时，对第 1 条进行了保留，认为儿童系指从受孕一刻起至 18 周岁的任何人。

④ 例如，英国认为，联合国《儿童权利公约》中的“儿童”应该解释为胎儿安全出生之后至 18 岁；同样，我国对第 1 条也作出保留，认为“儿童”应该从出生时开始计算。

性，让更多持不同立场的国家能够参与进来，1989 年《儿童权利公约》最后则采取了回避方式，也可以说是折中的做法。具体表现为：第 1 条将“儿童”界定为“18 岁以下的任何人”，没有明确指出儿童的起始年龄；同时，又在序言中阐明“儿童因身心尚未成熟，在其出生以前和以后均需要特殊的保护和照料，包括法律上的适当保护”，表明适当保护胎儿的立场。这样的内容表达，不只是价值立场的折中取舍，更是立法技术的高超表现。

与此不同的是，部分国家和地区的立法则明确肯定胎儿的权利主体地位。例如，爱尔兰《宪法》（2011 年修订）第 40 条规定，胎儿享有生命权；《瑞士民法典》第 31 条规定，胎儿只要在出生时是活体的，出生前就具有权利能力的条件；1969 年《美洲人权公约》第 4 条也明确规定，生命权从胚胎时起就应受到法律保护。在这种观点下，随意堕胎无异于谋杀，需要承担严重的刑事责任。因此，为了保护胎儿，有些国家限制甚至禁止堕胎，如美国、英国、俄罗斯、意大利等国。

从我国现行的法律和政策来看，虽然没有明确规定儿童年龄的起点，但通过相关法律规定可以推断，胎儿不属于儿童的范畴，但其利益在特定条件下会受到特殊保护。首先，我国《民法典》第 13 条规定，自然人从出生时具有民事权利能力，开始成为法律意义上的人，享有生命权等权利。同时，从我国《母婴保健法》和《人口与计划生育法》的规定来看，我国对堕胎是持开放态度的，基本上没有限制。可见，胎儿并不是真正意义上的人，更不是儿童。其次，胎儿的财产、生命等利益在特定情况下会受到特殊保护，如我国《民法典》《刑法》等法律都涉及对胎儿利益的特殊保护。[①]

（2）本书对“胎儿”的认识。根据我国法律的规定，儿童抚养、监护等问题是父母双方、法官在诉讼离婚过程中必须考虑和妥善解决的问题。这里的“儿童”并不包括胎儿。一是胎儿尚在母体之内，无须确定直接抚养人和抚养费；[②] 二是胎儿能否顺利出生且具有生命，还存在不确定性。所以，在诉讼离婚过程中无须讨论胎儿的抚养、监护问题。在离婚和胎儿出生后，父母双方可以再解决儿童抚养、监护以及探望等问题。因此，本书将儿童的起始年龄界定为婴儿出生之时。

2. 儿童的终止年龄

根据《牛津法律大辞典》的解释：“儿童是指不够成年年龄的人，具体是指与为其父母的特定他人比较而言。在不同的法规中，根据特定的需要，通常对这个术语有不同方式的定义。”[③] 可见，“儿童”是与“成年人”相对应的概念，自然人的成年年龄就是儿童的终止年龄。有些国家直接规定了儿童的终止年龄，而更多的国家则仅规定人的成年年龄。因此，我们可以通过成年人年龄来推断儿童的终止年龄。

---

① 我国《民法典》第16条规定：“涉及遗产继承、接受赠与等胎儿利益保护的，胎儿视为具有民事权利能力。但是，胎儿娩出时为死体的，其民事权利能力自始不存在。”《民法典》第1082条规定，女方在怀孕期间，男方不得提出离婚，但是女方提出离婚或者人民法院认为确有必要受理男方离婚请求的除外。《民法典》第1155条规定：“遗产分割时，应当保留胎儿的继承份额。胎儿娩出时是死体的，保留的份额按照法定继承办理。”我国《刑法》第49条规定：“犯罪的时候不满十八周岁的人和审判的时候怀孕的妇女，不适用死刑。”

② 为了保证胎儿正常发育和健康成长，孕妇在孕期往往需要加强营养，进行多次孕期检查，生活消费较多，同时也会影响工作收入，所以，在分割夫妻共同财产时可以考虑这一因素。

③ ［英］戴维·M. 沃克：《牛津法律大辞典》，李双元等译，法律出版社2003年版，第194页。

（1）域外国家和《儿童权利公约》的界定。在不同时空、地域，儿童终止年龄的界定存在明显差异。受儿童观念缺失的影响，古代社会对儿童终止年龄的界定往往较低。例如，罗马帝国早期将14岁作为公民成年的年龄标准；公元534年《查士丁尼法典》将7—11岁界定为儿童期；早期日耳曼法《萨利克法典》规定男子12岁成年。[①]

近现代社会以来，儿童的终止年龄得到提高。德国、瑞士、法国、俄罗斯、美国49个州[②]规定年满18岁为成年人，日本《儿童福利法》第4条规定儿童为未满18岁者，而印度则根据性别不同，将男性儿童的年龄规定为16岁以下，女性儿童则为18岁以下，韩国规定年满19岁为成年人，意大利、奥地利、芬兰、卢森堡及美国部分州规定年满21岁为成年人。从上述国家的规定来看，儿童的终止年龄多数集中在18—21岁。这也与1989年《儿童权利公约》将儿童界定为18岁以下的规定基本上相吻合。

虽然1989年《儿童权利公约》将儿童的终止年龄限定为18岁，但是也充分考虑到各国不同的实际情况，又作出“除非对其适用之法律规定成年年龄少于18岁”的例外规定。截至目前，世界上绝大多数国家已经批准加入1989年《儿童权利公约》[③]，因此，将“儿童”界定为18岁以下的人日益得到国际社会的认可。

（2）我国的界定。在我国大陆地区，“儿童”一词是使用频率较高的概念，但是其年龄界定却相当模糊。在我国现有的立法体系中，《宪法》《刑法》《未成年人保护法》《教育法》等法律均使用

---

① 王云霞：《外国法制史》，商务印书馆2014年版，第105页。

② 规定18岁为法定的成年年龄，具有参加选举、就业、服兵役的权利和义务，但是直到21岁才可以饮酒、吸烟、赌博等。Huber, eds.,“Children at Risk in the Politics of Child Custody Suits: Acknowledging Their Needs For Nurture,” *University of Louisville Journal of Family Law*, Vol. 32, 1994. 转引自李霞：《成年监护制度研究——以人权的视角》，中国政法大学出版社2012年版，第1页。

③ 截至2015年10月，《儿童权利公约》有196个缔约国，美国和索马里成为仅有的没有批准加入该公约的两个国家。

了“儿童”这一概念，但均未对其含义进行规定。情况更为复杂的是，在同一部法律中，也存在同时出现“儿童”和“未成年人”两个概念的情况，这也增加了对儿童界定的难度。

同时，相关的规定与政策对儿童的界定也存在差异。1992 年最高人民法院、最高人民检察院联合制定的《关于执行〈全国人民代表大会常务委员会关于严惩拐卖、绑架妇女、儿童的犯罪分子的决定〉的若干问题的解答》将“儿童”界定为不满 14 周岁的人。可以说，这是我国明确规定儿童终止年龄的法律规范，将儿童界定为不满 14 周岁的人。当然，这一规定仅仅针对刑事领域中拐卖、绑架儿童罪的认定，应用范围非常有限。而国务院 2016 年《关于加强农村留守儿童关爱保护工作的意见》将留守儿童认定为父母双方外出务工或一方外出务工另一方无监护能力、不满 16 周岁的未成年人。我国台湾地区“儿童福利法”第 2 条将儿童界定为未满 12 岁之人。

关于儿童的终止年龄，我国法学界多数学者认为，儿童年龄的终点应为 18 周岁。① 但是，也有学者持有不同观点。学者姚建龙认为，儿童为未满 14 周岁之人；② 学者管华认为，根据生理、用语习惯、民众认知、工作机构的设置以及法律规定的诸多标准，儿童的终止年龄应为 14 周岁，特定情况下可以考虑延长至 15—16 周岁。③

鉴于我国已经批准加入联合国 1989 年《儿童权利公约》以及

---

① 参见吴鹏飞：《儿童权利一般理论研究》，中国政法大学出版社 2013 年版，第 25 页；王勇民：《儿童权利保护的国际法研究》，法律出版社 2010 年版，第 1-4 页；李双元、李娟：《儿童权利的国际法律保护》（第二版），武汉大学出版社 2016 年版，第 4 页；孙艳艳：《儿童与权利：理论建构与反思》，山东大学博士学位论文 2014 年 6 月，第 34 页。

② 姚建龙：《少年刑法与刑法改革》，中国人民公安大学出版社 2005 年版，第 15 页。

③ 管华：《儿童权利研究：义务教育阶段儿童的权利与保障》，法律出版社 2011 年版，第 18 页。

国际社会的普遍做法，结合我国的实际情况，同时又为了便于其他学者进行学术交流，本书将儿童界定为18周岁以下的任何人。

（二）与儿童相关的用语

1. 未成年人

未成年人，与成年人相对，是指还未达到成年人年龄的人。目前，各国对成年人的年龄标准界定不一，但多数国家和地区将自然人之成年年龄确定为18岁，如美国部分州、德国、瑞士、俄罗斯、土耳其等。我国同样如此。我国《民法典》第17条和《未成年人保护法》第2条均明确将“未成年人”界定为未满18周岁之人。也有部分国家规定的成年年龄较高，如日本、韩国规定20岁以上为成年人，意大利、新加坡将21岁以上认定为成年人。从签署的国际公约来看，基本上是将18周岁作为成年的标准，如海牙国际私法会议在制定1965年《收养管辖权、法律适用和判决承认公约》、1993年《跨国收养方面保护儿童及合作公约》、1996年《关于父母责任和保护儿童措施的管辖权、法律适用、承认、执行及合作公约》和2000年《海牙关于成年人国际保护公约》时，均将成年人的年龄界定为18周岁以上。因此，从年龄界限来看，“儿童”与“未成年人”均指向同一人群。在论及权利保护问题时多采用“儿童”或“未成年人”的称谓，① 二者具有较强的替代性。

2. 少年

根据《现代汉语词典》的解释，少年是指10岁左右至十五六岁阶段的人。②“少年”一词多适用于社会学、教育学、犯罪学等领域。尽管“少年”并不是确切的法律概念，但刑事司法领域存有“少年司法”“少年法院”“少年法庭”“少年犯”的说法。根据《联合国少年刑事司法最低限度准则》的规定，少年是指按照

---

① 王雪梅：《儿童权利论——一个初步的比较分析》，社会科学文献出版社2005年版，第7页。

② 《现代汉语词典》（第7版），商务印书馆2002年版，第1150页。

各国法律制度，对其违法行为可以不同于成年人的方式进行处理的儿童。

对于少年的年龄范围，各国规定不一。对此，英国、美国、德国、日本、匈牙利等国都专门制定了少年法。英国《青少年法》规定，“少年”为未满18岁者；加拿大《少年犯法令》规定，“少年”为16岁以下之人；德国《青少年刑法》和《少年法院法》规定，“少年”是指14—18岁的人；《美国标准少年法》规定，少年为不满18岁的人。我国香港地区《保护妇孺条例》将“少年”界定为14—18岁之人；我国台湾地区“少年事件处理法”将“少年”界定为12—18岁之人。从我国司法实践来看，我国从1984年开始进行少年法庭的试点工作以来，已经建立起2000多个少年法庭，主要审理14—18周岁的人涉嫌的刑事案件。从立法目的来看，上述国家和地区立法确定少年的年龄范围，其目的就是要明确少年审判组织的受案范围。

3. 儿童与未成年人、少年的词义辨析

通过以上对儿童、未成年人和少年三个词语的分析，我们发现三者联系密切，又有一定的区别。联系主要表现为，儿童、未成年人和少年均指的是年龄偏低、尚未成年的人群，年龄范围存在交叉和重叠。从各国立法和国际公约来看，儿童、未成年人是与成年人相对应的概念，多指未满18周岁的人。评论家方卫平先生认为，当“儿童”与“成人”这一概念相参照时，指的是所有未成年人。[①] 可见，在法律意义上，“儿童”与“未成年人”的含义相同，具有很强的可替换性。而区别主要体现在“少年”与“儿童”“未成年人”的不同上。“少年”主要是指年龄较大的未成年人，年龄主要集中在10周岁左右到18周岁。将五六岁的小孩称为“少年”，很显然是不合适的，只能称之为“儿童”或“未成年人”。同时，在刑事司法领域，我们经常称之为“少年”或“青少年”。

① 方卫平主编：《逃逸与守望》，作家出版社1999年版，第37页。

既然无法从法律上对上述三个用语进行统一、严格的界定，我们姑且欣然接受这种状况。本书在借鉴国际立法经验和尊重我国习惯用语的基础上，为便于展开国际对话，统一使用“儿童”一词，其含义系指18周岁以下的人，包括婴儿、幼儿、少年、未成年人或未成年子女等。

二、儿童法律地位的历史变迁

儿童是一个历史范畴的概念，随着时代发展而呈现出不断变化的角色、身份、状态。[①] 同时，社会对待儿童的认知态度——儿童观又决定了儿童的法律地位和权利待遇。可以说，儿童观与儿童的社会地位具有一致性。因此，厘清和梳理儿童法律地位的历史脉络，对于深化理解和保护儿童权利具有重要意义。在人类的历史长河中，儿童的法律地位经历了从权利的客体到权利的主体，从家庭的附属财产到享有自由权利的独立个人、从形式平等到实质平等的长期历史演变。儿童法律地位的历史变迁进程，不仅是政治、经济、文化、宗教等因素共同作用的结果，更是人类文明进步的“生动注脚”。[②] 根据儿童的社会境遇情况，我们可以17世纪和20世纪作为时间节点，将儿童法律地位的历史发展过程分为三个阶段，即古代社会、近代社会和现代社会。[③]

---

① 熊秉真：《童年忆往：中国孩子的历史》，广西师范大学出版社2008年版，第5页。

② 吴用：《论儿童法律地位研究》，载《中国青年研究》2008年第2期。

③ 关于儿童法律地位的历史演变，学者有以下几种划分：（1）前期、中期和后期三个阶段；（2）分为朴素的保护主义阶段、人道主义阶段、理论准备阶段和专门立法阶段四个时期；（3）分为压抑限制阶段、特殊监护阶段和全面保护阶段三个阶段；（4）分为奴隶社会、封建社会、资本主义社会三个时期。参见王雪梅：《儿童权利论——一个初步的比较研究》，社会科学文献出版社2005年版，第17-24页；康树华、向泽选：《青少年法学新论》，高等教育出版社1996年版，第349页；李双元、李娟：《儿童权利的国际法律保护》（第二版），武汉大学出版社2016年版，第4-10页。

（一）古代社会：儿童为权利客体

古代社会主要是指17世纪以前的时期，包括原始社会、奴隶社会和封建社会。在这一时期，儿童被当作权利客体来对待，法律地位比较低下。正如美国学者劳埃德·德莫斯（Lloyd DeMause）在《童年的历史》（*The History of Childhood*）一书中所言："童年的历史恍如一场我们刚刚醒来的噩梦。我们越向前追溯这一历史，就会发现照顾儿童的水准越来越低，而且儿童被杀害、遗弃、责打、恐吓和性虐待的可能性越大。"[①] 但是，基于人类的善良天性和对弱小儿童的怜爱，在古代社会，儿童仍然受到成人社会的一定照顾和保护。无论是西方社会，还是东方社会，概莫能外。

1. 原始社会

关于原始社会中儿童的地位问题，一种主流的儿童观认为，儿童被视为父母的私有财物，不被视为人对待，甚至会被随意杀害。列维·布留尔在其著作《原始思维》中就记载了原始部落随意杀害和遗弃婴儿（主要是因为身体残疾）的现象。[②] 之所以会出现如此野蛮的现象，主要是因为当时的生产力低下和人们的意识愚昧造成的。原始人类最主要的任务就是战胜饥饿，能够在恶劣的自然环境下生存下来。儿童的降生和成长就意味着部落人口增多，生存压力增大，因此，为了增加生存的希望，很多胎儿在出生之前就被堕胎或在出生之后不久就被遗弃，甚至被杀害当作祭祀的贡品。部分身体健康强壮的儿童会被幸运地留下来，在其接受一些基本训练后就需要参加狩猎、采集活动，其主要目的是壮大本部落的实力。同时，从文化发展的角度来看，原始社会的杀婴现象一般带有某种神秘的宗教色彩。原始人出于对大自然的恐惧和自身命运的惶惑，才发展出了宗教。在宗教祭祀仪式上，把婴儿当作贡品成为一种普遍

① 施义慧：《道德中近代西方童年观的历史变迁》，载《中共福建省委党校学报》2004年第12期。

② ［法］列维·布留尔：《原始思维》，丁由译，商务印书馆1981年版，第334-336页。

现象。胡适先生曾指出，社会对待儿童的态度反映了国家的文明状况。因此，该时期儿童的生存状况反映了原始社会的野蛮性。

2. 奴隶社会

与原始社会相比，奴隶社会时期的儿童境遇得到改善，但仍处于被家长随意支配的地位。

客观来讲，该时期的儿童在法律上获得了一定的特殊照顾和保护。例如，《十二铜表法》规定，对于未成年人犯罪的，处以较轻的刑罚；[①]《汉谟拉比法典》规定未成年人可以其他形式代替服役。[②] 我国早期成文法典《周礼》中的“三赦”制度，对包括儿童在内的弱势人群予以特别关照。

但是，作为刚刚进入人类文明阶段的奴隶社会，存在大量由奴隶主任意支配的奴隶，他们如同牲口和普通物品一样。而娇小柔弱的儿童之社会境况可能更糟。根据《汉谟拉比法典》[③] 规定，父亲是一家之长，可以随意处罚子女，必要时可以将子女送去抵债或出卖为奴；子女对家长必须绝对尊重和服从。

在古希腊时期，人们没有发展出“儿童”的概念，而将儿童

---

① 《十二铜表法》第八表第 9 条规定，如果成年人夜间在犁耕的田地上践踏或收割庄稼，则处以死刑。犯有同样罪行的未成年人，则根据最高审判官的处理，或予以鞭打，或判处加倍赔偿使人遭受的损害。第 14 条规定，在行窃时当场被捕之自由人，则予以体罚，并将其交给被窃者，如果是奴隶，则鞭打之，并把他从崖上抛下；但对于未成年人，则予以体罚，或赔偿损失。

② 《汉谟拉比法典》第 29 条规定，倘若其子年幼，不能代父服役，则应以田园之 1/3 交与其母，由其母养育之。参见李双元、李娟：《儿童权利的国际法律保护》（第二版），武汉大学出版社 2016 年版，第 5 页。

③ 该法典是公元前 18 世纪古巴比伦六代国王汉谟拉比颁布的，是迄今为止所发现的保存最为完整的一部奴隶制国家法典。全部法典由序言、282 个条款和结语构成。

视作父亲的私有财产。[①] 儿童需要绝对服从父亲的意志和权威，听从父亲的任意处置，生命权无法得到保障。杀害婴儿的行为并未受到法律或者道德上的约束。古希腊人并未给予儿童这一群体特别的关注。正如谚语所说，“希腊人对天底下的一切事务都有对应的词汇，但这个谚语并不适用于‘儿童’这个概念”。[②]

同时，部分学者的观点也反映出该时期儿童的法律地位。古希腊政治学家亚里士多德主张，国家要对新生婴儿进行体检，家庭只能抚养身体健康的婴儿，而对于身体畸形的婴儿，只能抛弃。[③] 弃婴在斯巴达是制度性的，并不算作谋杀，它通过消除劣等婴儿来确保共同体人口的素质。[④] 长老需要对刚出生的婴儿进行检查。如果发现婴儿的身体畸形或体质虚弱，就会将其抛弃或冻饿至死。[⑤] 欧洲第一部禁止杀害婴儿的法律直到公元 374 年才出现。古希腊著名哲学家柏拉图认为，儿童最容易被教育与塑造，尤其对待不听话的儿童，就需要如同对付弯曲的树木一样，必须用恐吓和棍棒将它扳直。[⑥] 同时，他还认为，在所有儿童中，男孩子是最狡猾、最惹是

---

① 古希腊法主要是指古风（公元前 8 世纪至公元前 6 世纪）与古典（公元前 5 世纪至公元前 4 世纪）时期希腊半岛各城邦及希腊人建立的海外殖民地的法律。与古罗马法不同的是，希腊法面目模糊，历史资料有限，甚至国际学界有一些学者主张废弃“希腊法”，因此，本书主要通过部分学者的观点来展现该时期儿童法律地位的状况。参见高鸿钧、李红海主编：《新编外国法制史》（上），清华大学出版社 2015 年版，第 83 页。

② ［美］尼尔·波兹曼：《童年的消逝》，吴燕莛译，广西师范大学出版社 2004 年版，第 7 页。

③ 吴鹏飞：《儿童权利的一般理论研究》，中国政法大学出版社 2013 年版，第 67 页。

④ 肖厚国：《古希腊社会的家庭及财产》，法律出版社 2014 年版，第 134 页。

⑤ 单中惠、刘传德：《外国幼儿教育史》，上海教育出版社 1997 年版，第 29 页。

⑥ 肖厚国：《古希腊社会的家庭及财产》，法律出版社 2014 年版，第 18 页。

生非和最不服从管教的野兽，需要用不止一条马勒子来约束。[①]

在古罗马时期，儿童同样被视为家父的私有财产，随意被处置，在危急情况下甚至会被出售。家父对儿童享有不可动摇的支配权，具体表现为：家父拥有几乎不受任何限制的处刑和惩罚的权力；规定儿童的生活方式，决定儿童何时可以脱离父权支配，以及何时结婚等问题。[②]《十二铜表法》[③]规定，子女是父母的私有财产，父亲对子女拥有生杀大权。婴儿在出生后，由其父亲决定是抚养还是抛弃。[④]弃婴的做法是为当时的道德和法律所认可，并为世人所遵行的。另外，在国家危难之际，14 岁的儿童也要和成年人一样参加残酷的战争，要么杀死敌人，要么被敌人杀死。

3. 封建社会

在封建社会时期，儿童的法律地位得到了进一步的提升，但仍然无法摆脱封建家长制的支配与控制，需要继续依附于家长和家庭而存在。

西欧的中世纪时期，教会法将儿童视为不断“赎罪的羔羊”和“小大人”。中世纪被认为是西方社会最为黑暗的一段历史，基督教义成为人们思想意识和行为活动的准则和标尺。受基督教义的影响，形成了“原罪说”和“预成论”的儿童观念。

基督教义的“原罪说”认为，儿童天性邪恶、无知、没有虔诚之心，是带着“原罪”来到这个世界上的。他们的父母为了拯

---

① 虽然希腊人没有注意到儿童的特殊性，但是他们热衷于教育，发明了“学校”这个概念，建立各式各样的学校。柏拉图对青年教育问题提出了不少方案，认为人的美德和勇气是可以通过教育培养出来的。［古希腊］柏拉图：《柏拉图全集》（第三卷），王小朝译，人民出版社 2003 年版，第 566 页。

② ［德］迪特尔·施瓦布：《德国家庭法》，王葆莳译，法律出版社 2010 年版，第 257 页。

③ 该法典是古罗马于公元前 451 年至公元前 450 年制定的，是世界著名的古代法典之一。

④ 周采、杨汉麟：《外国学前教育史》，北京师范大学出版社 1997 年版，第 22-27 页。

救这些罪恶的灵魂，免遭地狱之苦，必须对这些儿童施加严苛的措施和惩罚手段，使其身体、精神遭受痛苦和折磨，以此来净化灵魂。“原罪说”的儿童观在现实生活中具体表现为：一是婴儿的死亡率很高，尤其是女婴；二是儿童被送到别人家做学徒或奴仆。故而，原罪理论强化了儿童对家父的从属地位，巩固了他们间的等级地位。[①]“预成论”将儿童视为缩小版的成人，身体的大小成为儿童与成人之间的唯一区别。[②] 可见，“预成论”将儿童看成“小大人”，忽视了儿童生长发育的特殊性和阶段性，进而否定了儿童与成人在生理、心理、社会经历等方面的重要差异。

诚如法国学者菲利普·阿里埃斯在《儿童的世纪》序言中指出的，中世纪看不到儿童，甚至青少年；在小孩体力上勉强自立时，儿童就混入了成年人的队伍，成了低龄的成年人；将较小的孩子视为“好玩的小东西”。[③] 美国学者尼尔·波兹曼认为，在中世纪，儿童的概念是看不见、摸不着的。[④] 基于此，我们可以说，在中世纪的社会和家庭中，“儿童”是不存在的，儿童与成人混杂相处，并未进行区分或隔离，仅仅被视为一群匆匆过客，是从婴儿走向成人的过程中的“小东西”而已。[⑤]

从古希腊到中世纪的西欧，儿童并未被视作独立自主的个体，而被认为属于家父的私有财产，从根本上属于国家或者教会。在中世纪的英国家庭中，父权至上是重要原则，儿童处于附属和卑下地

---

① ［法］安德烈·比尔基埃主编：《家庭史——现代化的冲击》，袁树仁、赵克非、邵济源等译，生活·读书·新知三联书店 1998 年版，第 65 页。

② ［英］鲁道夫·谢弗：《儿童心理学》，王莉译，电子工业出版社 2010 年版，第 17 页。

③ ［法］菲利普·阿里埃斯：《儿童的世纪：旧制度下的儿童和家庭生活》，沈坚、朱晓罕译，北京大学出版社 2013 年版，序言第 1 页。

④ ［美］尼尔·波兹曼：《童年的消逝》，吴燕莛译，广西师范大学出版社 2004 年版，第 25-27 页。

⑤ 张伟：《儿童·家庭·学校：西方近代教育观念的兴起与演进》，载《北京社会科学》2017 年第 9 期。

位，受家长随意支配。儿童被视为“小大人”和家庭的“附属品”，儿童的独立性尚未被人们所发掘。在父母子女关系上强调绝对的父权主义。父亲可以随意体罚子女，有权决定子女的婚姻问题，支配子女的个人财产。①

受宣扬自由、平等、民主思想的启蒙运动影响，西欧国家出现了保护儿童权利的法律规定。12—13 世纪以后，英国监护法部分地继承之前的“国王亲权”学说。该学说认为，国王是所有臣民的家长，有责任保护他的臣民，特别是年幼弱小的儿童。后来，英国衡平法形成了关于“国家是少年儿童最高监护人，而不是承办官吏”的思想，成为保护儿童的指导思想。② 在德国，家父支配权被父母的照料义务所取代，成为新型父母子女关系的基础。父母对子女的决定权不再是家父的权力，而是子女的人权。父母权力与子女权利处于对立的态势。③

儿童在我国封建社会的状况也是如此。虽然得到了怜爱和关怀，但是其并不具备独立的人格，仍然处于对父母绝对孝顺和服从的地位。基于儒家仁慈怜爱思想和对自身物种延续的本能，在我国古代社会的法律和思想观念中仍存在爱幼、恤幼的相关规定和传统美德，尤其是父母对子女的抚育义务。《三字经》中所记载的“养不教、父之过”，《礼记》中所言“人不独亲其亲，不独子其子，使老有所养，壮有所用，幼有所长，鳏寡孤独废疾者皆有所养”，还有《唐律》等相关法律也对幼弱者作出减刑或免除刑罚的规定。

但是，在我国古代社会，受“礼”治天下、“孝”道精神、“父为子纲”思想的影响，“父母与子女在法律上处于尊长与卑幼

---

① 李喜蕊：《英国家庭法历史研究》，知识产权出版社 2009 年版，第 90-104 页。

② 朱胜群：《少年时间处理法新论》，台湾三民书局 1976 年版，第 42 页。

③ ［德］迪特尔·施瓦布：《德国家庭法》，王葆莳译，法律出版社 2010 年版，第 258 页。

的等差地位”。[①] 家父在子女的人身和财产方面都享有支配权，子女处于完全服从的地位。“父为子纲”是我国古代社会亲子关系的基本准则。我国古代亲子关系是以“孝”为中心的。孝是礼制的中心内容之一，是“仁之本”“德之本”“天之经”“地之义”“民之行”。从狭义而言，孝为事亲之孝。《礼记·内则·上》曰：“父母有过，下气怡色，柔声以谏。谏若不入，起敬起孝。”这种孝道主要是子女对父母的孝顺和恭敬，是单向的下对上的服从关系。在我国古代，不孝被视为“十恶大罪”。《孝经·五刑》曰：“五刑之属三千，罪莫大于不孝。”家父对子女人身方面的权力主要有教化权、主婚权、惩戒权、送惩权，甚至生杀权。例如，在唐、元、明、清时期，如子孙有殴骂不孝行为时，父母可以将其杀死且可以免罪。[②] 在财产方面，子女不得存有个人财产，必须全部由父母保管。《坊记》曰：“父母在不敢有其身，不敢私其财。”如果子女私存财产，则被视为不孝，需要承担严重的刑事责任。[③] 我国传统法上的亲子关系是以子女侍奉父母、家及家族为根本，以父母对子女的教令及惩戒为重要内容。[④] 正如徐显明教授指出的，“中国的传统文化富含深厚的人文底蕴和人道精神，高度尊崇人的价值和尊严，充满着对人的苦痛和幸福的普遍而深切的关怀。但中国漫长的历史暴露出的却是保护人的价值和尊严的制度与规范的匮乏和缺失”。[⑤]

（二）近代社会：儿童享有部分基本权利

至17世纪，随着资产阶级政权的建立，民主、平等、人权和

---

① 金眉：《唐代婚姻家庭继承法研究》，中国政法大学出版社2009年版，第233页。

② 瞿同祖：《中国法律与中国社会》，中华书局1981年版，第7页。

③ 郗杰英、鞠青主编：《家庭抚养和监护未成年人责任履行的社会干预研究报告》，中国人民公安大学出版社2004年版，第163-171页。

④ 陈惠馨：《亲属法诸问题研究》，台湾月旦出版公司1993年版，第211页。

⑤ 国际人权法教程项目组编写：《国际人权法教程》（第一卷），中国政法大学出版社2002年版，第1页。

自由等启蒙思想逐步影响到国家立法，并得到确认。例如，英国《权利法案》、美国《独立宣言》、法国《人权大宪章》等。尽管这些宪法性文件没有具体关注儿童这一群体，使儿童淹没于抽象的、平等的民事主体之中，但是其宣传的人权思想却为保护儿童权利奠定了宪法性基础。

在近代社会，英国父母子女关系开始出现新的变化，即在强调父亲权利的同时，开始重视子女的利益，强调父母对子女的义务和责任。具体表现为，父母对子女的抚养义务、保护义务和教育义务。同时，伴随国家公权力不断扩张，父亲在家里的绝对权威和对子女的监护权表现出衰退的趋势；母亲对子女的权力和责任得到重视。随着工业革命的进行，因为工资报酬低，在许多行业中大量童工被雇用。后来，社会逐渐关注儿童的劳动福利问题。其中，英国通过一系列法律来保护儿童权利，如1802年《学徒健康及道德法案》限制学徒的工作时间和提高工资待遇；1889年《防止虐待和保护儿童法案》允许法院为受父母虐待的子女选择合适的监护人；1891年《儿童监护法》允许法院剥夺父母对子女的监护权。①

这一历史时期，儿童观也发生了变化。在人文主义思潮的影响下，人文主义者坚决摒弃中世纪的性恶儿童观念，拒绝将儿童视为赎罪的羔羊；主张儿童是自然的生活，应该得到成人的关心和照顾，尊重儿童的人格尊严和个性发展，儿童是国家的希望和未来。英国政治家洛克提出“天赋人权”理论，认为儿童是自由的，但因其年幼且智力薄弱，缺乏理性和准确的判断，必须赖于其父母，但这种权利是相对的，不能推及儿童的生命和个人财产；同时，他还认为，儿童是极其珍贵的资源，具有很大的发展潜力和塑造性。② 真正发现“儿童”的是法国思想家卢梭。他认为，儿童期具

① 李喜蕊：《英国家庭法历史研究》，知识产权出版社2009年版，第179-180页。

② 王本余：《儿童权利的观念：洛克、卢梭与康德》，载《南京社会科学》2010年第8期。

有独立存在的价值和意义，是存在的目的而非手段，否定将儿童期视为步入成年期的准备阶段。康德认为，儿童生而自由，享有天赋的自由权利，不是任由父母随意处置的私有物品。由于身体和心智发育的不成熟，儿童需要父母的照顾、保护和教育。对于父母而言，这是承担照顾儿童的义务。① 儿童及其价值被发现和确认，经由夸美纽斯、洛克、卢梭、康德、爱伦·凯、蒙台梭利等思想家、教育家的论证，近代意义上的童年观在欧洲逐步确立。

（三）现代社会：儿童成为权利主体

20 世纪以后，儿童的法律地位提升到一个前所未有的高度。因此，我们可以将这个阶段作为儿童法律地位和儿童权利保护发展的后期。瑞典思想家、教育家爱伦·凯在《儿童的世纪》一书中更是直率地预言，20 世纪将是儿童的世纪。

现代社会儿童权利的发展可以分为两个阶段：

第一阶段为 20 世纪初期，诸多国家针对儿童这一群体纷纷立法，如 1908 年英国《儿童法》和《少年法院法》；1912 年比利时《儿童保护法》，同时其他国家也陆续制定出相关的儿童法律。

第二阶段为 20 世纪中叶以后，国际儿童权利法诞生。这一时期的儿童立法从国内扩展到国际社会。1924 年国际联盟通过《日内瓦保障儿童宣言》，提出儿童应当被给予特殊照顾的理念。第二次世界大战之后，民众的人权观念进一步增强，逐步意识到儿童是一个独立的个体，具有自身的人格与尊严，自出生时起就享有人权。

针对儿童权利的保护，联合国起到巨大的推动作用，制定了一系列具有全球影响力的国际性文件。例如，1948 年，联合国通过《世界人权宣言》，宣布儿童享有受特别照料和协助的权利。1959 年，联合国通过《儿童权利宣言》，明确儿童应当享有的基本权

① ［德］康德：《法的形而上学原理——权利的科学》，沈叔平译，商务印书馆 1991 年版，第 41 页。

利，应当受到特殊保护，号召各国政府和儿童的父母应以儿童的最大利益为首要考虑，积极采取措施，促进儿童身心健康。1966年联合国《经济、社会及文化权利国际公约》第10条明确规定，应该为儿童采取特殊的保护措施，使其免受歧视和经济、社会的剥削。1966年联合国《公民权利和政治权利国际公约》提出，儿童有权获得家庭、社会和国家给予的必要保护；在父母解除婚姻关系的情况下，国家应该为儿童提供必要的保护办法。

为了进一步发挥联合国的作用，经过十余年的起草工作，联合国大会于1989年11月20日通过了《儿童权利公约》，该公约确立了保护儿童权利的四项原则，即儿童最大利益原则，不歧视原则，确保儿童生命权、生存权和发展权的完整原则，尊重儿童的意见原则；同时，承认儿童具有独立的权利主体地位，并享有十分广泛的儿童权利。《儿童权利公约》是世界上影响力较大的国际公约之一。迄今为止，除了美国和索马里两个国家外，世界上几乎所有的国家都加入了该公约。因此，该公约必将对儿童权利保护事业产生深远的影响。因此，有学者指出，“人类愿意并且明智地将有关世界儿童的权利和需要，以及社会对儿童的义务用法律文件的形式制定下来，要求各国都来遵守，这是史无前例的”。[①] 受此影响，很多保护儿童权利的国际性或区域性文件陆续出现，如1990年《儿童生存、保护及发展世界宣言》、1990年《非洲儿童权利和福利宪章》、1994年《美洲国家间关于国际拐卖未成年人公约》、2000年《欧洲儿童权利公约》等。

儿童权利保护已经成为大势所趋。世界诸多国家也先后修订本国立法，对儿童权利进行法律保护。至此，儿童权利的法律保护已然跨入一个崭新的、令人期待的历史时期。[②]

---

① 韦禾：《儿童的权利：一个世界性的新课题》，载《教育研究》1996年第8期。

② 吴用：《论儿童法律地位演进》，载《中国青年研究》2008年第2期。

（四）结语

综上所述，通过回顾、分析儿童法律地位的历史变迁，我们可以得到以下两点结论：第一，古今中外，儿童总是生活在家庭环境之中，父母对儿童的养育和保护总是存在的，只不过在不同社会的表现形式略有不同；第二，儿童的法律地位是一个历史范畴和动态过程。随着社会进步和文明发展，儿童的法律地位包括家庭地位呈现出从低到高逐步提升的发展趋势，即从权利客体到权利主体，从附属于父母、服从于父母到个人独立、地位平等。

第二节 儿童权利的理论思想

正当性与应然性是保护儿童权利的首要前提。重要的实现路径就是通过扎实丰厚的理论思想来支撑。理论思想不仅能够为儿童权利保护提供法理分析与论证，而且还能够为儿童权利的实现提供理论支持与价值指引。关于儿童权利的理论思想，可谓众说纷纭。本书从域外和域内两个方面，阐述有关儿童权利的重要理论思想。

一、儿童权利的域外理论

（一）理论之一：人权理论

尊重和保障人权已经成为当今国际社会公认的基本准则。人权的国际化是当代人权发展的重要趋势。人权体现了人道精神、法治精神和大同精神，是一个“伟大的名词”。享有充分的人权，是人类长期以来孜孜追求的终极理想和目标。[①] 第二次世界大战后，联合国以促进和发展人权为己任。《联合国宪章》规定了尊重人权的宗旨和基本原则，1948 年《世界人权宣言》则首次将人权的内容进行具体化、系统化和标准化，是人权发展史上具有里程碑意义的

① 国务院新闻办公室编：《中国的人权状况》，中央文献出版社 1991 年版，第 1 页。

重要国际文件。现如今，《世界人权宣言》已经被翻译成近 500 种语言文字，对世界各国人民争取、维护、改善和发展自己国家的人权事业产生了广泛而深远的影响。

作为联合国人权理事会的创始理事国和《国际人权公约》的起草国，我国长期坚持不懈地推进人权事业的发展，保障公民充分享有人权。2004 年，更是以宪法修正案的形式确立“国家尊重和保障人权”的宪法原则。2014 年《中国人权事业的发展》白皮书指出，我国人民的各项基本权利进一步得到有效保障，在发展权，人身权利，民主权利，妇女、儿童和老年人权利等九个方面取得了巨大成就。

1. 人权理论的主要观点

人权理论的内容丰富，视野宽广，适用普遍，解释力比较宽泛。因此，将人权理论作为儿童权利的理论基础，其前提就是要准确把握人权的内涵与本质。

（1）人权的内涵与本质。人权的内涵丰富，外延广博，因此，对人权的界定，众说纷纭，观点不一。其中，卓泽渊教授在遵循科学性原则和价值性原则的基础上，将人权界定为：一定时代下作为人所应当具有的，以人的自然属性为基础，社会属性为本质的人的权利。人权概念体现出明显的政治色彩，是反映人类社会成员之间权利与义务的分化和差异的一个关系范畴。[①] 从人权概念的起源和构成来看，哲学上的人道概念和法学上的权利概念是人权概念的两大基本成分，是决定人权属性的两个重要因素，是推动人权不断进步的重要车轮，二者相互融合，不可或缺。[②] 如果离开人道来谈人权，就会将人权囿于法律权利；如果离开权利来谈人权，就会流于

① 彭玉：《如何对待人权？——从马克思主义人权观切入》，载《中国社会科学报》2017 年 1 月 18 日。

② 李步云：《论人权》，社会科学文献出版社 2010 年版，第 4 页。

空泛的人道主义。①

人权根源于人的本性，在本质上是由道德权利（moral rights）来支撑的，是一种“天赋权利”，② 不依赖于国家制定的法律规范。人权具备权利概念的一般特征，所不同的是加入了关于人的尊严和价值等特定意蕴。③《世界人权宣言》第1条明确宣示，人人生而自由，在尊严和权利上一律平等。他们富有理性和良心，并应以兄弟关系的精神相对待。④ 其中，“理性”“良心”指的就是“人道”、“道义”和“本性”。人权就是从每个人对同类所必须承担的相互尊敬、平等对待的道德义务里推导出来的一种制度理性。⑤ 由此，人权的主要根据和根本目的就是维护人性尊严。“通过人权运动史，有一个主题比其他所有的命题更能证明推进人权的基本依据，这个主题就是人的尊严。”⑥ 所谓“人性尊严”，就是基于人之为人的本性而具有的不可侵犯、不可剥夺、不可放弃的无差别的人格精神和主体地位。⑦ 承认人的尊严，就意味着人作为独立个体的

---

① 夏勇：《人权概念起源——权利的历史哲学》，中国政法大学出版社2001年版，第169页。

② 康德将权利体系进行了一般分类，其中，将权利分为“天赋的权利”和“获得的权利”两种。“天赋的权利”，又称为“内在的我的和你的”，是每个人根据自然而享有的先天性的权利，它不依赖于经验中的一切法律条例。“获得的权利”是指后天获得的权利，也可以说是根据法律条例获得的权利。参见［德］康德：《法的形而上学原理——权利的科学》，沈叔平译，商务印书馆1991年版，第49页。

③［德］康德：《法的形而上学原理——权利的科学》，沈叔平译，商务印书馆1991年版，第28页。

④ 其中的“良心”一词是由来自中国的张彭春代表基于我国传统儒家文化的价值观而建议加入的。张彭春是南开大学的创办人之一，曾担任南开大学的代理校长。联合国成立后，张彭春出任中国驻联合国经社理事会代表，并担任人权委员会副主席，与主席埃莉诺·罗斯福（Eleanor Roosevelt）一起负责起草《世界人权宣言》。参见柳华文：《联合国与人权的国际保护》，载《世界经济与政治》2015年第4期。

⑤ 夏勇：《中国民权哲学》，生活·读书·新知三联书店2005年版，第314页。

⑥［美］霍勒曼：《普遍的人权》，汪晓丹译，载沈宗灵等：《西方人权学说》（下），四川人民出版社1994年版，第318页。

⑦ 韩德强：《论人的尊严》，山东大学博士学位论文2006年3月。

自身价值受到尊重，独立自主得到保障，权利主体地位得到确立。当然，人性尊严并不是绝对的，需要在尊重他人尊严的合理范围内行使自己的基本权利。

人权的首要价值就是肯定人的主体性，即人权是人所具有而且仅归属于人的权利，是区别于神权、动物权的一种价值属性。[①] 人是人权发展的目的和最终目标，而非达到某种功利结果的手段或工具。既然人权是自然意义上的每个人都应当享有的权利，那么人权就是一种普遍意义上的平等权利，具有普遍性和平等性，是与特权、歧视、剥削、压迫相对立的。由此推断，不考虑国籍、种族、阶级、肤色、年龄、性别、职位、社会地位等情况的差异，人权是由一切人享有的。[②] 也就是说，平等是人权的根本内容。

（2）人权的普遍性与特殊性。分析矛盾的普遍性和特殊性，是正确对待、解决问题的基础和关键。作为利益矛盾体的人权来说，同样具有普遍性和特殊性。人权的普遍性和特殊性既是人权哲学范畴的基本问题，同时还有深刻的现实背景和意义。

第一，人权的普遍性是指，作为个体的人，不论个体差异如何，均应当平等地享有人权。人人生而平等。从应然层面来看，人权属于任何时代任何地区所有的人，不管这些权利得到承认与否，它是与生俱来而非国家授权的。[③]

人权的普遍性主要表现为：一是人权主体的普遍性。就是强调

① 莫纪宏：《人权概念的历史分析》，载《宪政与行政法治评论》2005 年第 2 期。

② ［美］路易斯·亨金：《人权概念的普遍性》，王晨光译，载《中外法学》1993 年第 4 期。

③ 杨春福教授指出，判断一项权利是否属于人权，应该符合四项基本标准：第一，它是与生俱来而非国家授权的；第二，它是不可转让的；第三，它是可操作的；第四，它是可救济的。杨春福：《作为人权的经济权利——基于国际人权法的视角》，载杨春福、张仁善主编：《全球化背景下的法治与人权研究》，南京大学出版社 2008 年版，第 134-143 页。

人权是所有人平等地、无条件地享有的根本权利。[①] 人权的普遍性强调，任何人均无差别地成为人权的主体。二是人权内容的普遍性。“人权是自然权利的现代用语。”[②] 人的本性、人格、尊严是人权的本源，更是确定人权内容的根本标准。从道义角度来看，每个人在人格和尊严上都是平等的，因此，人权的内容具有普遍性。尽管各国的人权保护状况存在较大差异，但是，在承认、保护生存权、发展权等基本人权方面还是具有一致性的。三是人权义务主体的普遍性。任何国家都需要承担尊重和保障人权的义务与责任。[③]

第二，人权的特殊性，对应于人权的普遍性，是指受历史文化传统、具体国情等主客观因素的影响，不同时代、不同地区的人权政策、制度及其实现呈现出不同的特点。也就是说，在不同的国家、不同的文化和不同的群体中存在不同的人权认知、标准和选择。从实然层面来看，人权的保障和实现程度存在质和量上的差异，呈现出多样性和特殊性。人权的特殊性主要表现为三个方面：一是人权主体的特殊性。尽管人权的主体具有普遍性，但是有些特殊的人群因为性别、年龄、健康状况、文化程度等因素的限制，不同于普通人。二是人权内容的特殊性。从人权的内容来看，人权包括基本人权和特殊人权。特殊的人群会被赋予特殊的人权，如儿童享有受抚养权、游戏权，妇女享有与男子平等的权利，残疾人享有康复权等。三是人权政策、制度和执行的特殊性。在落实和保障人权方面，不同国家会结合历史文化传统、政治经济发展程度而制定符合本国实际情况的人权政策和制度。

人权之所以表现出特殊性和差异性，是受多种主客观因素的影响。一是受经济和文化因素的影响。马克思主义权利观认为，“权

---

① ［美］乔尔·范伯格：《自由、权利和社会正义》，王守昌等译，贵州人民出版社1998年版，第124页。

② 沈宗灵：《二战后西方人权学说的演变》，载《中国社会科学》1992年第5期。

③ 广州大学人权理论研究课题组：《中国特色社会主义人权理论体系论纲》，载《法学研究》2015年第2期。

利永远不能超出社会的经济结构以及由经济结构所制约的社会的文化发展”。[①] 一国的人权状况必然受本国经济、文化的影响，而且这种影响是决定性的、长期的。二是受历史文化传统的影响。历史文化传统不同，就会对人权的标准和内容采取不同的价值判断。三是受宗教传统的影响。不同的宗教对人权的态度存在较大的差异。

人权的普遍性和特殊性是人权在应然层面和实然层面基本属性的客观展现，二者既对立又统一。对于人权的普遍性和特殊性，我们必须客观、全面、发展地对待，需要具体问题具体分析。一是人权的普遍性符合现代人类文明的本质，促进人权事业的发展，保证未来世界的安全。不能过分强调人权的特殊性和差异性，而否定、放弃了人权的普遍性。如果是这样的话，就会导致各个国家的人权保护缺乏较为统一的标准，丧失提升人权保护状况的理论支撑和助力，减缓全世界人权的进步和发展。二是人权的特殊性和文化的多样性虽是一种客观存在，但它并不会改变人权普遍性思想的实质内容。“它非但不否认普遍性，恰恰相反，它们有利于人权的真正普及。”[②] 如果过分强调人权的普遍性，忽视、否认人权的特殊性和多样性，就会出现“人权无国界”“人权高于主权”的理论误区和政策偏差。特别是20世纪90年代以来，某些西方发达国家就是打着人权普遍性的幌子实施人权外交政策，任意干涉他国内政，与人权精神相悖离。正因如此，《曼谷宣言》宣告了一种称为“亚洲国家的人权观”的人权观念，是对人权普遍性的质疑和回应。因此，我们不能对人权的普遍性和特殊性进行绝对化的理解。

随着社会文明的进步，人权的普遍性（人权的基本理念和基本原则）在世界范围内会逐步增强，而特殊性会逐步缩小，呈现出此消彼长的趋势。而在人权的内容、实现和保障等方面，人权的

---

① 《马克思恩格斯选集》（第三卷），人民出版社1972年版，第12页。

② ［乌拉圭］埃克托尔·格罗斯·埃斯比尔：《人权的普遍性与文化多样性》，张大川译，载《国际社会科学杂志》（中文版）1999年第4期。

普遍性和特殊性会长时间共生共荣。

(3) 人权的内容。人权的内容十分广泛，主要包括三大类：一是人身人格权利，包括生命权、人身安全权、人身自由权、名誉权、隐私权、人格尊严权等；二是政治权利，包括选举权、被选举权、言论自由、出版自由、集会自由、监督权、法律平等权等；三是经济、社会和文化权利，包括财产权、劳动权、休息权、最低生活保障权、受教育权、科学文化研究权、妇女权利、儿童权利、老年人权利、残疾人权利、消费者权利等。从国际人权的内容来看，还包括民族自决权、国家独立权、和平权、发展权、环境权等。

从权利的存在状态来看，人权可以分为三种：应有权利、法定权利和实有权利。应有权利，又可称为“自然权利”，是指人基于人的本性和尊严，依据自然权利理论而应该享有的权利，主要包括人格权、自由权、平等权、生存权、发展权等权利。法定权利是指人享有的、由国家制定的法律所规定的权利，是国家运用法律手段使人享有“应有权利”的法律化、制度化。人权从应有权利到法定权利的实现，需要法律的制定和确认。人权不仅仅是愿望，更是法律上实实在在的权利。[①] 而对于哪些应有权利会转变为法定权利，不同国家因在政治、经济、文化、历史、宗教等方面存在差异，可能会作出不同的价值判断和规范选择。实有权利是指人在社会现实生活中真正享有并得以实现的人权。在现实生活中，基于主客观多种因素的限制，法律规定的人权并不可能全部得以实现。那些没有实现的法定人权仅仅是规范意义的人权，并没有真正惠及人类自身。由此可见，从人权的内容广度来看，人权从应有权利、法定权利到实有权利，呈现出逐步缩减的趋势。因此，衡量一个国家的人权状况，不仅要看这个国家法律规定人享有的法定权利，更重要的是这个国家的公民在现实生活中实际享有的具体权利。

---

① ［乌拉圭］埃克托尔·格罗斯·埃斯比尔：《人权的普遍性与文化多样性》，张大川译，载《国际社会科学杂志》（中文版）1999 年第 4 期。

2. 人权理论对儿童权利的理论支撑

如上所述，人权在主体上具有普遍性。美国学者路易·亨金指出，人权是普遍的、平等的，不分性别、种族和年龄。① 作为主体，儿童是否享有人权？要回答这个问题，首先要回答儿童是不是一个“人”。对此，很多人会觉得这是一个不是问题的问题。如果儿童不是人的话，那还能是什么呢？

对“人”下一个准确的定义是比较困难的，因为可以从生物学、社会学、哲学、心理学等范畴对儿童作出不同的理解。从生物学上定义，人是与黑猩猩、猩猩、长臂猿等同属人科的灵长类动物。从人类学上看，人又区别于这些灵长类动物，因为人类具有高度发达的大脑组织，使其可以制造和使用工具，创造和使用语言，组建较为复杂的社会组织。从马克思主义哲学角度来看，人同时具有自然属性和社会属性，本质上是一切社会关系的总和。儿童是人类生命过程中的起步阶段，不仅具有人类所具有的生物特征，而且已经开始发展出精神、文化、社会等方面的特质。例如，婴儿可以观察成人的面部表情和动作，并进行简单的交流和模仿。社会学的研究表明，婴幼儿的社会化过程并不仅仅是一个简单、被动地接受外部刺激的过程，同时还会将接收的信息进行加工处理并输出。儿童在成长过程中，不断学习语言和文化等知识，与家庭成员、同学、朋友、老师之间还会发生多种社会关系，从而具有社会性。因此，儿童具有人的基本属性，即自然属性和社会属性，属于人的范畴。

儿童或许是“人权运动最后一个少数群体”。② 儿童享有人权遵循这样的逻辑论证模式，即人权是人之为人应该享有的天赋权利，具有平等性和普遍性，不受其他任何条件的限制，儿童作为一

---

① ［美］路易·亨金：《权利的时代》，信春鹰、吴玉章、李林译，知识出版社 1997 年版，第 3 页。

② 孙艳艳：《儿童与权利：理论建构与反思》，山东大学博士学位论文 2014 年 4 月。

个客观存在的“人”，凭借其“人”这一身份理所应当地享有人权。儿童虽然比较年幼、弱小又缺乏理性，但是不能否认其为人的客观事实。既然都是作为人而存在，儿童就和成人一样，获得平等的道德地位和权利主体资格，享有人权。这一论证结果也印证了人权种类的一种划分，即人权包括个人人权和集体人权[①]。人权的主体除了单个的自然人之外，还包括多种形式的群体，“如一国内的弱势群体，包括妇女、儿童、老年人、残疾人、少数民族等，以及特殊群体，如服刑人员、战俘以及难民、灾民等”。[②] 1993 年世界人权大会通过的《维也纳宣言和行动纲领》明确宣示，“儿童的人权是普遍人权中不可剥夺和不可分割的一个组成部分”。可见，儿童人权也是人权的重要组成部分。

这一论证模式体现出强烈的道德色彩，其理论根基为自然法思想。早期的自然法思想诉诸传统的形而上学或者神学观念，认为权利是大自然所赋予的，每个人根据自然而享有，它不依赖于经验中的一些法律条例。[③] 例如，英国哲学家洛克在《政府论》中指出，人人生来就享有自然的一切同样的有利条件和身心能力，就应该人人平等，不存在从属或受制的关系。[④] 第二次世界大战之后，古典自然法思想逐步发展为现代自然法阶段，开始关注善与恶的起源，探究法律的人文关怀，追求真正的公平、正义、人的尊严等终极价值。因此，在当今社会，人们往往将人权的依据归结为抽象的正义、“人性”或“人的尊严”，而并不再求助于神的旨意或朴素的

---

① 联合国教科文组织人权与和平处处长卡雷尔·瓦萨克在 1977 年提出了著名的“三代人权理论”，该理论已为国际社会所承认和接受。根据三代人权理论学说，人权的内容随着社会的发展而不断丰富和完善，先后出现了三代人权，第一代人权为公民权利和政治权利，第二代人权为经济、社会和文化权利，第三代人权为集体人权。集体人权，亦可称为“类人权”，是指具有共同特征的某一群体作为一个集体而享有的权利。

② 广州大学人权理论研究课题组：《中国特色社会主义人权理论体系论纲》，载《法学研究》2015 年第 2 期。

③ 《西方法律思想史资料选编》，北京大学出版社 1983 年版，第 404 页。

④ ［英］洛克：《政府论》（下），叶启芳译，商务印书馆 1997 年版。

自然理性。①

儿童权利在人权理论上的逻辑证成价值不可小觑。一是肯定儿童成为独立权利主体的内在价值和终极意义。人权理论强调人的本性尊严和道德地位，给予人终极目的的关怀和内在价值的确认，体现出正当性和神圣性。儿童权利是儿童基于为人的客观事实而应当享有的权利，根源于人自身所具有的尊严和价值，是人权普遍性的具体表现。成人世界应该尊重儿童，不能为了自己而忽视、牺牲儿童的利益。二是确认儿童和成人的平等地位。在成人主宰的世界里，儿童缺乏平等的道德地位和权利，长期被视为弱小、无知、缺乏理性的保护对象和附属物，这种保护并不是成人世界真正尊重儿童的人格尊严和内在价值，而是对儿童居高临下的施舍、恩赐、怜悯和同情，漠视、压制了儿童的人格尊严和利益诉求。根据人权理论，儿童和成人同样作为人的存在，在人格尊严和内在价值方面的待遇理应相同，应当被赋予相同的主体地位和权利。三是丰富和拓展了人权理论和实践。长期以来，儿童并没有进入传统人权的理论视野。因此，儿童权利在人权理论上的证成，极大地丰富和发展了人权理论，使人权的普遍性得到进一步彰显。

我们在肯定儿童权利主体地位的同时，还会发现这一论证模式未免过于简单和粗糙，存在逻辑困境和理论缺陷。其一，这种论证模式忽视了儿童的特殊性。同样为人，儿童应该和成人一样，受到同样的道德评价和权利赋予。这种论证模式强调了儿童和成人的平等地位，而容易忽视儿童的特殊性。如果仅仅论证儿童和成人享有同样的主体地位和权利，那么主张、探讨儿童应该享有权利的正当性和内容就显得多此一举。客观来讲，儿童毕竟是人类中的特殊群

---

① 我国学者沈宗灵先生将西方人权思想的发展分为四个阶段：第一个阶段是古代和中世纪人权思想的萌芽时期；第二个阶段是17-18世纪资产阶级人权思想和学说形成和鼎盛时期；第三个阶段是19世纪直至第二次世界大战以前资产阶级人权思想相对低沉的时期；第四个阶段是第二次世界大战后至今，西方人权学说再次兴起并经历重大演变。参见沈宗灵：《二战后西方人权学说的演变》，载《中国社会科学》1992年第5期。

体，在年龄、智力、心理、知识、能力等方面明显低于成人。很多成人享有的权利，如政治权利，儿童根本无法行使。从反面来看，儿童仅仅享有成人的权利，也无法实现健康成长。这就意味着，儿童需要得到特殊的关怀和照顾，应该被赋予特殊的儿童权利。其二，人权理论论证儿童的权利主体地位并不充分。因为人的道德主体地位的确立并不仅仅基于人之为人的事实，它还受到关涉个人的具体事实的考量，诸如社会角色、财产状况、政治需要等因素。[①]一个人享有的权利往往与其自身所担任的社会角色相匹配。比如，儿童在家庭关系中扮演的是子女的角色，这种角色就赋予儿童特殊的道德地位，进而会享有特殊的权利，如受父母抚养、照顾和保护的权利，而这些权利是无法通过"儿童是人"这一事实来论证合理性的。

鉴于人权理论对儿童权利的理论支撑存在缺陷，我们需要更多的理论支撑，以增强论证儿童权利的合理性和正当性。于是，我们把日光转向了权利理论，尤其是其中的利益理论。

（二）理论之二：利益理论

权利是现代政治法律中一个备受关注的概念，也是法律体系建构的核心和基础，尊重和保护权利已经成为当代普遍的价值观念和法律准则。关于权利的内涵和性质问题，古今中外，学说林立，莫衷一是。主要存在资格说、主张说、自由说、利益说、选择说、法力说等观点。其中，主张说、选择说、自由说要求权利人具备提出自己主张和选择的能力，而儿童由于身心条件所致，其认知能力不足，与成人（理性人）存在较大差距。这就决定了主张说和选择说在儿童权利的论证上存在致命的缺陷。资格说认为，主体享有权利的前提是具有某种资格，资格包括道德资格和法律资格。至于儿

① Samantha Brennan, Robert Noggle, "the Moral Status of Children: Children's Rights, Parent's Rights, and Family Justice," *Social Theory and Practice*, Vol. 23, 1997, p. 6. 转引自张扬：《西方儿童权利理论及其当代价值研究》，中国社会科学出版社 2016 年版，第 59 页。

童是否具有享有权利的资格，很难去论证，同时，资格说也存在循环论证的嫌疑。法力说影响较大，在大陆法系民法学界成为通说。法力说强调权利来源于国家和法律，而不同的国家和法律对待儿童和儿童权利的态度存在明显差异，因此，不宜证明儿童权利在理论上的道德性和正当性。下面主要运用利益说的观点来证明儿童权利的正当性。

1. 利益理论的主要观点

利益说认为，利益是权利不可缺少的构成要素，权利就是法律所承认和保护的利益，权利的享有和行使就是为了获得某种利益，包括物质利益和精神利益。该学说的代表人物有边沁、奥斯丁、耶林、尼尔·麦考密克等，其中，德国法学家耶林是该学说的集大成者，他“通过使人们注意权利背后的利益，而改变了整个权利理论”，[①] 将利益说发展为影响力最大的一种权利学说。

人群共处，各有需求，涉及不同的利益，不免发生冲突，为维护社会秩序，自须定其分际，法律便将其认为合理正当的利益以权利的名义赋予个人或群体。[②] 同时，义务也是为权利的实现而设定的，义务的承担和履行也是为了促进权利人更好地享有利益。在利益论学者看来，权利的本质目的就是保护权利人的利益，而不考虑利益主体的选择能力，因此，诸如婴儿、精神障碍者等认知能力和自我决定能力欠缺的人都可以享有权利。这也是运用利益理论证成儿童权利正当性的原因所在。

2. 利益理论对儿童权利的理论支撑

运用利益理论证成儿童权利的正当性具有逻辑上的合理性和优越性。利益是利益理论基本的分析工具。利益说认为，一个人享有权利就意味着需要保护他的特定利益。儿童和成人一样，具有自身

---

① ［美］罗斯科·庞德：《通过法律的社会控制》，沈宗灵、董世忠译，商务印书馆 1984 年版，第 46 页。

② 王泽鉴：《民法总则》，北京大学出版社 2009 年版，第 68 页。

的利益需求，如平等、自由、尊严、生存、发展等利益，通过权利义务模式得到保护。儿童权利的正当性，依赖于其自身利益的存在，而非取决于利益享有者自身的自主选择能力，不会因为儿童年幼、缺乏足够的理性和选择能力而否认其利益的存在。在儿童权利的论证方面，利益说和选择说相比，更具有优势。选择说认为，权利是主体自我判断、自我选择的结果，权利的享有者必须具有相应的理性判断和自主选择能力。依此理论推出，儿童因不具备自主的选择能力，也就不能享有权利。儿童和动物一样，被排除于“权利”概念之外。与选择说不同的是，利益说不考虑权利享有者的意思能力和意志状况，克服了选择说在论证儿童权利上的尴尬境地。

当然，利益说自身还存在些许问题，并不是完美无缺的。一方面，权利和利益二者不能等同。从性质来看，权利属于道德原则，而利益属于功利主义。权利是对他人、集体的意志施加限制，优先于利益。这就可能导致权利的目的与利益的实际享有存在不一致的情况。比如，对于儿童来说，其权利是成人基于自己的道德标准和价值选择被赋予的，那么这些权利是否真正能够实现儿童的利益呢？另一方面，无法确定利益的范围和评价标准。对于儿童而言，儿童的利益包括哪些，哪些利益是儿童的最大利益，哪些利益应该上升为权利，这些都是理论上的难题。

（三）理论之三：社会建构理论

1. 社会建构主义理论的基本观点

1966 年，彼得·伯格和托马斯·卢克曼在《现实的社会建构》一书中明确提出“社会建构”的概念。[①] 社会建构主义是社会建构主义儿童观确立的理论基础，其核心观点认为，知识是社会建构的产物。从实质上来看，社会建构主义就是从社会生产过程的角度对

① 刘保：《作为一种范式的社会建构主义》，载《中国青年政治学院学报》2006 年第 4 期。

知识进行发生学研究的理论范式。根据1999年剑桥哲学辞典的界定，社会建构理论认为，某些领域的知识是社会实践和社会制度的产物，或者是相关联的社会群体互动和协商的结果，包括温和社会建构主义和激进社会建构主义两种形式。① 这两种形式的建构主义对待科学技术知识的态度存在不同。温和的社会建构主义观点承认，社会因素的性质和功能对科学技术发挥重要影响作用，但同时并不否认非社会因素在科学技术中的存在。而激进的社会建构主义认为科学技术是理论、实践和制度的社会建构，完全采用社会行为来解释科学技术，即用不同角色或社会群体的解释、协商和决议来解释技术变革，进而否认技术具有本质性、客观性和功能性。②

作为一种理论范式，社会建构主义是建构主义的一个理论分支。建构主义认为，所有的知识都是人类通过自己的行为建构起来的，而并非对客观存在的自然发掘，否认世界上存在客观、唯一、永久、确定的真理和规律。因为人类的大脑认识能力有限，不可能像照相机一样，将所收集的信息按照客观、真实、完全的本来样貌进行还原，而是主体借助个人思维通过对信息进行过滤、组织和建构的过程，借助语言的形式，完成对客观世界的诠释。基于此，社会建构理论对语言非常重视。作为一种表达意义的方式，语言同样对社会存在产生影响力。“语言创造了而不是反映了现实。”③ 为降低陷入主观唯心主义的风险，在建构主义的基础之上，社会建构主义又添加了社会因素，即构建主体从社会共同体之中获得普遍认同的“知识、体验和思想渊源”。④ 社会建构主义认为，现实和知识

---

① Robert Audi, *The Cambridge Dictionary of Philosophy*, London: Cambridge University Press, 1999, p. 855.

② 安维复：《社会建构主义：后现代知识论的“终结”》，载《哲学研究》2005年第9期。

③ ［美］尼科尔斯·施瓦茨：《家庭治疗——理论与方法》，王曦影、胡赤怡译，华东理工大学出版社2005年版，第123页。

④ 许放明：《社会建构主义：渊源、理论与意义》，载《上海交通大学学报》（哲学社会科学版）2006年第3期。

的建构并非是简单且随意的个人建构，而是社会成员的“共同建构”，这种对世界的诠释是由所处的社会情境和语言文化所塑造的。由此可见，“社会实在既属于客观化世界，又属于主观化世界”。①

从元理论层面来看，社会建构主义明显区别于社会实在论、本质主义和实证主义。因为社会建构主义认为，所观察到的东西都是人造的，否认存在客观事实；强调知识因情境各异而时刻变化的特殊性和建构性，否认事物内在的普遍性和核心真理；强调所谓的客观现实仅存在于“人的头脑”之中，否认社会存在的客观性和可认知性。随着影响力的增加，社会建构主义正在向各个研究领域渗透，当然，这其中就包括儿童研究领域。

2. 社会建构主义理论对儿童权利的理论支撑

（1）儿童是社会建构的产物。儿童观是人们对儿童的根本观念和看法，是儿童这一自然存在在人们头脑中的主观反映。根据社会建构理论，任何知识都是社会建构的产物，是人们在社会实践过程中相互协商、妥协的结果。那么，儿童观也应该是不断地一点一滴、破旧立新建构起来的。② 当然，社会建构主义儿童观并不是任凭主观想象随意建构的，而是受当时社会的政治、经济、文化、习惯、宗教等因素的影响，这就决定了儿童观是具有时代特性、地域性，且不断发展变化的历史性范畴的概念。社会建构主义儿童观的基本观点就是，儿童是一种社会发展到特定历史阶段才出现，并且不断发展变化的、历史范畴的建构产物。

西方学者对社会建构主义儿童观的确立进行了重要阐述和研究。首先，必须要提及的是法国学者菲利普·阿里埃斯。他在《童年的世纪》一书中，通过考察儿童在中世纪社会的具体情况，

---

① 袁正清：《国际政治理论的社会学转向：建构主义研究》，上海人民出版社2005年版，第3页。

② 贾云：《论儿童观的范式转型——社会建构主义视野中的儿童观》，载《南京师范大学学报》（社会科学版）2009年第2期。

主要是考证艺术、服装、游戏、学校等方面的史料，得出一个具有开创性意义的重要结论，即“儿童”这一概念在西方中世纪时期并不存在。阿里埃斯认为，“传统社会看不到儿童，甚至看不到青少年……一旦在体力上勉强可以自立时，儿童就混入成年人的队伍，他们与成年人一样地工作，一样地生活。小孩一下子就成了低龄的成年人，而不存在青少年发展阶段”。[①] 儿童被视为“小大人”，尤其在服装和艺术方面比较明显。直到17、18世纪，儿童才逐步地被“发现”，在服饰和形象塑造上开始区别于成人。

阿里埃斯的童年观对后世影响较大。英国教育学家大卫·帕金翰在《童年之死》一书中指出，童年是一个社会的、历史性的建构。“童年是一种社会性建构的概念。……‘儿童’并不是一个纯粹由生物学所决定的自然或普通的范畴。……有关儿童的定义乃是社会过程与话语过程造成的结果。”[②] 美国学者尼尔·波兹曼认为，“童年不同于婴儿期，是一种社会产物，不属于生物学的范畴”。[③] 他从印刷术和识字文化的角度来论述儿童概念的建构。[④]

（2）激进建构与温和建构。社会建构主义儿童观的本质就是对儿童的自然存在进行社会性的建构。这就必然涉及儿童的自然存在与社会建构二者之间的关系。儿童的自然存在是一种自然客观事实，体现了儿童的生物学属性和共同的特征，具有客观性。儿童的社会建构是人们依据不同的社会环境对儿童的能动建构，具有主观性。因对儿童的自然存在和社会建构二者关系的不同认识，在社会建构主义儿童观内部形成了两种观点，即激进的儿童建构论和温和

---

① ［法］菲利普·阿里埃斯：《童年的世纪》，沈坚、朱晓罕译，北京大学出版社2013年版，序言第1-2页。

② ［英］大卫·帕金翰：《童年之死》，张建中译，华夏出版社2005年版，第5页。

③ ［美］尼尔·波兹曼：《童年的消逝》，吴燕莛译，广西师范大学出版社2004年版，第1页。

④ ［美］尼尔·波兹曼：《童年的消逝》，吴燕莛译，广西师范大学出版社2004年版，第25页。

的儿童建构论。

激进的儿童建构论认为，儿童的概念完全是一种社会建构的产物，是社会在特定时期背景下人为建构出来的主观想象，是不同的社会实践、社会制度和社会文化的时代缩影，完全否定儿童在生物学意义之上的自然存在。波兹曼就是激进儿童建构论的代表人物。正如上述所言，他认为，儿童是在社会文化中被历史地建构起来的集体定义，是一种发明而非发现，并不是普遍或本质意义上的存在。也正是基于这样的观点，波兹曼认为儿童是一种不断变化的、社会建构性的历史性概念，当今时代的新媒介正一步步将童年的概念"驱逐出去"，最终得出儿童"一定会成为当今科技发展的牺牲品"①，"童年正在消逝，而且飞快地消逝"② 的悲观结论。

温和的儿童建构论承认，儿童在生物学意义上的自然存在，与成人相比，在生理上和心理上具有不成熟的特性，儿童的自然存在和生物属性是对儿童进行社会建构的基础，只是这种事实是被人们以社会文化的视角来理解并赋予意义的。

由此可见，是否承认儿童具有生物学意义上的自然存在属性成为社会建构主义儿童理论分歧的关键节点，同时，这也导致学者对儿童的概念及其本质、形象地位的认识出现了巨大差异。

人是自然性和社会性的统一。同样，儿童也是自然存在与社会存在的复合体。儿童的自然存在是自然依据生物学规律建构的，具有客观性和普遍性，是社会存在的前提和基础。儿童的社会存在是人们依据自然存在和社会条件建构的，具有主观性和特殊性，是自然存在的本质属性。因此，温和的儿童建构理论更为合理，它并没有因为强调儿童的社会建构的本质属性，而忽视其生物学意义上的自然属性。我们必须清醒地意识到，无论人类社会如何构建儿童，

---

① ［美］尼尔·波兹曼：《童年的消逝》，吴燕莛译，广西师范大学出版社 2004 年版，第 206 页。

② ［美］尼尔·波兹曼：《童年的消逝》，吴燕莛译，广西师范大学出版社 2004 年版，第 2 页。

儿童的自然属性，如年幼、个子矮小、体弱、心智不健全、发展潜力大等与成人不同的特质，都是客观存在、不容忽视的。

3. 社会建构主义儿童观的重要意义

社会建构主义儿童观认为，儿童是社会建构的产物，是社会群体在不同的社会实践、社会制度和社会文化背景下相互协商、相互妥协而形成的儿童观念，具有非本质性、相对性、特殊性和社会建构性，否定儿童的本质性、绝对性、普遍性和生物学属性。也就是说，“儿童是什么”属于主观范畴，取决于人们主观上如何想象和描绘儿童。更进一步说，儿童的社会地位及权利享有情况都深受人们关于儿童观的认识。由此可见，社会建构主义儿童理论为我们进行儿童理论研究和儿童权利保护提供了新的理论维度，具有重要的理论价值。

社会建构主义儿童观为儿童权利保护提供了充分的理论支撑。在社会建构主义儿童观持有者看来，“儿童是什么”取决于人们是如何来想象和构建他们的，具有很强的主观性和能动性，产生“我见即我建”的后果，当然，这种想象和建构是以当时的社会条件为基础的。在此理论前提之下，建构者基于不同的目的和价值考量对儿童的认识注定呈现多元的态势。

儿童是自然存在与社会建构的统一体。对儿童的认识，自然无法忽视其生物学属性的存在。从生物学意义上的自然存在来看，儿童具有年幼、弱小、无知、缺乏自我保护和自我控制等特点。在追求公平正义、保护弱势群体成为主流价值观的时代背景下，人们很容易从劣势视角出发，将儿童塑造成为因缺乏理性与能力而需要得到成人保护和干预的形象。这种儿童建构多是使用负面、否定的词汇将儿童描绘为体质弱小、心智不全、能力欠缺的个体，反映了儿童自身的客观属性，注意到儿童与成人之间的区别与差距，具有非常重要的积极意义。正是对儿童这种形象的塑造和建构，表明儿童需要得到成人世界的保护，时刻提醒着家庭、社会和国家对儿童负有不可推卸的抚养、照顾、保护、教育等责任，为父母积极履行子女的抚养责任和国家增强对未成年人监护的干预提供了理论支撑。[①] 但是，这种形象建构容易陷入传统发展主义的儿童观，即基于儿童的生物成长特点，将儿童视为“柔弱无能”和被保护的对象，将童年视为进入成年期的准备阶段和不成熟阶段，进而会导致儿童被成人所统治并处于附属地位的消极后果。因为它忽视了儿童的主体人格性和自主能动性，忽视了儿童对关乎自身利益的事务享有发表意见和作出决定的需求和愿望。这就需要我们根据时代要求和新的研究视角对儿童进行新的建构。

既然，儿童是被社会建构出来的，那我们就可以采用另一种思维方式——优势视角来认识和定义儿童。优势视角是当代社会工作中处理事务的一种新的思维方式。这种工作模式认为每个人都有拥有资源和优势，在困难和问题中看到希望和可能性。作用公式是：动用案主的力量（天才、知识能力和资源）去达到他们自己的目标和愿望。[②] 通过优势视角来观察儿童，无限的活力、天赋、潜力、希望、可能性和特有的认知和思维方式都是儿童最大的资源和财富，这些都是因关注儿童的柔弱的自然存在而被忽视的意象。我们在看到儿童“柔软弱势”的一面，更要认识到儿童是一个具有独立、自主、能动和无限发展潜能的个体。由此，我们应当尊重和理解儿童，确定儿童的权利主体地位，赋予其应享有的权利和地位，满足儿童自身合理的需求和愿望，而不再把儿童视为“社会资源和力量的携带者，是未来的下一代成人”。

社会建构主义儿童观否定传统发展主义的儿童观念，肯定认识主体的主观性和能动性，将儿童界定为历史、文化、社会建构的产物，为儿童权利理论开启了一个全新的研究视角，为儿童权利观念的丰富和发展提供了重要的认知基础。

---

① 陈苇：《中国婚姻家庭法立法研究》（第二版），群众出版社 2010 年版，第 470 页。

② 贾云：《论儿童观的范式转型——社会建构主义视野中的儿童观》，载《南京师范大学学报》（社会科学版）2009 年第 2 期。

二、儿童权利的域内思想

和域外文明相比，中华文明在价值观念和文化认同方面坚守着自己的偏好和个性。正因如此，中华文明才能历史悠久，源远流长，历久弥新，展示着顽强的生命力和鲜明的个性化。自汉代以来，儒家思想就成为历代王朝治国理政的正统思想，儒家文化成为中华文明的主流意识形态。儒家所倡导的三纲五常和家国一体的伦理思想严重忽视和制约了个人的主体权利。对于严重依赖于成人的儿童而言，其享有的权利更是无从谈起。在实行父权家长制的家庭内部，父亲对儿童的人身和财产拥有无上的权威和决定权，儿童处于附属地位。

尽管如此，我国传统文化中又始终蕴含着体现人道主义色彩的慈幼爱幼恤幼的价值观念和伦理美德。尊老爱幼一直是中华民族的优良传统。其中，慈幼爱幼的思想起源甚早。例如，《礼记》认为，儿童具有“幼有所长”的潜力，《周礼》将“幼弱”作为“三赦”之一，《易·蒙》中“蒙以养正”强调对儿童的正确教育，孟子之“幼吾幼以及人之幼”的名言等。这样的文化底蕴，为我们吸纳域外文明的优秀成果和保护现代社会的儿童权利奠定了文化基础和思想支撑。

慈幼爱幼这一传统观念，主要是受儒家之民本思想和仁爱思想的影响。

（一）思想之一：民本思想

民本思想发端于古代商周交替之时，形成于春秋时期，以后的历代王朝对其有所继承与发展，且一直延续到当今社会，是我国传统文化中极其重要的宝贵财富。民本思想是儒家学说的重要政治思想，认为统治者应当重视民众，保障其安居乐业，才能维护专制统治和社会稳定。例如，孔子提出“节用而爱人，使民以时”的思想，孟子提出“民为贵，社稷次之，君为轻”的仁政思想。“得民心者得天下，失民心者失天下。”唐太宗李世民提出的“水能载舟，亦能覆舟”，将君民关系喻为舟和水。正是在民本思想的指引下，我国历史上曾出现文景之治、贞观之治、康乾盛世等繁荣时期。

民本思想强调通过保民和惠民政策来提高民众的生活质量。作为社会民众的一员和国家未来发展的参与者，儿童的生存状态直接关系到社稷安危。因此，儿童成为民本思想的关注对象，慈幼爱幼也成为民本思想的重要表现形式。例如，《礼记》记载：“先王之所以治天下者五：贵有德，贵贵，贵老，敬长，慈幼。”《周礼·地官司徒》提出的“保息六养万民”政策和《管子·入国》提出的“九惠之教”均包括慈幼恤孤的内容。①

在我国当代社会，民本思想已经突破封建社会的阶级局限性，被赋予了新的时代内涵。中国共产党和人民政府始终坚持全心全意为人民服务的根本宗旨，始终把人民利益放在心中最高位置，始终坚持“立党为公，执政为民”“治国有常，利民为本”“不忘初心，牢记使命”，将改善民生、增进人民福祉作为实现中国梦的基本价值追求。正是在此种现代民生思想的指引下，我国政府也非常重视儿童事业，通过法律、政策、道德等途径保护儿童权益。

（二）思想之二：仁爱思想

仁爱是儒家思想的精髓、核心与基础，具有亲亲、仁民和爱物三个层次的含义。孔子认为，关爱他人本身就是每个人应尽的道德义务和责任，即“仁者爱人”。同时，孔子还在《礼记·礼运》中提出，不独子其子，使幼有所长，尽显仁爱之心。同时，孟子将无人抚养照顾的儿童称为“孤儿”，并列为“穷民”之列，需要得到特殊照顾。之后的董仲舒提出“存幼孤，施恩泽”的主张。② 唐代

---

① “保息六养”的内容为：一曰慈幼，二曰养老，三曰振穷，四曰恤贫，五曰宽疾，六曰安富。“九惠之教”的内容为：一曰老老；二曰慈幼；三曰恤孤；四曰养疾；五曰合独；六曰问病；七曰通穷；八曰振困；九曰接绝。

② 《春秋繁露·治水五行》。

韩愈将仁爱思想发扬光大，主张“博爱为仁”。[①] 宋代以后，宋儒理学繁荣昌盛，慈幼爱幼的理念已经成为统治阶层和普通民众的共识。

儒家的包含慈幼爱幼的仁爱思想逐步在国家法律和政策层面得到体现。一是赐恤孤幼，鼓励、保护新生儿的出生和养育；二是收养孤幼方面，禁止弃子溺婴，制定收养法令，设置专门机构收养抚育孤幼；三是对孤幼罪犯减免刑罚，如《周礼》“三赦之法”之一就是幼弱，秦汉唐等法律规定 7 岁以下的儿童不得处以死刑，《法经·减律》规定“罪人年十五以下，罪高三减，罪卑一减”；四是孤幼财产检校保全，保障孤幼儿的生活和财产安全。[②]

在我国当代社会，关爱和保护儿童观念已经成为全社会公民的主观认同，并得到法律和政策上的支持和保障。我国的《宪法》《民法典》《未成年人保护法》《刑法》等法律规范都对儿童进行明确、特殊的保护。同时我国还制定《中国儿童发展纲要》等文件，确立儿童最大利益原则、儿童优先原则、儿童参与原则、依法保护原则，提出儿童事业的发展目标和主要措施。

第三节　儿童权利的界定、类型与内容

要界定儿童权利的含义，首先需要探讨什么是权利。在了解“权利”的内涵和属性的基础之上，再结合儿童的自身特点，进而对儿童权利进行界定。

现代意义上的“权利”一词起源于西方社会，最早可追溯到

---

① 《原道》。

② 柴鹤浾：《中国古代儿童福利的理念与实践研究》，载《暨南学报》（哲学社会科学版）2017 年第 11 期。

古罗马时期。[①] 何谓权利？权利的本质是什么？可谓仁者见仁，智者见智。古今中外，还没有一位学者对“权利”含义的诠释能够获得普遍的认同和支持，均遭到过质疑和批评。因此，美国哲学家范伯格甚至把“权利”看作“简单的、不可定义的、不可分析的原始概念”。[②] 张文显先生在其著作《法学基本范畴研究》中，系统介绍了国外最具代表性、主导性的资格说、主张说、自由说、利益说、法力说、可能说、规范说、选择说八种权利本质学说。这些学说不乏真理性的见解，[③] 但也存在一定的简单化与片面化问题。

为了更加全面地理解权利这一概念，避免陷入对权利多种解释的难题，美国著名法学家韦斯利·霍菲尔德（Wesley Hohfeld）指出，研究权利最好的方法就是对相互关联的概念进行逻辑分析，分析、总结与权利相关的要素，以此获得对权利问题的明确理解、透彻陈述和真正解决。[④] 我们可以将此种方法称为要素解释。夏勇先生在其《中国民权哲学》一书中将权利归纳为利益、主张、资格、力量、自由五个要素，并将权利定义为“道德、法律或习俗所认

---

① 作为明确的法学概念，“权利”仅有300余年的历史。其实在罗马法中，也并没有明确出现“权利”这一概念。当时，罗马人是以“jus”来支持一切正当的事情，这一做法就把问题引向了“权利”这一概念。正如梅因所说，法学上“权利”概念的出现，应该完全归功于罗马法。因此，在罗马法中，拉丁文“jus”可以理解为“法”或“权利”，具有权威、权力、自由和法律上的地位等含义。参见张文显：《法学基本范畴研究》，中国政法大学出版社1993年版，第64-65页。

② ［美］范伯格：《自由、权利和社会正义》，王守昌、戴栩译，贵州人民出版社1998年版，第91-92页。

③ 德国学者拉德布鲁赫认为，人们将权利归结为法律所保障的意志力量或者利益的观点都是正确的。就权利的法律本质和后果而言，可以将权利理解为法律保障的意志力量；而就法律政策的动机和立法理由而言，权利实际是以权利人的权利内容为确定方向而给权利人的意志打开了自由之路。参见［德］拉德布鲁赫：《法学导论》，米健译，法律出版社2012年版，第72页。

④ 沈宗灵：《现代西方法理学》，北京大学出版社1992年版，第146-147页。

定为正当的利益、主张、资格、力量或自由”。[①] 由此看到，夏勇先生对权利的定义，是在充分借鉴上述学说合理成分的基础上，全面地总结出权利具备的内在要素，这些要素成为理解权利概念的逻辑原点，也为我们提供了一种多方面分析、理解权利概念（特别是儿童权利）的途径。

一、儿童权利的界定

“儿童权利”这一概念起源于20世纪初，与儿童需要保护的传统观念相联系。[②] 第一次世界大战后，救助儿童国际联盟于1924年首次提出“儿童权利”这一国际性概念。[③] 正如上述所言，基于“儿童”和“权利”的内涵存在多种理解，争议较大，这也就决定了对“儿童权利”的定义也很难达成一致意见。正如有学者指出的，儿童权利是一个多维度、立体的概念，可以从多个角度对其进行不同的解读。[④]

（一）现有观点评析

经过总结分析，学者对于“儿童权利”的界定主要存在以下三种形式。

1. 强调儿童权利的具体内容

基于“儿童”和“权利”两个概念的复杂性，“儿童权利”这个概念至今还没有很好的定义，至少没有被接受的统一定义。[⑤]

---

① 夏勇：《中国民权哲学》，生活·读书·新知三联书店2005年版，第311-313页。

② 王启富、刘金国主编：《人权问题的法理学研究》，中国政法大学出版社2003年版，第230页。

③ 王雪梅：《儿童权利论——一个初步的比较分析》，社会科学文献出版社2005年版，第33页。

④ 王雪梅：《儿童权利论——一个初步的比较分析》，社会科学文献出版社2005年版，第2页。

⑤ Children's rights，http：//en. wikipedia. org/wiki/child - rights，最后访问日期：2017年12月20日。

鉴于此，有些学者在定义“儿童权利”时，仅仅强调儿童权利包括哪些具体方面的权利内容，而回避了儿童权利到底是什么的问题。学者汪金兰指出，儿童权利是一个广义的概念，指儿童人权中那些需要给予特殊照顾和保护的权利，包括与亲生父母联系的权利、作为独立的人的权利以及获得基本的物质生活条件、广泛的义务教育、医疗保健和适应儿童生长发育的刑事法律程序的权利，包括民事、文化、经济、社会和政治等广泛的权利。[①] 该定义通过罗列的方式，具体指出儿童权利包括的多个方面的内容，特别是区别于成人的特殊权利。

2. 强调儿童权利的本质

儿童权利毕竟属于权利的一种特定形式，理应具备一般意义上权利的本质特征。对儿童权利的认识，深受关于权利本质的不同学说的影响。王勇民先生认为，“儿童权利是指为道德、法律或习俗所认定为正当的，体现儿童的尊严和道德价值的，带有普遍性和反抗性的利益、主张、资格、权能或自由的总称”。[②] 王本余认为，儿童权利是指儿童凭借特殊的身份而享有的由道德及法律所规约的正当自由或者利益。[③] 可见，上述学者充分借鉴、吸收了关于权利本质的不同学说的合理成分，将儿童权利视为某种资格、自由、利益等。

3. 强调儿童权利的本质与内容的结合

尽管说儿童属于“人”的范畴，儿童权利具有权利的一般特点，但是，更应该看到儿童在生理和心理方面又异于成人，儿童权利与一般意义上的权利相区别，需要得到特殊保护的事实。对儿童权利进行定义，需要认识到儿童权利的本质和特有内容。吴鹏飞认

---

① 汪金兰：《儿童权利保护的国际私法公约及其实施机制研究》，法律出版社 2014 年版，第 6 页。

② 王勇民：《儿童权利保护的国际法研究》，法律出版社 2010 年版，第 17 页。

③ 王本余：《儿童权利的观念：洛克、卢梭与康德》，载《南京社会科学》2010 年第 8 期。

为，儿童权利是指儿童基于其特殊身心需要所拥有的一种有别于成人的权利，包括受保护权和自主权两个方面。[①] 美国学者明兹认为，儿童权利是指儿童拥有一种截然不同的法律身份，以及与其父母完全独立的、不同的利益和需要。儿童权利包括受保护的权利和依赖的权利，以及公民权、自由权或自治权。[②]

（二）本书对儿童权利的界定

1. 儿童权利的内涵

因为本书的研究对象是诉讼离婚中的儿童权利，所以对儿童权利的概念进行界定是重要的研究前提和理论基础。对儿童权利进行界定，成为本书无法回避的、必须作出回答的重要问题。儿童权利概念的界定，应该包括以下三个方面的内容：第一，必须将儿童视为"人"来看待，承认儿童具有与成人一样的独立人权，而不是成人随意摆布的附属品；甚至有的学者指出，"儿童权利是儿童依法享有的与成年人平等的权利"[③]。第二，必须将儿童当"儿童"看，承认并尊重其童年生活的独立价值，而不仅仅将它看作是成人的预备状态。第三，应当为儿童提供与之身心发展相适应的生活，儿童个人权利、尊严应受到社会的特殊关照和保护。[④]

因此，笔者认为，儿童权利是指为社会道德、法律或习俗所认可的，彰显儿童自身特点和正当利益的，作为独立个体享有的具有人权属性的特有权利。这种权利可以理解为儿童享有的特定利益、主张、资格、权能或自由的总称。

2. 儿童权利的属性

儿童权利的性质，归根结底，是由儿童的特殊性决定的。儿童

---

① 吴鹏飞：《儿童权利的一般理论研究》，中国政法大学出版社 2013 年版，第 19 页。

② Steven Mintz. "Placing Children's Rights in Historical Perspective," *Criminal Law Bulletin*, June 2008, p. 35.

③ 柳华文主编：《儿童权利与法律保护》，上海人民出版社 2009 年版，第 219 页。

④ 张爱宁：《国际人权法专论》，法律出版社 2006 年版，第 332 页。

最大的特点就是年龄小、知识和经验欠缺，自我谋生能力和自我保护能力欠缺，容易受到成人社会的忽视甚至侵害。

（1）依赖性。儿童年幼，意识能力、控制能力和行为能力远远低于成人水平。对于自身享有的权利，一是无法形成正确认知；二是无法独立行使权利。这就需要借助于他人的行为来实现儿童权利。儿童享有相对生活水平权，但因自身缺乏自我谋生能力，而只能依赖于父母或其他人的抚养和照顾才能维持生存。当人身权利受到他人侵害时，弱小的儿童只能借助父母或其他人的保护行为来维护自身的合法权益。因此，父母或其他人义务的履行情况直接关系着儿童权利的实现。

（2）易受侵害性。和成人相比，儿童的自我表达和自我保护能力较差，往往导致其个人主张无法得到彰显，个人利益无法得到他人尊重；同时又容易遭受来自家庭、学校和社会的侵害，需要依赖于他人或公力救济。

（3）发展性。儿童最大的价值就是无限的发展潜力。在儿童成长过程中，其身体和智力都在逐步发育，知识和经验不断地积累和丰富，意思能力和判断能力均在持续提升，这些都表明儿童是一个不断发育、成长、进步并且给人以希望的、令人期待的个体。随着年龄和阅历的增长，儿童的认识能力和判断能力日益提高，可以从事与其年龄、智力相适应的民事活动，并且活动范围会越来越大。

二、儿童权利的类型

1989 年联合国《儿童权利公约》以权利清单的形式，明确了儿童享有的权利，包括：生命权、适当标准的生活水准权、受抚养权、发展权、司法保护权、发表意见权等几十种权利。基于儿童在生理、心理、社会地位等方面与成人存在诸多不同的考虑，儿童权利的类型也应当凸显其特殊性而进行划分。基于对儿童权利的认识不同，学者们对儿童权利的类型也存在多种划分方式，主要存在三种方式，即二分法、三分法和四分法。

(一) 儿童权利划分的二分法

二分法这种分类主要是源于保护论和解放论两种儿童权利理论的论争。英国学者弗里曼指出，在儿童权利研究方面，很多作者通常采用二分法：要么拯救，要么解放；要么养育，要么自主。[①] 保护论者认为，儿童是脆弱的、无知的，心智发育的不健全使其容易受到伤害，理性能力的欠缺使其无法自主作出最佳利益的判断，这就需要成人（尤其是儿童的父母）的保护和社会的干预，具有道德上的合理性。而解放论者认为，儿童与成年人一样，是具有内在价值和人格尊严的独立个体，并非脆弱、无知的附属品，实际上儿童具有良好的天赋和发展潜力，而成人并非总是儿童最佳利益的判断者和保护者，成人的保护和干预有时在道德上缺乏合理性。

1. 西方部分学者的观点

正是深受保护论和解放论两种理论的影响，从保护和自由两个角度对儿童权利进行类型化在西方成为一种主要形式。

(1) 受抚养权和自决权。英国著名学者罗杰斯把儿童权利分为受抚养权和自决权。受抚养权是指儿童享有父母、社会和国家提供能够满足其健康成长的生活资料、环境、服务等资源，即“给予儿童对他们有益的事物”。而自决权是指儿童对涉及自身利益的事务享有自主决策和自我控制的权利，即“给予儿童决定什么是对他们有益的事物的权利”。[②] 还有别的学者也是基于同样的价值取向，对儿童权利进行类似划分，如将儿童权利分为养育的权利和自决的权利。养育的权利就是指儿童需要得到父母照顾和保护的权

① Michael Freeman, *The Moral Status of Children*: *Essays of the Rights of the Child*, Leiden: Martinus Nijhoff Publishers, 1997, p. 37.

② Carl Rogers and Lawrence Wrightsman. “Attitudes Toward Children's Rights: Nurturance or Self-determination,” *Journal of Social Issues*, Vol. 34, 1978, p. 58.

利；自决的权利是指儿童有能力判断、控制自己生活的权利。[①] 有的学者将儿童权利分为福利权和自由权。福利权是指保护一个人福利基本方面的权利；自由权是指选择福利的权利。[②]

（2）行为权和接受权。有的学者将权利分为行为权和接受权。行为权是指权利人有资格去做某事或用某种方式去做某事的权利。接受权是指权利人有资格接受某物或以某种方式受到对待的权利。[③] 这就意味着，主体行使行为权时，具有选择性；而行使接受权时，则不具有选择性。而米尔恩在此基础上提出了“可选择的权利”和“不可选择的权利”。可选择的权利是指权利人对做或不做一定行为具有选择的权利，包括行为权和部分的接受权。不可选择的权利是权利人无资格拒绝某物，如儿童接受父母照顾抚养就是一种不可选择的权利，为了自身的生存和发展，儿童必须接受父母的抚养照顾，没有资格拒绝，除非父母的行为不利于儿童自身利益。那么，不可选择的权利能否等同为义务呢？很显然，二者还是有区别的。因为不可选择权利的享有者只是被动地接受某种利益，是某种利益的受益者，而不需要承担某种不利益。[④] 在现代社会，儿童享有的受教育权同样被认为属于无可选择的权利。如果儿童选择放弃受教育权，则会影响其知识的获取和未来的发展。

2. 我国部分学者的观点

（1）生存权和发展权。我国学者王雪梅将儿童权利归结为两大方面，即生存权和发展权。生存权是国家、家庭和社会对儿童个

---

① Martin D. Ruck, eds., “Children’s and Adolescents’ Understanding of Rights: Balancing Nurturance and Self-Determination,” *Child Development*, Vol. 69 (2), 1998, p. 404.

② David William Archard, *Children, Family and the State*, London: Ashgate Publishing Company, 2003, p. 11.

③ ［英］米尔恩：《人的权利与人的多样性：人权哲学》，夏勇等译，中国大百科全书出版社1995年版，第112页。

④ ［英］米尔恩：《人的权利与人的多样性：人权哲学》，夏勇等译，中国大百科全书出版社1995年版，第115页。

体生命和生存权利的特别保护；发展权是儿童在特定社会条件下能获得个人潜质的最全面的发展。①

（2）一般权利和特殊权利。我国学者吴鹏飞将儿童权利分为一般权利和特殊权利。儿童的一般权利是指儿童作为人而享有的与成人一样的基本权利。一般权利主要包括生命权、人身自由权、言论自由、宗教信仰自由、隐私权等。儿童的特殊权利是指基于儿童不成熟的生理、心理特点而依法享有的特殊权利。儿童的年龄较小，在生理、心理等方面还未发育成熟，缺乏足够的自我保护能力和谋生能力，无法在理性能力的支配下建构合理的社会关系和处理个人事务。因此，为了保障儿童的健康成长，法律赋予儿童享有特殊权利。儿童的特殊权利主要包括受保护权和自主权两部分。②

（二）儿童权利划分的三分法

（1）基本权利、发展权利和自治权利。学者约翰·伊克拉从保护儿童利益的角度界定儿童权利。他将儿童的利益分为三类：基本利益、发展利益和自治利益。儿童的基本利益是指儿童的直接照顾者应为儿童的身体、情感和智力提供最低限度的保障和支持，而不是最大化地提升这些限度。儿童的发展利益是指社会应该为儿童提供发展自我、获得资源最大化的机会，以期获得社会自愿的最大支持。儿童的自治利益是指儿童可以根据个人的意愿来构建社会关系，从而免受被父母或社会等成人世界权威控制的自由。③

（2）生存权、发展权和特殊状态下的儿童权利。我国学者王勇民先生以《儿童权利公约》为基础，将儿童权利分为生存权、发展权和特殊状态下的儿童权利。生存权是儿童的首要人权，是儿

① 王雪梅：《儿童权利论——一个初步的比较分析》，社会科学文献出版社 2005 年版，第 114 页。

② 吴鹏飞：《儿童权利的一般理论研究》，中国政法大学出版社 2013 年版，第 48-49 页。

③ John Eekelaaar, "The Emergence of Children's Rights," *Oxford Journal of Legal Studies*, Vol. 6, No. 2, Summer, 1986, pp. 170-171.

童享有生命健康受到特殊保护、生活受到特别保障的权利。发展权是指儿童享有个人身心潜能和个性的充分自由发展的权利。特殊状态下的儿童权利主要包括极端困难下儿童的获得救济权、受社会剥削儿童的获得保护权、少年司法制度下儿童的特别保护权三个方面。[①]

（三）儿童权利划分的四分法

迈克尔·沃尔德对儿童权利进行了更为复杂和精细的划分，分为四种类型：第一种类型的权利是儿童对国家提出的普遍诉求。在这种法律关系中，儿童是权利主体，国家是义务主体。这就要求国家为儿童提供基本的满足其生存和发展的条件，如儿童有权利主张免予歧视、免予贫困，主张良好的教育条件和卫生保健，主张安全的住房和社区环境，这种诉求也被人称为“福利权利”或“积极权利”。当然，这些权利并不专属于儿童，同样，对成人来说也非常重要，因为成人为了维持自己的生存和独立人格都需要这些基本的属于人权性质的权利。第二种类型的权利是国家应该更加积极地保护儿童，使其免受成人尤其是他们父母的伤害。在成人的世界中，儿童处于弱势地位，容易受到来自家庭和社会的伤害，这就需要国家的介入、干预和监管，来监督成人对儿童的抚养和照顾。第三种类型的权利是国家对待儿童和成人应当一视同仁，儿童和成人一样，具有平等的法律地位。第四种类型的权利是享有更多的自主权，它强调儿童行为的独立性和自主性而不受父母的干涉和控制。我们可以将这种分类简单归为基本权利、受保护权、平等权和自由权。[②]

我国学者张杨在《西方儿童权利理论及其当代价值研究》一书中，从儿童利益的角度出发，将儿童权利归纳为四种类型，即涉

① 王勇民：《儿童权利保护的国际法研究》，法律出版社 2010 年版，第 18、200 页。

② Micchael S. Wald, “Children’s Rights: A Framework for Analysis,” *University of California*, Vol. 12, 1979, pp. 260-281.

及基本利益的权利、涉及受保护利益的权利、涉及发展利益的权利和涉及自治利益的权利。涉及基本利益的权利，又可称为儿童的福利权或儿童的人权，是指儿童基于为人的事实而享有的最基础和最首要的权利。涉及受保护利益的权利是指防止儿童受到成人的伤害以及儿童的自我伤害的权利。涉及发展利益的权利是指儿童在童年时代应该有一个平等的机会可以获得最大化的资源，以使他们在迈入成人生活时将他们在童年时代所形成的不可避免的偏见降低到最低程度。简而言之，就是他们的能力可以被发展成为他们最大的优势。涉及儿童发展利益的权利主要是指儿童的受教育权。涉及自治利益的权利是指儿童对自身事务享有适当的、有限的自治权利。①

生存权、受保护权、发展权和参与权。生存权是指儿童享有维持自身生命和身体健康的权利，包括生命权、身体健康权和获得医疗保健的权利等。受保护权是指儿童享有受到成人的保护，而免除遭到忽视、歧视、虐待、伤害的权利。发展权是指儿童享有使其身体、智力、精神、观念得到充分发展的权利，主要是指享有受教育权。参与权是指儿童享有参与国家、社会、家庭事务以及对影响个人利益的事务发表意见并能够得到成人尊重的权利。这一分类根据《儿童权利公约》所罗列的儿童权利清单进行归纳所得，具有较强的政策性。

对儿童权利的类型化，需要坚持两个标准。一方面，突出强调儿童权利的特殊性。儿童的身心状况导致其无法真正享有和行使成人所享有的权利，如选举权和被选举权、婚姻自由权、经济权利等政治权利和经济文化权利。因此，儿童权利应该是儿童能够切实享有、行使的权利，对其划分不能简单地套用传统的权利类型模式。另一方面，强调儿童权利系统内部的逻辑性。儿童权利的类型划分，既要全面细致，又要不失逻辑性。基于上述两个标准，本书将

① 张杨：《西方儿童权利理论及其当代价值研究》，中国社会科学出版社 2017 年版，第 117-144 页。

儿童权利分为两类：一般的儿童权利和特殊状态下的儿童权利。一般的儿童权利包括生存权和发展权两种。特殊状态下的儿童权利是指处于特殊情境下的儿童享有的权利，如残疾儿童享有的权利等。

三、儿童权利的内容

我国是联合国《儿童权利公约》的缔约国，负有贯彻、落实儿童权利的国际义务和责任。同时，又因为本书以诉讼离婚中的儿童权利为研究对象，不涉及特殊状态下的儿童问题，所以本书以《儿童权利公约》为依据，仅对一般儿童权利中的生存权与发展权进行论述，而对特殊状态下的儿童权利不再阐述。

（一）生存权

生存权是人类维持其存在的最首要的基本权利，也是享有其他权利的基础和前提。我国《未成年人保护法》第 3 条明确规定了儿童享有生存权。从狭义的角度来看，生存权是指保持身心健康且带有一定文化内涵的最低限度生活的权利。人类的生存不仅仅是维持身体机能的正常发挥，还要保持心情愉悦、放松等心理健康。最低限度生活是指人在肉体上、精神上能过像人那样的生活。[①] 时至今日，人类对自身生存的理解逐渐加深。不仅要有血有肉地活着，做到衣食温饱，还要愉快、欢乐地活着，与他人、社会及周围环境实现和谐相处，做到精神愉悦。因此，我国学者王雪梅将生存权分为两个层面，一是人的生存应具备的基本权利，包括基本的生命安全和生活保障；二是较高层面的生存权，即获得快乐而有尊严的权利，包括身份权、安全的社会环境权。[②] 同样，作为儿童而言，其生存权也意味着衣食温饱、身心健康、快乐而有尊严的生活。

生存权主要包括生命权、高标准的健康权、适当生活水准权、

---

① ［日］大须贺明：《生存权论》，林浩译，法律出版社 2001 年版，第 95 页。

② 王雪梅：《儿童权利论——一个初步的比较研究》，社会科学文献出版社 2005 年版，第 119 页。

身份权、家庭成长权、受抚养权、受监护权等。

1. 生命权

生命权是以儿童的生命安全利益为内容的权利。“天地之大德曰生。”① 生命权是儿童权利中最首要、最基本的权利，是儿童享有其他权利的前提和基础。因为儿童年龄较小，身心条件尚未发育完全，认知、自我保护、谋生能力较差，导致儿童的生命权极易受到侵犯，这就需要家庭、社会、国家最大限度地保证儿童的生命安全。基于对儿童生命权的重视，联合国《儿童权利公约》首先规定了儿童的生命权，就是儿童自出生时就享有的、不可被剥夺的权利，每个缔约国都应该保障儿童的存活与成长。

2. 高标准的健康权

健康权是指儿童享有以维持正常的身体机能为内容的权利。健康权是生命权的延续和保障，其内容就是维持儿童的身心处于正常的状态。儿童的健康权包括身体健康和心理健康。健康权的实现，不仅仅是消灭疾病，为儿童提供良好的食物、住房、生活环境和医疗条件，同时，还需要在经济上大力支持、价值观念上尊重儿童，废除伤害儿童身心健康的传统恶习。高标准的健康权利，包括儿童享有医疗和康复设施，努力确保任何儿童获得保健服务的权利。高标准的健康权意味着，家庭、国家和社会要竭尽所能在最大限度上保障儿童的身心健康。为此，国家应采取以下六个方面的措施：降低婴幼儿死亡率；确保向所有儿童提供必要的医疗援助和保健，侧重发展初级保健；消除疾病和营养不良现象；确保母亲得到适当的产前和产后保健；介绍、推广儿童保健的基本知识；开展预防保健、对父母的指导以及计划生育教育和服务。

3. 适当生活水准权

适当生活水准权是指人的吃穿住等生活条件要达到与人所处的生存和发展环境相适应的水平，主要包括免予饥饿权、食品安全

① 《易经·系辞》。

权、衣着权和居住权，这些在改善人类生存条件、促进人类自由幸福方面发挥着积极作用。[①] 它作为一项基本人权，已经得到国际社会的广泛认可。例如，除了 1948 年《世界人权宣言》[②]、1966 年《经济、社会及文化权利国际公约》[③] 等国际文件明确规定适当生活水准权之外，《儿童权利公约》第 27 条第 1 款更是首次确认，每个儿童均有权享有足以促进其生理、心理、精神、道德和社会发展的生活水平。

"适当的生活水准"是一个相对性概念，在不同国家不同时期的判断标准存在差异，主要取决于每个国家的经济发展水平、分配政策、福利保障水平等因素。何谓"适当"？界定标准不一。1990 年，联合国经济、社会及文化权利委员会在《第 3 号一般性意见》中要求"每个缔约国都有责任承担最低限度的核心义务，以确保每项权利的实现均达到一个最基本的水准"。据此，对于"适当"的界定，可以从以下两个方面进行考虑：第一，每个人要在有尊严的条件下满足基本生活。换言之，任何人都不能被迫通过降低或被剥夺其基本自由，如通过乞讨、卖淫或苦役，来满足其基本生活需求。第二，物质生活达到相关社会的贫困线以上的水平，换言之，就是摆脱贫困。[④]

为了保障儿童的适当生活水准权，儿童的父母、国家、社会都

---

① 李超群：《适当生活水准权：当代人的基本权利》，载《政法论丛》2015 年第 1 期。

② 《世界人权宣言》第 25 条第 1 款："人人有权享受为维持他本人和家属的健康和福利所需的生活水准，包括食物、衣着、住房、医疗和必要的社会服务；在遭到失业、疾病、残废、守寡、衰老或在其他不能控制的情况下丧失谋生能力时，有权享受保障。"

③ 《经济、社会与文化权利国际公约》第 11 条第 1 款："本公约缔约各国承认人人有权为他自己和家庭获得相当的生活水准，包括足够的食物、衣着和住房，并能不断改进生活条件。各缔约国将采取适当的步骤保证实现这一权利，并承认为此而实行基于自愿同意的国际合作的重要性。"

④ ［挪威］艾德等：《经济、社会和文化的权利》，黄列译，中国社会科学出版社 2003 年版，第 153–170 页。

需要承担必要的责任。《儿童权利公约》第27条第2款、第3款要求，父母或其他负责照顾儿童的人负有在其能力和经济条件许可范围内确保儿童发展所需生活条件的首要责任。国家要根据本国实际情况，采取适当措施帮助父母或其他负责照顾儿童的人实现此项权利，并在需要时提供物质援助和资助方案，特别是在营养、衣着和住房方面。

4. 身份权

身份权是基于身份关系所生且以身份利益为内容的权利。身份对于个人具有重要意义，它是一个人存在、发展的根基，是个人亲近、融入社会的重要条件，是参与法律关系、承受权利义务的重要前提。身份权则是与身份存在不可分离、相伴始终之关系，原则上为归属一人的专属权。① 儿童身份权的内容主要包括出生登记权、姓名权、国籍权、父母的知情权等权利。出生登记权是儿童的第一项权利，是“通向所有其他儿童权利大门的钥匙”，其目的在于使儿童享受国家和社会提供的各种保护。② 姓名和国籍是区分儿童、明确权利归属的首要依据。《儿童权利公约》明确规定了儿童的身份权，即“儿童出生后应立即登记，并有自出生起获得姓名的权利，有获得国籍的权利，以及尽可能知道谁是其父母并受其父母照料的权利”。同时，还要求缔约国尊重、保护儿童的身份权利。

5. 家庭成长权

家庭成长权，顾名思义，就是儿童享有在家庭环境中健康成长的权利，主要包括不与父母分离的权利和与家人团聚的权利。儿童来源于家庭，成长于家庭。众所周知，家庭是儿童成长的原始场所，也是儿童健康成长的最为理想的环境，具有无可替代的优势。儿童是其父母爱情的结晶和生命的延续。

儿童享有不与父母分离的权利。一般情况下，儿童与父母生活

---

① 史尚宽：《亲属法论》，中国政法大学出版社2000年版，第34-35页。

② 吴鹏飞：《儿童权利一般理论研究》，中国政法大学出版社2013年版，第49页。

在一起，不仅可以保障其生活得到悉心照料，更重要的是可以享受父母的亲情呵护，有益于儿童的身心健康，符合儿童最大利益原则。当然，在特殊情况下，为了儿童利益的考量，也可以选择让儿童和父母分开，如父母存在严重失职、虐待或遗弃的情形。1959年《儿童权利宣言》最早提出儿童享有不与父母分离的权利，[①] 之后，1989年《儿童权利公约》则进一步规定，缔约国应确保不违背儿童父母的意愿使儿童和父母分离，除非主管当局按照适用的法律和程序，经法院的审查，判定这样的分离符合儿童的最大利益而确有必要。另外，儿童还享有同父母保持经常联系的权利。同样，在父母离婚的情况下，儿童有权与非居住方父母保持联系。

儿童享有与家人团聚的权利。儿童与包括父母在内的家人具有亲密无间、情感上相互依赖的关系。儿童与家人团聚，可以增强情感交流，满足内心情感上的需求和寄托，摆脱内心的孤独和无助。《儿童权利公约》第10条第1款规定，对于儿童或其父母要求进入或离开一缔约国以便与家人团聚的申请，缔约国应以积极的人道主义态度迅速予以办理。

6. 受抚养权

受抚养权是指儿童享有的请求父母对其进行养育和照顾的权利。儿童因其年幼、身心尚未发育完全，导致其无法独立生存，需要父母对其养育和照顾，可见，受抚养权是专属于儿童的一项权利。父母是抚养儿童的第一责任人。《儿童权利公约》规定，对儿童的养育和发展，父母双方负有共同责任。父母或其他监护人对儿童的成长与发展负有首要责任，且应以儿童最大利益为首要原则。同时，我国的宪法、民法典、未成年人保护法等法律也规定了父母必须承担抚养儿童的义务，如我国《民法典·婚姻家庭编》第

---

① 1959年《儿童权利宣言》原则六规定，“儿童为了全面而协调地发展其个性，需要得到慈爱和了解，应当尽可能地在其父母的照料和负责下，无论如何要在慈爱和精神上与物质上有保障的气氛下成长。尚在幼年的儿童除非情况特殊，不应与其母亲分离”。

1058 条规定，父母对子女有抚养教育的义务。

7. 受监护权

受监护权是指儿童享有得到父母或其他人、组织对其进行照顾、教育、保护的权利。儿童年幼，认知能力和控制能力较差，心智发展不成熟。自身的缺陷容易导致儿童受到他人的侵害，或者儿童给他人造成伤害。监护制度的设置就是通过监护人的监护行为弥补儿童行为能力的不足，以达到保护儿童合法权益和社会公共利益的目的。父母是儿童的法定监护人。对于父母而言，监护是权利，更是义务和职责。如果父母死亡或不具备监护能力的，则其他人或组织应当担任监护人，履行监护职责。因此，对于儿童而言，获得父母或其他人的监督和保护是一种权利，即受监护权。

（二）发展权

联合国 1986 年《发展权利宣言》指出，发展权是每个人享有的参与、享受社会经济、政治、文化发展成果的不可剥夺的权利。联合国《儿童权利公约》第 6 条第 2 款明确要求，缔约国应最大限度地确保儿童的发展。可见，发展权是每个人享有的基本人权，这一观点已经得到国际社会的普遍认可。对于儿童而言，发展就是其不断成长、成人的过程和趋势，体现出儿童充满生机、活力、潜力、未来和希望的本能特点。儿童的发展，除了身体发育之外，还包括心理、情感、认知、社会和文化等方面的发展。

1. 受教育权

受教育权是儿童享有的接受教育的权利。[①] 《儿童权利公约》

---

① 关于受教育权的性质，观点不一，主要存在公民权说、生存权说、发展权说和学习权说等观点。其中，学习权说日益为多数学者所接受。公民权说认为，受教育权是公民行使政治权利所必需的权利，强调教育自由，反对国家干预。生存权说认为，接受教育就是为了提高生存能力，要求国家应当履行支付义务，提供免费义务教育。发展权说认为，受教育权就是激发个人潜能，实现自身全面发展的权利。学习权说认为，受教育权是个人发展完善必需的主动权利，是一种要求发展和完善人格的权利，强调个人在接受教育过程中的主动性和自由性。参见管华：《儿童权利研究——义务教育阶段儿童的权利与保障》，法律出版社 2011 年版，第 82-84 页。

第28条第1款规定，儿童享有接受教育的权利，在机会均等的基础上逐步实现此项权利。我国《宪法》第46条第1款规定，我国公民享有受教育的权利。诚如所言，教育可以使人有尊严地生活。作为一项基本权利，受教育权对于儿童的成长和发展具有重要意义。一方面，接受教育，不断学习，是儿童自我发展、自我完善的重要途径。康德认为，人生来就是一种“有缺陷的生物”，是唯一必须接受教育的生物。儿童年龄较小，尚处于心智不成熟阶段，在知识和能力方面和成人存在较大差距。而教育可以弥补儿童知识上的欠缺，发掘儿童的无限潜力。教育人类学认为，教育就是在儿童成年之前把其复制成社会人，实现人类的文化进程。[①] 可以说，教育造就了人，使儿童完成了从生物人到社会人的转化。另一方面，受教育权是儿童享有其他权利的基础和前提。儿童只有通过教育，才能知悉自己享有的权利，提高权利意识，进而更好地行使和维护自己的权利。

教育儿童应该以儿童为中心。受教育权的本质是一种精神成长权和文化生活权。[②] 对于儿童来说，在学校接受教育是其主要的生活方式。儿童教育应该以儿童为中心，尊重儿童的生理特点、学习规律和生活状态，着眼于儿童的全面发展，而非仅以未来的生活作为唯一目的。不要总站在成人的角度考虑教育目的，而要转换视角，充分考虑儿童的身心需要。《儿童权利公约》第29条指出教育儿童的目的，包括发展个性，培养尊重人权和自由，尊重不同文

① 冯增俊：《教育人类学》，北京师范大学出版社2001年版，第165页。

② 管华：《儿童权利研究——义务教育阶段儿童的权利与保障》，法律出版社2011年版，第91页。

化，培养友好、谅解、和平、宽容的精神。①

儿童受教育权的内容主要包括受教育自由权、受教育社会权。受教育自由权是受教育权的首要内容和核心准则，因为“教育学只有唯一的准则——自由”。② 这就要求尊重儿童的教育选择自由、家长的教育权和学校的教学自由。受教育社会权是国家需要承担积极的给付义务来保障儿童受教育权的实现。国家承担的给付义务主要包括物质性给付（提供实物、资金、知识和技能的传授）、服务性给付（相关的组织、管理和程序保障）和制度性给付（提供立法和制度支持）三个方面。③ 政府在保障儿童受教育权方面负有不可推卸的重要责任。儿童是国家的未来和希望。为保障儿童受教育权的实现，政府应该根据教育机会均等的原则，积极发展学前教育，提供免费的义务教育，鼓励发展不同形式的中学教育和职业教育，提供接受高等教育的机会，指导儿童教育，降低辍学率。

2. 参与权

参与权是儿童享有参与社会文化生活的权利。④ 也就是说，儿童对社会文化生活事务享有计划、提出意见、讨论和处理的权利。很多人认为，儿童对社会文化生活的参与毫无意义可言。因为儿童年幼，且认识判断能力欠缺，无法真正参与社会文化生活，甚至对

① 联合国《儿童权利公约》第 29 条第 1 款规定，缔约国一致认为教育儿童的目的应是：（A）最充分地发展儿童的个性、才智和身心能力；（B）培养对人权和基本自由以及《联合国宪章》所载各项原则的尊重；（C）培养对儿童的父母、儿童自身的文化认同、语言和价值观、儿童所居住国家的民族价值观、其原籍国以及不同于其本国的文明的尊重；（D）培养儿童本着各国人民、族裔、民族和宗教群体以及原为土著居民的人之间谅解、和平、宽容、男女平等和友好的精神，在自由社会里过有责任感的生活；（E）培养对自然环境的尊重。

② 单中惠、杨汉麟：《西方教育学名著提要》，江西人民出版社 2000 年版，第 241 页。

③ 莫静：《论受教育权的国家给付义务》，载《现代法学》2014 年第 3 期。

④ 王雪梅：《儿童权利论——一个初步的比较研究》，社会科学文献出版社 2005 年版，第 159 页。

涉及自身利益的事务无法作出有效的判断和选择，表现出依赖性与被保护性。但是，我们并不能以儿童的身心条件不成熟为由而否定儿童的参与权。因为儿童是一个具有独立价值和人格尊严的权利主体，他有权表达自己的感受、表明自己的态度，发表自己的见解，作出自己的决定。确保儿童的参与权，对于儿童权利主体地位的尊重、民主意识的培养、独立自主能力的提升都具有重要意义。从客观上来看，随着年龄的增加和理性能力的提高，儿童的自觉能力和参与能力呈现出从无到有、从弱到强的发展过程。因此，我们必须根据儿童的年龄状况和智识水平来判断、确定儿童的参与程度，避免不加区分地肯定或否定儿童的参与权。[①] 故此，在处理儿童自身利益的事务过程中，成人尤其是其父母要认真征求并听取儿童的意见，保证儿童参与权的实现。同样，在诉讼离婚过程中，对于涉及自身利益的抚养、监护和探望等问题，具备一定能力的儿童当然有权参与其中，并提出个人意见。

（三）游戏权

游戏权是专属于儿童的一项重要权利。《儿童权利公约》第 31 条第 1 款规定，儿童有权享有休息和闲暇，从事与儿童年龄相宜的游戏和娱乐活动。可见，游戏权是每个儿童都享有的权利。儿童是在游戏过程中不断成长起来的。游戏是童年生活的重要组成部分，对保障儿童的身心健康具有重要意义。“因为，儿童有也只有通过游戏，才能更像‘儿童’、更有尊严地生存。”[②] 游戏是自由的，可以释放儿童自由的天性，使其享受无拘无束、幸福快乐的童年生

---

① 《促进儿童权利——儿童权利公约培训手册》根据儿童的年龄和自决能力提出了“儿童参与权阶梯”理论，将儿童的参与权分为八个依次递进的阶段：一是儿童被操纵；二是儿童成为装饰品；三是儿童象征性参与；四是成人决定，但事先通知；五是事先征询并严肃对待儿童意见；六是儿童参与决定；七是儿童决定；八是儿童策划并邀请成人一起决定。参见管华：《儿童权利研究——义务教育阶段儿童的权利与保障》，法律出版社 2011 年版，第 100-101 页。

② 刘智成：《儿童游戏权研究》，南京师范大学博士学位论文 2014 年 5 月。

活；同时，游戏又是儿童自我学习的过程。在游戏过程中，儿童逐步地适应与他人交往，建构自己的理解和认知，不断增加经验和知识。游戏权的赋予与充分实现，有益于儿童的身体和心智得到健康发育。为此，家庭、学校、社区和政府都需要为儿童提供足够的游戏机会、环境和设施，保障儿童游戏权的实现。

第二章　诉讼离婚中儿童权利保护必要性研究

第一节　儿童的家庭权利

前文已述，联合国《儿童权利公约》从人权的角度对儿童权利之种类及内容进行了详细界定，涉及的权利内容较为广泛、全面，极大地强化了儿童的人权保护。然而，该公约的制定并不会必然地促进儿童人权地位和现实境遇的提升与改善，还必须通过相关机制保障公约的内容得到实施。

比较有效的路径就是实现从国际法到国内法的转化。虽然我国已经批准加入《儿童权利公约》，但是，该公约是否直接成为我国法律体系的组成部分，能否直接成为司法裁判的法律依据是存在争议的。同时又由于《儿童权利公约》的原则性较强，本身不具有可操作性，所以，为了促进儿童权利的保护与实现，我国只有通过修改或补充国内法的形式实现国际法的转化。

为了贯彻、落实联合国《儿童权利公约》，积极履行国际责任，我国先后通过制定或修改法律的形式来确认、保护儿童权利。依据法律规范的种类，权利可以分为公权利和私权利（民事权利）。公权利是基于公法关系享有的权利，私权利是根据私法关系享有的权利。私权利又可以分为人身权利和财产权利。同样，儿童权利也可以如此划分。儿童享有的受教育权、高标准的健康权、游戏权等属于公权利，而受抚养权、受监护权等属于私权利。为了保障儿童的合法权益，我国专门制定了《未成年人保护法》，并确立了家庭保护、学校保护、社会保护、网络保护、政府保护和司法保护六种保护路径。①

尊重、保护儿童的家庭权利是实现儿童家庭保护的重要方式。家庭是儿童重要的生活场所。可以说，自从呱呱坠地，儿童就生活于家庭之中。基于儿童与家庭成员之间的血缘、亲情关系，父母与家庭在儿童成长中扮演着重要的角色，即提供使其能够健康成长，实现人格全面发展所需要的各种条件。因此，家庭是人类迄今为止确保儿童健康成长的、最普遍的成功经验。② 对于儿童而言，家庭职能主要是由父母通过履行抚养、监护义务的形式来实现的。这就在父母与儿童之间形成了特定的权利义务关系。在家庭中，父母履行的义务就是儿童享有的权利。为此，我国学者薛宁兰将儿童在家庭中享有的权利称为“家庭权”。儿童的家庭权利具体包括：受抚养权、受教育权、交往权、受保护权、表达权和财产权。③

儿童权利的司法保护亦是保护儿童权利的重要途径。父母离婚，在结束双方婚姻关系的同时，也破坏了完整的家庭结构。家庭环境的变化直接影响着儿童家庭权利的实现方式。父母离婚对儿童家庭权中受抚养权、受监护权和交往权的影响较为直接且明显。④ 在诉讼离婚中，父母以及法官需要妥善处理儿童的上述权利。因此，本书将儿童权利中的受抚养权、受监护权和交往权作为研究

---

① 我国于2020年修改《未成年人保护法》时增加了对儿童的网络保护和政府保护。

② 蒋月：《论儿童、家庭和国家之间的关系》，载《中华女子学院学报》2014年第1期。

③ 薛宁兰：《我国亲子关系立法的体例与构造》，载《法学杂志》2014年第11期。

④ 因为我国只确立了监护制度，还未确立亲权制度。父母对子女的监护职责包括教育、保护、财产管理等内容。所以，儿童家庭权中的受教育权、受保护权和财产权可以归入监护之中，统一称为“受监护权”。

对象。

一、受抚养权

（一）受抚养权的内涵

受抚养权是指儿童在成长的过程中，有要求父母在物质上给予供养，生活上给予照料，以保障其健康成长的权利。① 权利与义务是相对应的。儿童享有的受抚养权，就是父母需承担的抚养义务。抚养是指父母对子女在物质上进行供养和在生活上进行照料，以保障子女的生活。② 从抚养的程度来看，抚养可以分为生活保持义务和生活扶助义务。所谓生活保持义务，又称为共生义务，是指发生在夫妻之间、父母与未成年子女之间的，为维系家庭共同生活而由法律规定的强制性的无条件抚养义务。父母对子女的抚养是强制性的生活保持义务。“父母子女为全面的生活共同体，互负共生存的义务，换言之，为保持对方生活，纵须牺牲自己亦在所不辞。”③

抚养是基于父母与未成年子女之间的身份关系而由法律明确规定的法定义务。④ 父母对未成年子女的抚养具有以下四个特点：第一，抚养的无条件性，任何情况下父母都必须履行对子女的抚养义务，除法律另有规定外；第二，抚养的长期性；第三，抚养内容的复合性；第四，义务履行的自觉性。⑤

（二）受抚养权的理论基础

1. 无力自存理论

无力自存是指作为社会成员的人有一定的生存能力，但该能力较弱，以致不能独自存活下去的状态。根据无力自存的发生缘由为

① 王丽萍：《家庭成员间的权利义务》，山东人民出版社 2006 年版，第 139 页。

② 陈苇：《婚姻家庭继承法学》（第二版），群众出版社 2012 年版，第 161 页。

③ 高留志：《扶养制度研究》，法律出版社 2006 年版，第 17 页。

④ 夏吟兰：《民法典未成年人监护立法体例辩思》，载《法学家》2018 年第 4 期。

⑤ 杨大文、曹诗权：《婚姻家庭法》，中国人民大学出版社 2008 年版，第 200-209 页。

标准，可以分为生理性无力自存、自然性无力自存和社会性无力自存。生理性无力自存，顾名思义，是指因生理性因素导致生存能力较弱，从而不足以维持自己生活的状态。很显然，以生理上的稚弱为标签的儿童就属于生理性无力自存者。[①]

可以说，人类是所有已知动物中进化最快、最为高级的物种，但是，从出生到独立生存所经过的时间却是最长的。经过在母体内10个月的孕育，婴儿始得出生，各种器官的发育还不健全，无法说话和行走。这个阶段的儿童最需要父母的精心哺育和悉心照料，否则很难存活下去。儿童经过十多年的成长，身体器官和思维意识逐渐发育健全，能够形成一定的自我认知和自我控制能力。但是，面对纷繁复杂的社会，儿童还必须不断学习、接受教育，逐步掌握适应环境和自我谋生的能力。因此，儿童从出生到独立生存期间，不具备自我保护和自我谋生的能力与条件，需要得到他人尤其是父母的抚养和照顾。

2. 社会公正理论

公正的根本问题就是权利与义务的交换。社会公正的核心就是社会对每个人的权利义务的分配，而分配的基本依据就是每个人对社会所作出的贡献。

儿童和成人一样，为社会的构建作出贡献。社会性是人的本质属性。人是社会性动物，无法脱离社会而独立存在。从这个角度而言，人类的一切都是社会所给予的，社会对于每个人具有最高效用价值。而社会又是由一个个独立的人所组成的，不管个人能力如何，只要他生活在社会之中，便作出参与社会、创建社会的贡献。贡献不管大小，每个人都应该得到社会的尊重和回报，即获得享有最基本的生存、发展的权利。

儿童虽然稚幼、无力自存，但是他也不自觉地参与到社会关系之中，为社会的运转作出特定形式的贡献。尽管儿童能力有限，为

---

① 高留志：《扶养制度研究》，法律出版社2006年版，第32-35页。

构建社会贡献较小，但因基本权利的平等性，其仍然享有最基本的权利。儿童属于无力自存者，社会不能不管不顾，任其自生自灭，否则就导致儿童对社会作出的贡献与社会给予儿童的权利不对等的问题。因此，社会成员必须抚养、照顾儿童，尤其是父母，这才能彰显出社会的公平与正义。

3. 血缘关系理论

父母双方通过生育行为，将稚弱的子女带到这个世界。其原因有多种，或是双方爱情的结果，或是为了延续血脉，或是仅仅为了满足个人性欲而出现的意外。不论原因如何，父母子女间最为直接的血缘关系是客观存在的。这种血缘联络不仅使父母自愿承担抚养子女的职责，而且使父母成为抚养子女的最佳人选。父母对子女的抚养是为保持自己的生活（家庭生活）所必尽的义务，且这种义务是无条件的，要作出自我牺牲的。

联合国人权事务委员会指出，“为儿童成长提供必要的照料，家庭、社会和国家责无旁贷。然而，尽管公约中没有对该项责任作出明确的分配，但家庭无疑是第一顺位的责任主体……父母，应当创造条件促进儿童个性潜质的全面协调发展和确保儿童享受到公约所确认权益……”① 有论者认为，一个人把孩子生育出来，就必须做好喂养其身体和培育其心灵的安排计划，否则就是对那个不幸的后代以及整个社会的一种道德犯罪。②

“一般来说，父母可能是最合适的并且他们也是最有动力养育这个孩子的人，同时，以生物基因联系为基础分配养育后代的责任，也是公平、便利和有效的。”③ 所以，父母更关心承继了自己

① Sharon Detrick, A commentary on the United Nations Convention on the Rights of the Child, London: Martinus Nijhoff Publishers, 1999, p. 460.

② ［英］约翰·密尔：《论自由》，程崇华译，商务印书馆 1962 年版，第 114-115 页。

③ 苏力：《制度是如何形成的》（增订版），北京大学出版社 2012 年版，第 6 页。

基因的孩子，养育的动力也更大。[①] 父母对子女的抚养是无怨无悔、不求任何回报的。抚养行为毕竟是“损己利人”的行为，为父母带来一定的负担，但是基于父母对子女的爱，父母往往倾向于利他主义观念，会竭尽全力抚养、照顾、保护自己的子女，甚至有时牺牲自己的生命。

正如韦伯所言，“离开家庭作为经济生活的单元，夫妻之间以性爱为基础的关系以及父亲与子女之间由生理决定的关系全然是不稳定的、脆弱的”。[②] 血缘关系理论并不是绝对的，因为父母抚养子女并非天性与本能。虽然多数父母都会悉心照顾、抚养自己的子女，但是在现实生活中，我们也会时常看到父母为了自身利益而对自己的子女不管不顾，甚至将其抛弃。也正是如此，人类社会才确立了子女由父母抚养的制度，并将其道德化和法律化。

4. 成本—效益理论

成本效益分析是一种经济决策方法，通过分析成本投入和效益产出，谋求以最小成本获得最大收益，实现利益最大化。美国经济学家、哈佛大学教授莱宾斯坦于 1957 年创立了抚养子女的“成本—效益”理论，用来解释父母抚育子女的行为。莱宾斯坦认为，父母抚养子女的成本包括直接成本（主要是货币支出、实物消耗和时间消耗）和间接成本（主要是因照顾子女而丧失休闲娱乐、继续学习、岗位升迁等）；作为收益，父母可以获得：经济效益（子女长大后可以劳动挣钱）、保险效益（养儿防老）、享乐效益（父母享受“天伦之乐”）、维系家庭效益（后继有人和继承家产）等。[③]

父母供养、照顾子女，必然会花费大量成本，对其而言是一种

① 苏力：《制度是如何形成的》（增订版），北京大学出版社 2012 年版，第 6 页。

② ［德］马克斯·韦伯：《经济、诸社会领域及权力》，李强译，三联书店 1995 年版，第 65 页。

③ 田雪原：《田雪原文集》，上海辞书出版社 2005 年版，第 167 页。

不利益。然而，父母仍会心甘情愿、无怨无悔地供养自己的子女，其原因何在？正如莱宾斯坦所言，父母抚养子女也能够获得相当的效益。改革开放40多年来，我国的经济结构、家庭结构、人口特征和生育观念都发生了巨大变化。父母生育子女，不再是为了添加劳动力以获得规模经济效益，而是为了家庭的稳定和血脉延续。随着我国社会保障事业水平的提高，养儿防老的观念日益松动。在现代社会，父母养育子女的经济效益明显减少，而心理抚慰和满足、强化家庭凝聚以及增添家庭乐趣是其重要收获。父母抚养子女所获得更多的是精神方面的满足和愉悦。就这个角度而言，父母通过抚养子女获得了一定收益，包括经济利益和非经济利益，而其付出的成本就是承担抚养照顾子女的义务。

二、受监护权

（一）儿童监护的内涵分析

儿童受监护权是指监护人对于儿童人身权益和财产权益负有监督和保护的职责，儿童享有受监护人保护与教养的权利。[①] 因为儿童年龄较小，认识能力、控制能力、判断能力和保护能力较弱，生活经验和科学知识比较欠缺，为了儿童的人身利益和财产利益，必须通过监护人的监护以弥补其行为能力的欠缺。父母是子女的法定监护人，依法承担对子女的监护职责，以确保儿童的人身安全和财产安全。

从被监护的对象来看，监护包括未成年人监护和成年人监护。因未成年人年龄尚幼，心智不健全，行为能力受限，无法维持自身的生存与发展，需要他人的照顾、保护和教育。为此，世界上很多国家采取不同的法律制度。对于未成年人的保护问题，大陆法系国家主要采取亲权和监护制度并存的立法体例。亲权是父母对于未成

① 吴鹏飞：《儿童权利一般理论研究》，中国政法大学出版社2013年版，第52页。

年子女之身体上和财产上的养育管教和保护管理的权利义务制度。[①] 亲权强调和突出父母在照顾、保护未成年子女方面的地位和作用，具有明确的内涵与特点。[②] 当父母死亡或丧失行为能力时，才适用监护制度。在大陆法系的很多国家或地区中，监护就是为保护不在亲权下的未成年人或禁治产人的身体和财产所设的私法上的制度，[③] 被认为是亲权的延伸和救济。[④] 而英美法系国家主要单采监护制度，认为监护是对未成年人和精神病人（无行为能力人和限制行为能力人）的人身、财产及其他合法权益进行监督和保护的制度，没有大陆法系国家的亲权制度。[⑤]

为此，从被监护人的范围角度，监护存有广义与狭义之分。广义的监护，是指对一切未成年人和限制民事行为能力及无民事行为能力的成年人的人身、财产以及其他合法权益进行监督和保护的法律制度。这种监护包括未成年人监护和成年人监护。英美法系的很多国家均采取此立法体例。狭义的监护，是指对无父母或不能被父母照护的未成年人（指不在亲权保护下的未成年人），以及其他限制民事行为能力人或无民事行为能力人的人身、财产以及其他权益进行监督和保护的法律制度。大陆法系的很多国家设有亲权制度，

---

① 随着人权观念的强化和儿童最大利益原则的确立，《德国民法典》放弃原来的“亲权”概念，而使用“父母照顾权”，以突出儿童的独立主体地位和父母对子女的义务和责任。参见杨大文：《亲属法》，法律出版社 1997 年版，第 262 页。

② 亲权的内涵主要表现为：第一，亲权是基于父母子女身份，依照法律的直接规定而产生的；第二，亲权是父母对未成年子女的一种权利义务；第三，亲权以保护、教养未成年子女为目的，包括人身和财产上的照护；第四，亲权具有专属性，父母不得抛弃。参见陈其炎、黄宗乐、郭振恭：《民法亲属新论》，三民书局 1987 年版，第 354-355 页。

③ 史尚宽：《亲属法论》，台湾荣泰印书馆 1980 年版，第 622 页。

④ 张俊浩：《民法学原理》（上），中国政法大学出版社 2000 年版，第 118 页。

⑤ 佟柔：《中国民法》，法律出版社 1990 年版，第 75 页；李永军：《民法总论》（第二版），法律出版社 2009 年版，第 262 页；魏振瀛：《民法》（第三版），北京大学出版社、高等教育出版社 2007 年版，第 59 页。

因此采用亲权制度和狭义监护并存的立法体例。[①] 通过比较发现，广义监护和狭义监护的区别主要在于，前者包括父母对未成年子女的监护（大陆法系国家的亲权制度），而后者则排除了父母对未成年子女的监护（亲权制度）。可见，父母对未成年子女的监护成为区分二者的关键。故此，广义的监护又被称为“大监护”，狭义的监护又被称为“小监护”。因为我国法律只规定了监护制度，而未设立亲权制度，因此，本书中的监护是广义上的监护。

（二）儿童监护的性质探讨

1. 现有观点述评

关于儿童监护的性质，学者们的观点莫衷一是，主要有以下几个方面：

（1）义务说。该观点认为，儿童监护是一种义务。现代亲权或监护权是一种基于父母身份而产生的对儿童身体和财产进行管教、保护的义务。虽称为“监护权”，但其实为利他性权利，是一种“义务权”。[②]

（2）权利义务一体说。该观点认为，监护是权利义务的统一体。监护人在享有权利的同时，又必须履行义务。尽管监护本质上不失为一种权利，但应当以义务为中心和前提。[③] 作为儿童监护人的父母，在享有监护权利的同时，还须承担监护、保护儿童的义务，无正当理由不得推辞。有的学者则从法律关系的视角提出监护的二元属性，认为监护从内部关系来看，监护是一种监护人应尽的义务；从外部关系来看，监护是监护人得以对抗第三人而享有的一

---

① 陈苇：《中国婚姻家庭法立法研究》（第二版），群众出版社 2010 年版，第 459 页。

② 王丽萍：《论家庭对未成年人的保护——以父母照顾权为中心》，载《法商研究》2005 年第 6 期；薛宁兰：《我国亲子关系立法的体例与构造》，载《法学杂志》2014 年第 11 期。

③ 王利明：《人格权法新论》，吉林人民出版社 1994 年版，第 204 页。

种绝对权利。①

（3）社会职务说。该观点认为，监护是一种社会职务或社会公职。有的学者认为，监护是以救济自然人意思的形成与实现的瑕疵为目的，而由特定范围内的第三人承担的社会职务。② 这种学说强调从功能角度把握监护的重要意义，社会职务旨在保护被监护人的利益，而非获取劳动报酬的一种职业，具有社会公益属性。即使有报酬，也是为监督、代理、保护被监护人的一种正常支出和财务管理费用。③

（4）事务管理说。该观点认为，在未成年监护与亲权分设的基础上，监护人为亲权人或被监护人的事务管理人。监护人仅仅是为了被监护人的利益和管理其事务才将自己置于监护法律关系之中，也只有在监护法律关系中才享有监护人的法律地位。就未成年人监护而言，监护人兼有“亲权人事务之管理人”与“被监护人事务之管理人”的双重性格。监护人对被监护人绝无身份的支配权，仅有监护管理人的地位。④

（5）职责说。该观点认为，监护是一种职责，而非权利。“监护并不是一种权利，而是一种职责，且监护之内容专在保护被监护人的身体和财产，与身份权之内容在对人的支配上，绝无相同之处。”⑤ 在我国，监护实际上是一种义务性的职责。⑥ 没有任何法律规范赋予监护人一定的报酬，同时监护人难寻的现状也从侧面说明了监护的职责性。⑦ 尽管监护人可以合理利用或处分被监护人的财

---

① 王丽：《监护二元属性新论》，载《法学论坛》2018 年第 6 期。

② 王占明：《再论监护性质》，载《太平洋学报》2007 年第 3 期。

③ 杨大文：《亲属法》，法律出版社 1997 年版，第 305-306 页。

④ 陈棋炎：《亲属、继承法基本问题》，三民书局 1980 年版，第 33-39 页。

⑤ 梁慧星：《民法总论》，法律出版社 2001 年版，第 102 页。

⑥ 孟勒国、蒋慧、黄鹏：《论监护的性质及监护人的权益》，载《法学》1996 年第 11 期。

⑦ 李霞：《民法典成年保护制度》，山东大学出版社 2007 年版，第 27 页。

产，或代为参加民事诉讼活动，但是，监护的出发点和落脚点都是为了被监护人的利益，而不是为了监护人自身的利益，这不符合权利所具有的谋求特定利益的属性。同时，监护关系的设立不应附有任何条件，否则，监护人就要承担相应的法律责任。

2. 个人观点

笔者认为，上述观点都在不同层面上描述了儿童监护的内涵属性，具有相当的合理性。但考虑到儿童监护的设立目的、制度内容、发展趋势，仍应将儿童监护定位为一种职责。这与监护的权利性、义务性并不矛盾，因为任何的职责之中都包含着一定的权利和义务。①

儿童监护的职责属性体现在宏观和微观两个层面之上。一方面，从父母个人之微观角度观察，基于血缘基因和生命延续的本能需要，父母把子女带到这个世界之上，理所当然，父母是未成年子女的首要监护人，照顾、监督、保护、教育未成年子女是其应尽的"天职"，这种监护模式也最为有利于子女健康成长。现代社会未成年子女监护的发展趋势就是以子女利益为本位，以儿童最大利益为原则，维护子女的人身和财产利益。未成年子女监护的核心内容就是父母要履行监督、保护子女人身和财产利益的责任，而非获得额外的自身利益。人身方面的监护职责主要有：保护儿童的人身安全；请求交还儿童；监督教育儿童；提供、保障和指定儿童的住所；作为儿童的法定代理，代理参与民事活动或民事诉讼活动；对儿童的医治和管束。财产方面的职责主要有：开具儿童的财产清单；管理儿童的所有财产；为儿童的利益使用和处分其财产；如实提供财产状况报告。②

另一方面，从国家、民族之宏观角度而言，儿童监护制度的确定，不仅是儿童个人利益的需要，更是人类种族群体乃至社会、国

① 王竹青、杨科：《监护制度比较研究》，知识产权出版社 2010 年版，第 24 页。

② 杨大文：《亲属法》，法律出版社 1997 年版，第 330 页。

家、民族存续和发展的现实与长远需要。[①] 人类要维持生存和发展，实现生命延续和文化传承；国家要发展和进步，不断提升自身的综合国力，实现繁荣昌盛，这些都必须依赖于儿童的健康成长，以保证新增人口的数量和质量。如果儿童的生存与发展无法得到有效保障，就会导致人口减少和素质降低，进而无法为国家和社会发展提供持续的人力资源。可见，对于儿童的监护，既是每个家庭对国家和社会担负的神圣职责，又是国家和政府不可推卸的公共职责。

（三）儿童监护的功能分析

1. 补充能力欠缺功能

儿童监护制度能够弥补儿童行为能力的欠缺，保证其权利能力的动态实现。在现代民法上，儿童虽然年幼，但和成年人一样都享有平等的权利能力，具有民事主体资格，以及享有承受权利义务的可能性。但这种资格属性是静态的、抽象的，适用于所有的自然人，权利能力的享有并不意味着现实利益的真正享有。为了实现从静态到动态、从形式到实质、从抽象到具体、从可能性到现实性的转化与统一，这就需要法律事实尤其是行为人之法律行为的发生。这就涉及自然人的行为能力问题。

行为能力是指通过自己的行为创设法律关系，进而独立享有权利和承担义务的资格和能力。据此，自然人分为完全行为能力人、限制行为能力人和完全无行为能力人。因为儿童年龄较小，认识能力、控制能力和意思表示能力受限，属于限制行为能力人和完全无行为能力人，无法和成人一样有效地独立行使权利和履行义务。由此可见，行为能力制度从客观上起到限制、阻止儿童独立从事民事行为的效果。儿童依法享有权利能力，具有民事主体资格，但因行为能力受限而无法独立参与民事法律关系。为了解决这一困境与矛

---

① 曹诗权：《未成年人监护制度研究》，中国政法大学出版社 2004 年版，第 87 页。

盾，民法上确立了儿童监护制度，是对儿童行为能力的必要补充、延伸和扩展。监护人通过行使代理权、追认权、否决权，使未成年人能够间接性地参与民事法律关系，使其民事主体的地位名副其实。

2. 固化亲属身份功能

婚姻、家庭和亲属同时肩负着相同的职能，即抚育儿童。费孝通先生指出，婚姻是实现双系抚育的社会形式，家庭是抚育子女的社会团体，亲属是给抚育任务扩展的一个可利用的原则。亲属的基础是抚育作用，而不是生育事实引起的生育关系。“婚姻家庭和亲属作为未成年人监护的社会形式，家庭所担负的未成年人监护的职能，在人类社会中，长期以一种自然的生活逻辑存在，显示出高度的父母心甘情愿、家庭完满自治和亲属自觉协力的自然法特质。”① 作为来源于社会生活的法律规范，儿童监护制度则在充分考虑到亲属之间特殊情感联系的基础之上，尊重、确认了这一生活逻辑。最好的例证就是主要由儿童的亲属来担任其监护人。在我国，父母是未成年子女的监护人。如果父母死亡或丧失监护能力时，则由未成年人的祖父母、外祖父母、兄姐担任监护人。作为对社会生活的反馈，儿童监护制度则进一步确认和固化了儿童和监护人之间的亲属身份关系和权利义务关系。儿童监护既以亲属伦理为先在基础，同时，又强化了亲属之间长期秉持的尊老爱幼、相互扶持、孝慈有度等传统美德。

3. 维护社会正常秩序

社会的健康发展离不开正常的社会秩序。维护正常的社会秩序，是法律制度的重要价值和目标。儿童监护制度同样具有维护社会正常秩序的功能。儿童年龄较小，自我认识和控制能力较差，无法准确预见、判断行为的法律后果，在生活过程中难免会侵害他人

① 曹诗权：《未成年人监护制度研究》，中国政法大学出版社 2004 年版，第 125 页。

利益，破坏社会秩序，但是儿童缺乏责任能力，没有能力独自承担民事责任，就会导致受害人的合法利益无法得到有效保障。为此，儿童监护制度在未成年人实施侵权行为时，要求监护人在常态下承担替代责任或连带责任。这就避免无人承担民事责任的情况出现，从而有利于维护正常的社会秩序。

4. 补充社会保障功能

社会保障是以实现公平为目标，以政府为主体，通过国民收入的再次分配，对处于生活困境的公民给予一定物质帮助，以保障其基本生活的制度。社会保障主要表现为社会保险、社会救助、社会福利、优抚安置等形式。社会保障是现代工业文明的产物，是社会安全的“稳定器”和重要保障。社会保障具有较大的国别性。不同国家的社会保障水平存在较大差异。随着我国市场经济的持续发展和综合国力的不断提升，我国的社会保障事业取得了举世瞩目的非凡成就，同时，我们也应该理性地面对现实，认识到我国的社会保障还存在体系不健全、保障水平较低的问题，无力对儿童及其他弱势群体提供全方位、高标准的保障服务。因此，在面对我国社会保障处于低位运行的现状时，由家庭、亲属等群体参与的儿童监护制度是对社会保障的必要支持与帮助。

无论是在过去，还是在现在，家庭除了具有性爱、生育、教育、经济、精神慰藉等职能之外，还具有重要的保障职能，包括家庭成员之间的抚养、扶养、赡养、照顾、帮助等保障内容。儿童监护制度就是首先确认和强化父母以及其他亲属对儿童的监督、保护和教育，以达到确保儿童健康成长的目的。这就是对家庭保障职能的法律确认。如果儿童无法得到家庭成员的监护，则国家必须介入提供社会保障。由此形成了一个以家庭监护为主、国家监护为辅的监护体系。同时，婚姻被认为是一种为了生育的“合伙”，是一种夫妻双方借助于自己在生育上的比较优势而进行的共同投资和长期投资。父母养育、照顾子女，对于亲子双方来说也是一种相互的保障。因为对父母来说，在社会保障制度不健全的情况下，抚育子女仍不失为一种养老保险，养儿防老并未成为明日黄花。

三、交往权

交往权是指儿童享有与父母以及其他亲属交往的权利。交往权的享有，本质上源于儿童与家庭成员之间的特殊身份关系。尤其是儿童与父母之间的交往是亲密血缘情感的自然流露，合乎人伦与常理。同时，交往权又是家庭生活权的基本要素。儿童生活在家庭之中，必然与其他家庭成员进行交流和来往，形成互动的家庭关系。这种关系在法律上表现为权利的享有与义务的承担。儿童交往权的实现，不仅可以加强儿童与家庭成员之间的联系，满足双方的情感需求；同时，还可以维系和谐、良好的亲子关系，促使父母积极承担应尽的责任。

交往权的行使应当符合儿童最大利益原则。在符合儿童利益的前提下，儿童可以与父母交往，也可以与祖父母、外祖父母、兄弟姐妹等家庭成员进行交往。任何人都无权阻止。如果父母离婚后，儿童仍然享有与其他亲属继续交往的权利。当然，对于儿童而言，交往仅是形式，而非目的。如果儿童与家庭成员的交往有碍于儿童的身心健康，则交往权就应该受到限制。正如有学者指出的那样，“对子女健康而言，重要的不是交往本身，而是交往的质量”。①

交往权是亲子关系的重要内容。国外部分国家明确规定儿童的交往权利。《法国民法典》第 371-4 条规定，儿童有权与其直系尊血亲保持联系；如果符合子女利益，家事法官可以确定子女与第三人联系。《德国民法典》规定，子女除可以与父母交往之外，还可以与其他相关人（包括祖父母、外祖父母、兄弟姐妹以及与子女关系密切的人）交往，但必须以儿童最大利益为前提。《俄罗斯联

---

① Gilmore S.，“Contact/Shared Residence and Child Well-being：Research Evidence and Its Implication for Legal Decision-Making”，*International Journal of Law*，*Policy and the Family*，Vol，2006，p. 344. 转引自石雷：《英国现代离婚制度研究》，群众出版社 2015 年版，第 228 页。

邦家庭法典》第67条同样规定，儿童有权与父母、其他亲属进行交往。从我国现行立法来看，并未明确规定儿童的交往权，但是可以从相关法律规定推知，儿童享有交往权，但是仅限于父母。

第二节　父母离婚对儿童家庭权利的影响

一、父母离婚对儿童受抚养权的影响

（一）父母离婚对儿童生活产生的影响

1. 家庭结构的解体

家庭是养育孩子最基本的社会组织或社会制度，家庭结构对孩子的成长和成年后的生活境遇具有至关重要的影响。[①] 家庭结构之所以会影响孩子的发展，是因为不同结构形式的家庭在家庭资源、社会资本以及抚育的角色和功能等方面与孩子发展关系密切的要素之间存在差异。家庭结构影响孩子发展的两个主要机制——社会经济地位剥夺机制和父母教育参与剥夺机制。[②] 其解释理论主要为家庭资源理论和结构功能主义理论。

一是家庭资源理论。该理论认为，父母的经济资源和时间资源直接关系着儿童的人力资本获得。和单亲家庭相比，双亲家庭具有更强的经济实力，有机会为子女提供更好的教育资源和发展环境，进而提升孩子自身的生存能力和发展能力。在时间资源方面，和单亲家庭相比，双亲家庭所具有的优势更为明显，因为他们在家庭和工作方面的时间较为充裕和灵活，进而有更多的时间和精力来教育和关心子女。而父母离婚后，直接抚养孩子的父亲或母亲可能会面临较大的工作压力，分身乏术，必然减少对孩子的时间投入，主要

---

① T. Parsons, "The Social Structure of the Family," in R. Anshen, ed., *The Family: Its Function and Destiny*, New York: Harper &. Broth, 1949, pp. 173–201.

② S. S. Mclanahan and G. Sandefur, "Growing up with a Single-Parent: What Hurts, What Helps," Cambridge, MA: Harvard University Press, 1994, p. 121.

表现为缺乏与孩子足够的交流和沟通，疏于管教，教育采取简单化和暴力化等，从而会影响孩子以后的发展。

二是结构功能主义理论。该理论认为，家庭是一个具有特定功能的结构系统，是儿童社会化的重要领域。在抚养孩子方面，父母双方分工合作，对孩子进行照顾、教育、保护、监管，发挥着不可替代的功能。同样，费孝通先生认为，婚姻的意义在于确立父母对子女的双系抚育。父母双方的协作与分工，即母亲为孩子提供生理性抚育，而父亲为孩子提供社会性抚育，有利于孩子的全面发展。① 因此，由父母和子女组成的核心家庭被认为是对孩子的发展最为有利的抚育团体。父母离婚导致家庭结构的破坏、抚育功能的削弱和父母责任的缺位，进而必然会影响孩子的健康成长。② 离婚是一种失败，尽管世界上可能有两个人认为那是件好事，但是，我们绝无理由为这种失败而骄傲。③

2. 生活水平的降低

一般情况下，父母离婚会导致家庭收入减少。在完整家庭中，父母双方在工作和抚养孩子之间进行明确分工和密切配合，共同努力，能够实现经济收益的最大化。父母离婚之后，双方各自生活，家庭收入明显减少。直接抚养孩子的一方在照顾孩子的同时，还要工作，必然会面临较大的压力，可能会导致收入减少。实证研究表明，单亲家庭尤其是单亲妈妈家庭经济生活水平较低，贫困比率相当高。④

---

① 费孝通：《乡土中国 生育制度》，北京大学出版社 1998 年版，第 116-132 页。

② 据报道，2018 年 9 月 13 日，江西九江市值班民警接到报警，一个 4 岁的、头绑纱布的小孩自己在路上走，身边无人照管，被一个热心的老奶奶送到警务亭。经过调查发现，孩子的父母刚刚离婚，因其双方都不愿意抚养孩子，就把孩子扔在马路上。这样类似的极端案例在现实生活中还是比较多见的。可见，父母离婚对儿童的生活影响还是比较大的，甚至会影响其生存。同时，我们也不能忽视父母离婚对其心理的影响。

③ 周皓：《家庭社会经济地位、教育期望、亲子交流与儿童发展》，载《青年研究》2013 年第 3 期。

④ 王世军：《单亲家庭的贫困问题》，载《浙江学刊》2002 年第 1 期。

同时，子女抚养费的支付情况并不乐观。虽然父母离婚并不会影响对子女的抚养义务，法律也规定不直接抚养子女的父母一方需要支付抚养费，但是，在现实生活中，他们支付的抚养费数额较低，甚至很多情况下不支付抚养费。这些情况已被相关实证调查研究所证实。① 如果子女抚养费不能得到有效保障，那么子女则由原来的双亲共同抚养变为单亲抚养，必然加剧离异家庭经济恶化的局面。

（二）离婚后父母抚养子女的方式发生改变

根据联合国《儿童权利公约》规定，父母负有在其能力和经济条件许可范围内确保儿童发展所需生活条件的共同责任和首要责任。父母抚养子女，既是伦理天职，又是法定义务。即使未成年子女拥有个人财产和劳动收入，也可以在其财产收入和劳动收入不足以维持生计的限度内，向其父母请求给予抚养费。② 父母离婚之后，也需对子女承担抚养义务，只是抚养子女的方式会发生变化。一般情况下，会出现两种情况：一种是父母一方直接抚养子女，另一方支付抚养费；另一种是父母双方轮流抚养子女。

1. 直接抚养与间接抚养

马克思曾在《论离婚法案》中指出："几乎任何的离婚都是家庭的离散。"③ 父母离婚直接导致完整家庭结构的解体。子女在父母离婚后，通常只能与父母一方生活。子女的抚养，由之前的父母双方直接抚养模式变为单方直接抚养模式。从这个意义上讲，我国《民法典》和之前的1980年《婚姻法》均将父母对未成年子女的抚养分为直接抚养与间接抚养。与子女共同生活的父母一方为直接

---

① 陈苇教授课题组的实证调研结果显示，在所抽查的样本中，有近60%的案件没有确定子女的抚养费，所占比例较大。参见陈苇、张庆林：《离婚诉讼中儿童抚养问题之司法实践及其改进建议——以某县法院2011-2013年审结离婚案件为调查对象》，载《河北法学》2015年第1期。

② 《德国民法典》第1602条第2款。

③ 《马克思恩格斯全集》（第1卷），人民出版社1956年版，第183页。

抚养人，抚养的主要内容包括对子女生活起居的照顾、部分生活费与教育费的负担以及对日常生活事务的决定权。没有与子女共同生活的一方为间接抚养人，抚养义务主要是支付抚养费。

根据抚养义务履行的内容和形式，抚养可以分为迎养和给养两种。迎养是指义务人将抚养权利人招迎家中共同生活的抚养方式。给养是指抚养义务人向抚养权利人给付一定的生活必需品、费用或其他内容的抚养方式。离婚之前，父母对子女的抚养属于迎养的方式；而在离婚之后，不直接抚养子女的父母一方抚养子女主要是通过给养的方式，即给付抚养费。

2. 轮流抚养

轮流抚养，也可以称为共同抚养，就是父母离婚后，分别抚养子女一定的时间。主要表现为子女会在父或母双方各自的住所轮流居住，居住时间不一定相同。1993 年最高人民法院《关于人民法院审理离婚案件处理子女抚养问题的若干具体意见》（以下简称《离婚案件子女抚养意见》，已被废止）中就规定了轮流抚养这一方式。同时，2020 年最高人民法院《关于适用〈民法典〉婚姻家庭编的解释（一）》（以下简称《民法典婚姻家庭编解释（一）》）第 48 条也规定了轮流抚养的方式。轮流抚养具有显著的优势。既能保证子女与父母双方的正常交往，维系父母子女间的亲密关系，又能缓和父母之间因抚养子女而导致的紧张关系。当然，轮流抚养需要具备相当高的条件和要求。

可见，单亲家庭经济状况的恶化，不仅会降低儿童的衣食住行等生活水平，还会导致他们无法充分利用医疗、教育、娱乐等社会资源，使其成年后的社会经济地位处于劣势。①当然，并不是所有的父母离婚都会对子女造成消极的负面影响，这其中也有例外。因

---

① T. J. Biblarz and A. E. Raftery, "Family Structure, Educational Attainment, and Socioeconomic Success: Rethinking the 'Pathology of Matriarchy' ", *American Journal of Sociology*, Vol. 105, No. 2, 1999, pp. 321-365.

为离婚家庭具有一定的异质性（主要表现为离婚家庭的情况不同，离婚父母自身条件不同，对子女抚养和教育的态度和方式不同，以及子女的自身适应能力不同），有的子女受父母影响较小。

二、父母离婚对儿童受监护权的影响

（一）父母离婚后对儿童监护权的行使方式

基于特定的身份和血缘关系，父母是未成年子女的当然监护人。在原生家庭之中，父母与未成年子女共同生活，父母双方共同行使监护权并履行监护职责。然而，父母的离婚打破了这种共同生活的美好状态。父母离婚之后，儿童生活方式随之发生改变，通常只能跟随父亲或母亲一方生活。相应地，父母对子女监护权的行使方式也发生了改变。监护人的确定以及父母双方各自监护职责的承担都会直接影响到儿童的合法权益。对于这些问题，在诉讼离婚中都必须得到妥善解决，才能确保儿童受监护权的实现。

综观世界上主要国家的立法情况，父母离婚后子女监护权的行使方式可以概括为以下三种类型。①

1. 单方监护和双方监护

该分类是以行使监护的主体人数为划分标准。单方监护是指离婚父母一方取得对子女的监护权，与子女共同生活，并承担由此产生的所有与子女相关的权利义务，而另一方只能看望子女，行使探望权。单方监护主要出现于 20 世纪七八十年代的西方国家，如《德国民法典》（1979 年修订）第 1671 条规定：“父母离婚时，由亲属法院确定父母的一方应享有对共同子女的亲权。”这种方式虽然方便父母一方行使监护权，但剥夺了另一方对子女监护的权利，不符合儿童最大利益原则，为现代社会所诟病。双方监护是指离婚父母一方与子女共同生活，负责照顾子女的日常生活，但在子女教

---

① 夏吟兰：《离婚亲子关系立法趋势之研究》，载《吉林大学社会科学学报》2007 年第 4 期。

育、生活等关乎子女重大利益的事项上仍须与对方协商同意，共同分享子女的监护权。

2. 身体上的监护和法律上的监护

该分类是以监护人履行监护义务的性质为划分标准，主要出现在美国。身体上的监护是指父母一方与子女共同居住及负责日常生活与教育的责任与义务，是一种后勤保障与安排，又称为身心监护或事实上的监护。法律上的监护是指在人身监护的情况下，父母双方对涉及子女重大利益的事项如教育、医疗等方面，由双方共同协商和决定，否则不发生法律效力。①

3. 部分监护和完全监护

该分类是以监护人履行监护义务的范围是否完整为划分标准。部分监护是指离婚后父母一方与子女共同生活，照顾子女的日常生活，主要行使监护权，但在涉及子女重大利益决定时，父母双方必须协商一致。完全监护是指监护权由与子女共同生活的离婚父母一方全面行使，而另一方只能探望子女，不享有其他任何监护权。很显然这种监护方式，忽视了离婚父母一方与子女之间的亲情关系，不符合子女最大利益原则，已经为社会所淘汰。

由于划分标准不一，这就导致上述关于子女监护的行使方式存在重合的现象。通过比较观察发现，除了单方监护、完全监护之外，其他的监护方式都要求离婚父母双方以不同方式继续履行监护职责。因此，我们可以把这些方式统称为“共同监护”。

（二）离婚后儿童监护的历史变迁

1. 罗马法时期离婚后儿童监护制度的发展

监护制度滥觞于罗马法。作为古罗马社会第一部成文法典，《十二铜表法》设有监护和保佐制度。监护是对由于年龄原因而不能自我保护的自由人给予保护的、由市民法所赋予的权力，适用对

① 王丽萍：《美国离婚后的子女监护制度及其启示》，载《法学论坛》2008 年第 2 期。

象是权利受限的自权人，主要包括成为“家父”的男性未适婚人(不满 14 岁的无生存直系男性尊亲属的男性)、未成年人（不满 14 岁的男性和不满 12 岁的女性，如其家长死亡或丧失自由权、市民权或家长权等)、作为自权人的妇女（年满 12 岁的女性)、被解放的奴隶。[①] 在罗马法初期，为未成年人设置监护，其不是为了被监护人的利益，而是基于保护家族利益或继承人利益之考虑。此时的监护如同家长权一样，监护人具有家长辅佐人和代表人的性质，是“为家长的监护”，属于权力的范畴。保佐是对行为能力受限的成年人所采取的辅助和保护措施，适用对象主要是精神病人、痴呆症人、聋哑人和胎儿等，如《十二铜表法》就为精神病人和聋哑人设置了保佐制度。

到了罗马共和国后期，随着私有经济的发展，家族财产共有转变为个人私有，父权逐步独立于家长权之外，家长通过遗嘱为子女指定监护人，功能逐渐从家族利益的维护转向个人财产利益的保护。同时，到共和国末期，希腊哲学思想彰显，法律要保护妇女和儿童等弱者，监护逐步演变为一种社会的“公职”。[②] 尽管如此，此时的监护制度仍带有浓重的父权家长制色彩。

受家长制的影响，在婚姻解除后，子女都处在父亲的家长权管束之下，由父亲抚养教育。罗马法后期，优帝一世第 117 号新敕规定，因丈夫的过失而离婚的，如果妻子不改嫁，则子女由妻子抚养而由丈夫负担所需的费用；如果因妻子的过失而离婚的，则子女归丈夫抚养，夫贫妻富的，妻子应承担抚养费用。[③]

2. 大陆法系离婚后儿童监护制度的发展

第一阶段：父权优先原则

1804 年《法国民法典》确立了亲权与监护权并行的立法模式。

---

① 黄风：《罗马私法导论》，中国政法大学出版社 2003 年版，第 157 页。

② 周楠：《罗马法原论》（上册），商务印书馆 2001 年版，第 261-262 页。

③ 周楠：《罗马法原论》（上册），商务印书馆 2001 年版，第 226-227 页。

在婚姻关系存续期间，亲权由父亲单独行使；如果父亲死亡的，则由母亲行使监护权而非亲权，同时设立监护辅助人。相应地，当父母离婚时，未成年子女的亲权和监护权也归属父亲，母亲无权享有。可见，深受父权思想的影响，此时的亲权仍是父亲的一项专有特权，是父权的具体表现。

1900 年的《德国民法典》规定，在婚姻存续期间，由父亲享有对子女的亲权，只有在父亲无法行使时，母亲才可以行使亲权。这种父权优先的原则也体现在离婚之后。在父母离婚之后，父亲优先享有对子女的亲权。除非父亲在事实上无法行使亲权时，母亲才可以向法院提出申请，主张行使亲权。

第二阶段：父母权利平等原则

第二次世界大战之后，受男女平权运动的影响，《法国民法典》在 20 世纪 70 年代以后进行了一系列的改革。1970 年修订的《法国民法典》第 372 条规定，父母在婚姻关系存续期间共同行使亲权，如父母离婚，对子女的照管可托付于夫妻一方或他方，废除了父亲对子女的独享亲权，取而代之的则是由父母双方共享对子女的亲权。随后通过的立法规定，父母离婚不影响亲权的行使，授权法官可以自由裁量，在离婚案件中作出父母共同行使亲权的命令。

伴随着 1949 年《德国基本法》的通过，男女平等的法律地位得到确认，推动着德国离婚法的相关规定朝着性别中立的方向发展。《照顾权改革法》规定，离婚时应当毫无例外地将父母照顾权托付给父亲或母亲一方单独行使。但是，联邦宪法法院于 1982 年宣布该规定违反宪法原则，确立了离婚后父母可以继续共同照顾子女的原则。1998 年颁布的《子女权利改革法》为了降低离婚对子女的影响，将离婚和父母对子女的照顾权相分离，离婚并不一定必然引起父母照顾权的变更。①

---

① 王葆莳：《“儿童最大利益原则”在德国家庭法中的实现》，载《德国研究》2013 年第 4 期。

第三阶段：幼年原则和无过失优先原则

关于离婚后子女监护原则问题，其实在大陆法系国家中还存在幼年原则和无过失优先原则。

幼年原则意味着年龄较小的子女一般由母亲享有监护权。在1792—1816年的法国曾规定，7岁以下的子女由母亲照料，但儿子满7岁之后则转由父亲照料。这体现了比较明显的幼年原则。[①] 同时期的德国规定，如果离婚双方均无过错，母亲原则上负责照顾女童和6岁以下的男童，而父亲原则上负责照顾6岁以上的男童。[②]

受有责离婚主义的影响，法院在确定离婚后子女亲权的归属问题时，还会考虑父母双方是否存有离婚过错，即对于子女的监护原则上应归属于无过错方，而过错方则无权享有。[③] 19世纪的德国就规定，离婚无过错方对子女享有人身照顾权，而过错方则无资格、无权获得人身照顾权。我们或许可以将其视为对离婚过错方的另外一种惩罚方式。

1889年《西班牙民法典》第70条、第73条规定，父母离婚时，如果子女的年龄低于7岁，则母亲自动获得监护权；如果子女为7岁以上，法官根据父母对婚姻破裂的过错程度来决定监护权的归属。若离婚一方存在过错，则另一方取得子女的监护权；若离婚双方均无过错，则父亲取得儿子的监护权，母亲取得女儿的监护权。可见，这些规定在一定程度上体现出幼年原则和无过失优先原则。至1981年，西班牙通过修改民法典，将子女的监护权授予最适合照顾子女的父母一方，不再考虑离婚过错问题，但是，在1981—1990年的司法实践过程中，法官仍倾向于幼年原则，即将

---

① Roderick Phillips, *Putting Asunder: A History of Divorce in Western Society*, London: Cambridge University Press, 1988, p. 273.

② 王葆莳：《“儿童最大利益原则”在德国家庭法中的实现》，载《德国研究》2013年第4期。

③ 陈苇：《外国婚姻家庭法研究》，群众出版社2006年版，第405页。

子女的监护权授予母亲。[①]

第四阶段：子女利益原则

现在的《法国民法典》第 371-1 条规定，亲权是以子女利益为最终目的。同时，父母离婚对行使亲权的转移规则不产生影响，但为了子女的利益，法官可以将亲权交由父母中一人行使。

1980 年通过的《德国亲权法》规定，离婚时父母无法就共同行使亲权达成一致意见时，法院要以子女利益为原则确定亲权的行使问题。现行的《德国民法典》第 1627 条规定，父母双方必须为了子女的最佳利益进行照顾。

3. 英美法系离婚后儿童监护制度的发展

第一阶段：父权优先原则

受罗马法和父权观念的影响，19 世纪前后，父亲对家庭内部事务拥有绝对的权利，将子女视为自己的个人财产，甚至可以出卖自己的子女。子女监护权的归属，基本上遵循父权优先原则，所以，父亲对子女单独享有监护权。如果存在监护权纠纷，其争论的焦点往往在于确定孩子的生父是谁。而此时的女性处于法律上的弱势地位，具体表现为没有处分财产和缔结契约的能力。母亲除了能要求子女对其尊敬以外，没有法律上的任何权利。可见，母亲对自己的子女无法律上的监护权。这也就导致父母离婚时子女的监护权仍然是由其父亲一方单独享有，母亲很难争取到子女的监护权。[②]

第二阶段：无过失优先原则

19 世纪末，由于工业革命的发展和妇女运动的发展，妇女参与社会活动、处分财产和缔结契约的能力得到法律的认可，并在子女监护权的问题上日益处于有利地位。在这一时期，法院在确定离

---

① 李超：《英国、西班牙离婚后子女共同监护制度比较研究及对我国的启示》，载《河南财经政法大学学报》2018 年第 2 期。

② 雷文玖：《以子女最佳利益之名：离婚后父母对未成年子女权利义务行使与负担之研究》，载《台大法学论丛》1991 年第 3 期。

婚后子女监护权时，逐步放弃父权优先原则，不再简单地将子女监护权归属于父亲，而是考虑父母哪一方比较适合担任监护人。美国法院对此进行判断，主要是考虑男女双方对离婚有无过失。一般情况下，法院会判定离婚无过失一方获得子女的监护权，将子女视为对离婚无过错方的奖赏和对离婚过错方的惩罚。这里的“过失”，主要是指存在通奸、家庭暴力、遗弃、虐待等行为。

第三阶段：幼年原则

随着妇女社会地位的提升和对儿童利益的关切，至 1900 年，无过失优先原则逐步为幼年原则（襁褓原则）所替代。该原则认为，照料子女是母亲的天职，母亲比父亲更能满足子女对爱与照顾的需求，因此，只要条件适合，年幼子女就应该由其母亲负责照顾。20 世纪 20 年代以后，英美国家在子女监护权问题上的母亲偏好如同过去的父亲偏好一样坚定。英国 1839 年《婴幼儿监护法》规定，母亲对 7 岁以下的儿童享有监护权，对 7 岁以上的儿童可以探视。1857 年英国《离婚与婚姻诉讼法》规定法院可以授权离婚母亲对 21 岁以下的未成年子女监护的权利。[①] 法院在确定子女监护权的归属时，不再考虑父亲的优势地位和离婚双方的过失问题，而是开始考虑子女的利益。在美国，有的州法院优先推定母亲监护符合子女利益，除非母亲存在道德败坏等问题，有的州法院是在父母条件基本相同时，才会适用幼年原则。[②]

第四阶段：子女利益原则

20 世纪 70 年代以来，随着男女平权运动的发展，幼年原则受到离婚父母双方的同时反对。男性认为，幼年原则歧视父亲，违反男女平等的宪法原则；而女权主义者认为，幼年原则视女性为照顾子女的工具，将女性禁锢在奶瓶与摇篮的世界之中，固化其家庭主妇的角色定位和刻板印象，导致女性参与社会的机会减少，这是对

① 李喜蕊：《英国家庭法历史研究》，知识产权出版社 2009 年版，第 178 页。

② 王洪：《论子女最佳利益原则》，载《现代法学》2003 年第 6 期。

女性的歧视，有违平等和公平原则。于是，迫于这样的舆论压力，英美国家的立法和司法放弃幼年原则，逐步转向体现性别意蕴较为中立的儿童利益原则。美国 1970 年《统一结婚离婚法》、英国 1971 年《未成年人监护法》和 1989 年《儿童法》都要求法院在处理离婚子女监护问题时，要以儿童的最大利益为原则。时至今日，美国各州法院纷纷确立子女最佳利益原则，审酌离婚后子女监护权问题的重心，已从父母之间谁有权行使监护权变为由谁行使监护权对子女更加有利。为了更好地保护离婚后未成年子女的利益，法官在解决此问题时更加积极地介入，其做法日益体现出强烈的公法色彩。①

综观历史发展，两大法系国家关于离婚后儿童监护问题基本上都经历父权优先—父母平等原则—无过失原则—幼年原则—子女利益原则的发展历程，与亲子关系的发展历程是相一致的。② 这一历史发展进程受多种因素的影响。其中，主要包括社会经济的推动、男女性别平权运动的影响和儿童人权观念的提升等因素。离婚后儿童监护制度的历史发展已经证实，儿童最大利益原则已经成为世界诸国处理离婚后儿童监护问题的基本准则和价值观念，这也为我国处理离婚儿童监护问题提供了价值指引和制度参考。

三、儿童探望权的享有与行使

（一）探望权的内涵与性质

探望权制度起源于英美法系，最早正式确立于 1839 年英国议会通过的《婴幼儿监护法》。③ 诸多国家对此称谓不同。德国、俄

---

① 陈思琴：《离婚后亲子关系法律制度研究》，中国社会科学出版社 2011 年版，第 49-51 页。

② 离婚亲子关系的发展主要是从家族本位到父权本位到父母本位再到子女利益本位的历史演进。参见夏吟兰：《离婚亲子关系立法趋势之研究》，载《吉林大学社会科学学报》2007 年第 4 期。

③ 李喜蕊：《英国家庭法历史研究》，知识产权出版社 2009 年版，第 177 页。

罗斯、英国、澳大利亚称之为“交往权”，日本称之为“见面交流权”，美国、法国、瑞士、韩国称之为“探视权”，我国台湾地区称之为“见面交往权”。该制度的设立目的主要是保证父母与子女交流联系的持续性与稳定性，满足儿童的情感需求，进而促进儿童的身心健康成长。

在家庭法上，探望权或交往权，主要是父母对儿童人身照顾权的一部分，但其又与亲权或监护权相分离而并存，成为一项独立的权利。随着时代的发展和理论研究的深入，我国学者赋予探望权以更加丰富的内涵。根据学者对探望权内涵的理解，笔者把探望权分为最广义、广义与狭义三种。[①] 最广义的探望权是指具有亲属关系的人之间具有相互探望的权利。它不仅包括父母子女之间、祖父母与孙子女之间、兄弟姐妹之间，还包括成年子女对父母的探望、父母对无民事行为能力的成年子女的探望，等等。这种探望不再局限于父母子女之间，也不再局限于父母对未成年子女之间，跨越了身份与年龄的界限。广义的探望权是指儿童享有与父母及其他关系密切的人相互见面、交流和接触的权利，包括因父母离婚、分居、婚姻无效等事由而导致的未成年子女与不直接抚养的父母一方及其他近亲属之间的探望。狭义的探望权是指离婚后不直接抚养子女的父母一方探望子女的权利。

本书所言的探望权是指狭义上的探望权。也就是说，我国1980年《婚姻法》在2001年修正时增设的探望权制度，即父母离婚后，非直接抚养方对子女享有探望的权利。我国《民法典》继续沿用此规定。关于探望权的性质，学术界主要有以下三种观点：

1. 探望是一种权利

该观点认为，探望权是一种基于父母子女间血缘关系而产生的

---

① 参见瞿灵敏：《探望权的理论反思与规则重构——兼论民法典婚姻家庭编探望权的立法完善》，载《江汉论坛》2018年第9期；司丹：《探望权：法律审视与制度重构》，载《黑龙江社会科学》2015年第5期；王玮：《探望权及其相关问题研究》，载《河北法学》2003年第7期。

专属于特定主体的权利，属于亲权、监护权或人身照顾权的一部分。[①]

2. 探望是一种义务

该观点认为，基于特定的血缘关系和身份关系，父母离婚之后对于子女的探望应是一种法定义务。[②] 因为父母对子女进行抚养、照顾、保护、教育都是应尽的法定义务，不具有选择的自由。父母探望子女，除了满足父母对子女的情感寄托之外，对于子女的身心健康，更是父母承担责任必不可少的一种方式与途径。

3. 探望是权利义务的统一体

该观点认为，父母对子女的探望，既是权利又是义务。不直接抚养子女的父母一方有权对子女进行探望，直接抚养人应当予以配合；同时，这种探望又是一种法定义务，必须按照确定的时间、方式进行，不能随意放弃。[③]

笔者认为第三种观点更为合理。一方面，父母探望子女是一种权利。前面已经提到，离婚不会消除父母子女间的关系，但是父母离婚改变了子女的生活方式，即子女只能与一方父母共同居住生活，与另一方父母分开。此时，探望成为非直接抚养方与子女沟通、交流、见面的有效途径。因此，赋予非直接抚养方享有探望权是必需的。另一方面，父母为了子女的健康成长，必须承担抚养、照顾、教育等职责。在探望过程中，不直接抚养子女的父母一方可以与子女进行会面、交流、沟通、互动等行为，了解子女的生活、学习情况，帮助分析、解决子女遇到的问题，教育、培养子女树立正确的价值观念和健康的人格秉性，使子女感受到父母双方对自己

---

① 王丽萍：《中日探望权制度研究》，载《山东大学学报》（哲学社会科学版）2004 年第 6 期。

② 景春兰、刘敏怡：《探望权的制度价值探析》，载《山西师大学报》（社会科学版）2014 年第 4 期。

③ 余延满：《亲属法原论》，法律出版社 2007 年版，第 372 页；陈思琴：《离婚后亲子关系法律制度研究》，中国社会科学出版社 2011 年版，第 144-145 页。

的关爱。可见，行使探望权也是父母承担监护职责的重要表现。

父母探望权的义务属性在其他国家的立法中也得到体现。《法国民法典》第 373-2 条规定，在父母离婚后，每一方均应当与子女保持个人联系，并尊重子女与另一方的关系。[①]《德国民法典》第 1684 条第（1）、（2）款规定，父母任何一方有义务并有权与子女交往。从其立法表述来看，该规定强调探望子女首先是父母应尽的法定义务，其次才是权利。《瑞士民法典》第 273 条第 2 款规定，如果父母不行使探视权给子女带来损害的，未成年人保护机构可以要求父母履行其义务，并向他们发出相关的指令。上述国家使用“应当”“义务”等词语表明父母与子女保持交往和联系是其应尽的义务。

（二）探望权的制度功能

1. 维系健康和谐的亲子关系

探望权的行使能够增强儿童与父母的情感联络和心理抚慰，对于满足父母与儿童的心理需要和情感寄托具有重要意义。幼年子女思念父母之心，更甚于父母关怀幼年子女之情，故不允许子女为探望权之主体，大大违背人性。[②] 尤其是在父母离婚之后，探望权对于儿童的心理健康更是具有不可言表的意义。父母离婚之后，子女通常只能与父母一方共同生活，而与父母另一方分开居住，有可能在地域上分隔很远。这就可能导致子女与非居住方父母之间的交流减少、关系疏远、感情淡薄。为防止出现此种情况，这才赋予儿童与父母之间进行交往、探望的权利。联合国《儿童权利公约》第 9

---

① 1970 年之前，《法国民法典》没有明确规定探望权制度，探望权纠纷主要通过相关判例调整。根据当时《法国民法典》的规定，父母离婚时，子女的监护权归属于诉讼离婚的无责任的胜诉一方，而无监护权的父母一方则享有监督权，有些法院通过法律解释认为探望权属于监督权的一种形态。法国于 1970 年修改《民法典》时，明确规定探望权制度。

② 戴炎辉、戴东雄、戴瑀如：《亲属法》（修订版），顺清文化事业有限公司 2009 年版，第 265 页。

条第 3 款规定，儿童享有与分离的父母一方或双方经常保持联系的权利。

2. 降低离婚对子女心理方面的消极影响

环境对人的心理、性格、行为认知、价值观均具有重要影响。对于儿童而言，和谐、温馨、友爱的家庭环境是保障其心理健康的重要因素。从某种意义上来看，离婚就是矛盾冲突的代名词。不管是在离婚之前，离婚过程中，还是离婚之后，父母之间都存在一定程度上的矛盾冲突。而这些矛盾冲突的表现及其解决方式都可能会对儿童的心理、性格、行为、婚姻家庭观念造成相当的消极影响。甚至有的学者认为，离婚是威胁儿童的最严重和最复杂的精神健康危机之一。①

父母离婚容易对其子女的心理健康造成损害，导致其社会心理发展水平低于完整家庭的孩子。② 研究表明，与正常家庭的儿童相比，离婚家庭的儿童更加容易形成自卑、易怒、妒忌、猜疑、胆小的心理特征，也更具有暴力、反社会的倾向，容易走向犯罪的边缘。③ 离婚单亲家庭中的儿童在学习努力程度、自觉性和自控性方面明显差于完整家庭子女，④ 同时，可能还会遭受来自同学、老师或他人的嘲讽、鄙视、孤立，容易造成自卑、自暴自弃、性格内向、抑郁等心理问题。另外，经研究发现，父母离婚会影响子女的婚姻家庭观念，具有代际传递效应。例如，美、英、德、澳等国的研究也证明这一观点。有些学者对美国家庭调查发现，父母的离婚会导致女儿婚姻破裂的概率增加 70%。如果妻子的父母离婚，那

---

① 王延平主编：《西方社会病》，人民日报出版社 1992 年版，第 147 页。

② 吴愈晓、王鹏、杜思佳：《变迁中的中国家庭结构与青少年发展》，载《中国社会科学》2018 年第 2 期。

③ 赵梅：《婚姻冲突影响儿童心理发展的机制——对认知情景模型的研究支持》，载《山东社会科学》2005 年第 6 期。

④ 张春泥：《当代中国青年父母离婚对子女发展的影响》，载《中国青年研究》2017 年第 1 期。

么她的离婚概率将增加 69%；如果夫妻双方的父母都曾离婚，那么他们的离婚概率将增加 189%。[①] 因此，父母离婚对儿童的感情摧残，就像孤零零的建筑物在战争中被敌人无情地轰炸和毁灭，是相当严重的。[②]

探望权的正确行使与实现是降低父母离婚对子女造成伤害的有效方式。在子女的情感世界中，最不应该缺失的就是父爱与母爱。探望权的行使，能够让子女感受到父母双方的关心与爱护，体会亲情的温暖与美好，减少父母离婚带来的冷酷与无情的印象；同时，探望又是父母一方行使抚养、教育、保护的重要方式，了解子女的生活、学习状况，帮助其形成积极向上的世界观、人生观、价值观与家庭观，塑造健康的心理与性格。

3. 缓和父母关系，促进社会和谐

子女是父母离婚后继续联系的纽带与桥梁。在离婚过程中，父母双方的矛盾会集中爆发，互相指责、谩骂，甚至会拳脚相加。然而，子女是父母双方生命的延续，是双方达成共识的唯一基点。为了子女的身心健康，父母双方更容易就探望权问题达成一致。探望权的有效落实，能够体现父母双方对对方人格、心理的尊重，体现父母对待子女的合作态度，这些成为缓和父母关系的重要因素。因此，探望权的行使在一定程度上可以缓和父母之间的关系，减少摩擦与冲突，促进社会和谐与稳定。[③]

---

① 徐安琪：《离婚风险的影响机制——一个综合解释模型探讨》，载《社会学研究》2012 年第 2 期。

② 蒋月：《婚姻家庭法前沿导论》，科学出版社 2007 年版，第 160 页。

③ 如在最高人民法院公布的探望权案例纠纷中，二审法院尝试开展“法庭亲情探望”，在法院的公园里，安排两个家庭在温馨、轻松、平和的氛围中对子女进行探望，同时，法院顺势进行辨法析理，引导父母双方正确处理关系，最终促成双方达成一致意见。可见，探望权的顺利实施，有利于唤醒父母对子女的关爱，鼓励他们尽快走出离婚的阴影，缓和双方的紧张关系。参见最高人民法院：《婚姻家庭纠纷典型案例》，发布日期：2015 年 12 月 4 日，网址：http：//www. court. gov. cn/zixun－xiangqing－16211. html，最后访问日期：2019 年 1 月 20 日。

第三节 诉讼离婚与儿童权利保护的关联

一、诉讼离婚是离婚的重要方式

离婚是对个人、家庭和社会产生重要影响的法律行为。婚姻制度是社会制度的重要组成部分，历来是国家维护家庭伦理、社会秩序和政治统治的重要内容。婚姻包括结婚与离婚两部分。其中，离婚是夫妻双方依照法律规定的方式来解除婚姻关系的法律行为。从微观角度而言，离婚导致夫妻双方之间配偶身份的解除，是男女个人之间的私事；从宏观角度而言，离婚还会影响第三人，具有对世效力，进而关系到社会秩序和国家发展。因此，国家都会对离婚的条件、程序、效力等问题进行法律规定。

国家对离婚方式进行严格规定或限制具有重要意义。第一，严格的离婚程序可以促使夫妻双方审慎对待离婚问题，防止随意离婚和仓促离婚情况的出现。第二，严格的离婚程序明确规定离婚的法律后果和需要处理的相关事项，防止再次发生纠纷。例如，产生共同财产的分割、共同债务的分担、子女的抚养、监护和探望、离婚损害赔偿等问题。第三，严格的离婚程序会对社会取得公示的效果，进而维护婚姻家庭秩序。①

（一）诉讼离婚的现状考察

根据离婚程序是否涉及诉讼，可以把离婚分为登记离婚和诉讼离婚两种方式。对此，世界上不同的国家采取不同的离婚程序。有的采取单轨制，如只规定诉讼离婚方式；有的采取双轨制，即同时规定登记离婚和诉讼离婚两种方式，如日本、俄罗斯、我国台湾地区等。

登记离婚，又称非诉离婚，是指夫妻双方就离婚问题达成协议

---

① 杨立新：《亲属法》，法律出版社 2013 年版，第 132-133 页。

并在相应机关进行登记以解除婚姻关系的一种离婚方式。根据登记机关的不同，登记离婚又可以分为户籍登记程序和行政登记程序。户籍登记程序就是指夫妻双方达成的离婚协议经户籍机关登记之后生效，如我国台湾地区[①]行政登记程序是夫妻双方达成的离婚协议须经过行政程序批准，方才发生离婚效力。墨西哥[②]登记离婚程序简便，国家仅是进行形式审查，容易造成轻率离婚和社会不公的问题。同时，很多国家认为，离婚应当是一种司法行为，必须经过法律的裁决才能解除婚姻关系，不承认行政登记离婚。因此，相对于诉讼离婚而言，世界上采用登记离婚的国家较少。

诉讼离婚是夫妻一方请求法院来决定是否准许离婚、财产分割和子女抚养等问题的一种离婚方式。简单地说，就是夫妻双方通过司法程序解除婚姻关系。而诉讼离婚又可以分为协议离婚和判决离婚。协议离婚是指当事人的离婚协议必须经过法院的裁决才能发生法律效力，如法国；判决离婚是指一方当事人须向法院提出离婚请求，由法院依照审判程序进行判决，依法作出裁决，如德国。

目前，从世界各国的离婚方式来看，诉讼离婚是常见的离婚方式，甚至是部分国家的唯一离婚方式，如法国、德国、瑞士、英国、美国、澳大利亚等国家。其中，法国、瑞士、韩国和美国的诉讼离婚同时包括协议离婚和判决离婚，而德国、英国、澳大利亚的诉讼离婚仅是判决离婚，不包括协议离婚。

从立法规定来看，我国离婚方式实行双轨制，包括登记离婚和诉讼离婚两种方式。根据我国《民法典》第 1076、1079 条规定，男女双方自愿离婚的，必须到婚姻登记机关申请离婚，由婚姻登记

---

① 我国台湾地区“民法”第 1049 条规定：“两愿离婚，应以书面为之，有二人以上证人之签名并应向户政机关为离婚之登记。”

② 《墨西哥民法典》第 272 条规定：“夫妻双方自愿离婚，应亲自到其住所地的民事登记处官员面前声明，由民事官员制作一项记录，载明他们的离婚请求，并在 15 日内传唤双方来确认上述记录，如果当事人双方都表示同意，民事登记处官员就应宣布他们离婚。”

机关查明双方确实是自愿并对子女和财产问题作出适当处理时，准予离婚。如果一方要求离婚而另一方不同意，或者双方同意离婚但对财产分割、子女抚养等问题不能达成协议的，可以向人民法院起诉离婚。

（二）诉讼离婚的重要价值

1. 保障离婚自由

诉讼是解决纠纷的重要途径，同样，诉讼离婚是解除离婚纠纷，实现婚姻自由的重要程序和方式。关于离婚的问题，如果夫妻双方能够达成协议，经过法院审查之后，在符合法律规定的情况之下，可以批准离婚，如法国的协议离婚就是如此。在现实生活中很多情况下，夫妻双方无法在离婚问题上达成一致意见，如一方想离婚而另一方不同意，或双方在财产分割、子女抚养问题上无法达成协议，这时就可以向法院提起离婚诉讼，由法院根据事实和法律作出相应判决，达到离婚的目的。因此，诉讼离婚是当事人实现离婚自由、解决分歧的救济程序和方式。

2. 实现公平正义

司法诉讼是保障法律公正最重要和最有效的一种手段。诉讼程序是法院在控辩双方对抗的基础上，查明案件事实真相，运用法律解决纠纷的程序。在诉讼离婚程序中，尤其是判决离婚，法官通过双方当事人举证质证来判断是否达到离婚的标准，并作出相应判决。如果当事人一方存在法定过错或离婚会导致一方生活困难，法官则会根据法律规定提供离婚救济。同时，子女抚养、监护、探望等问题也是诉讼程序中法官需要重点解决的内容。在子女事务方面，法官应以儿童最大利益原则为指导，认真审核双方达成的协议，或者在充分了解子女和父母的情况后，作出相应判决。因此，诉讼离婚程序有利于保护弱势一方配偶和子女利益，实现公平正义。

二、诉讼离婚与儿童权利保护的关联

（一）儿童权利保护是诉讼离婚的重要内容

离婚诉讼作为解决离婚纠纷的一种诉讼程序，其诉讼标的具有复合性和多元性，故而，离婚诉讼又被称为合并之诉。离婚诉讼标的涉及夫妻人身关系和财产关系，同时还涉及儿童的抚养、监护等问题。这些复合、多元的诉讼标的是基于离婚这一前置性事实而产生的，因此就必须合并审理和解决。①

如上所述，离婚的影响是多重的，既涉及离婚双方的个人利益，又会关系到儿童家庭权利的实现。儿童因为年幼，缺乏自我谋生能力，对父母双方及其组建的家庭具有很强的依赖性。父母的离婚就意味着父母双方的分离与家庭的解散，而儿童只能选择与父母一方生活，这就导致父母对儿童抚养权、监护权的行使与负担发生变化，因此，父母离婚会对儿童产生持续而深刻的影响。为了保障父母离婚后儿童的身心健康，诉讼离婚中父母或法院必须妥善安排儿童事务，保障儿童权利的实现。

（二）儿童权利对诉讼离婚的限制

任何自由都是相对的。离婚自由主义允许男女双方根据个人意愿结束婚姻，追求自由的幸福生活。但是，离婚自由也是相对的，受制于婚姻之社会关系、伦理关系属性的约束与限制。马克思曾言，“婚姻不能听从已婚者的任性，相反，已婚者的任性应该服从婚姻的本质”。② 离婚不仅是男女双方的个人事务，还关系到儿童利益和社会利益。

法院应当将儿童未来生活得到妥当安排作为是否准许父母离婚的重要考量因素。在诉讼离婚中，不能只关注夫妻之间的关系与利

---

① 夏吟兰：《离婚自由与限制论》，中国政法大学出版社 2007 年版，第 131 页。

② 中央编译局：《马克思恩格斯全集》（第 1 卷），人民出版社 1995 年版，第 184 页。

益，更要关注儿童的利益需求。如果不妥善处理儿童事务，不对父母权利义务的行使与负担进行安排与分配，就容易造成父母离婚后推脱责任，导致儿童处于非常不利甚至是危险的境地。对儿童而言，因父母离婚而自己权利受损，这是非常不公平的。既然无权阻止父母的离婚，那么就应该将离婚对儿童造成的损害降到最低。根据儿童最大利益原则，在诉讼离婚中，当父母利益与儿童利益发生冲突时，儿童利益是第一位的，父母利益是第二位的。如果诉讼离婚中，父母双方无法就儿童抚养、监护以及探望等问题达成协议，或达成的协议不符合儿童最大利益原则，则应当判决不准予离婚。

在离婚视角下，婚姻自由应该受到一定的限制，即通过立法阻止离婚的任意性。① 诉讼离婚本身就体现了国家对离婚的干预。有些国家立法已经作出了明确规定，如《法国民法典》第 232 条第 2 款规定，法官如确认该协议对子女的利益或者对一方配偶的子女利益保护不够，得拒绝认可并且不宣判离婚。英国家事法院也贯彻类似的理念，即除非离婚案件已就子女生活获得妥善安排，否则法院不会作出绝对离婚判决。② 根据英国 1989 年《儿童法》的规定，法官在作出离婚令之前，如果当事人有未满 16 周岁的子女时，需要考虑双方当事人提出的子女抚养协议。此时，法官可能会要求当事人提供更多的证据材料，以推迟作出离婚令，直到法院认为涉及儿童的相关指令适当为止。③

尽管我国《民法典》对诉讼离婚作出一定的限制，但是，这些规定主要是对妇女和军婚的特殊保护而设置的，并没有体现出对

---

① 王德新：《家事审判改革的理念革新与路径调适》，载《当代法学》2018 年第 1 期。

② 陈莉：《英国家事审判制度及其启示》，载《法律适用》2016 年第 11 期。

③ 石雷：《英国现代离婚制度研究》，群众出版社 2015 年版，第 85 页。

儿童利益的特别关注。[①] 伴随着家事审判改革的推进与儿童权利保护意识的增强，我国司法实践也注意到在诉讼离婚中要确保儿童权利的实现和儿童事务的妥当处理；否则，应当限制或推迟父母离婚。2016 年，最高人民法院杜万华专职委员在接受媒体采访时指出，审理离婚案件不能仅仅盯着夫妻双方，还要重视保护儿童权益。夫妻离婚时要考虑儿童利益最大化。如果儿童的抚养、监护等问题不能妥善解决，法院一般情况下不能判决离婚。[②] 因此，在诉讼离婚中，应当将儿童权利保护作为是否允许父母离婚的必要考量因素；同时，完善我国起诉离婚的限制规则，如儿童处于重病或失踪等特殊时期的，则父母不得提出离婚。但是，法院认为有正当理由的除外。

第四节　儿童最大利益原则

一、儿童最大利益原则的由来与含义

（一）儿童最大利益原则的提出与发展

儿童最大利益原则（the principle of the best interest of children），[③] 最早由英国确立并主要应用于家庭法儿童监护领域。之后，儿童最大利益原则逐步得到国际法的确认与推广。

儿童最大利益原则的发展与国际人权法存在密切关联。1924

---

① 我国《民法典》第 1081 条："现役军人的配偶要求离婚，应当征得军人同意，但军人一方有重大过错的除外。"第 1082 条："女方在怀孕期间、分娩后一年内或者终止妊娠后六个月内，男方不得提出离婚；但是，女方提出离婚或人民法院认为确有必要受理男方离婚请求的除外。"

② 《家事审判改革为相关立法提供事件依据——专访最高人民法院审判委员会专职委员杜万华》，载《人民法院报》2016 年 3 月 3 日，第 1、4 版。

③ 我国对"the best interest of children"有两种不同的翻译：一是儿童最大利益，二是儿童最佳利益。为了与国际文件中文版的表述保持一致，本书采用"儿童最大利益"的称谓，同时，这一称谓也已经在我国得到认可和应用。

年国际联盟大会通过《日内瓦儿童权利宣言》，提出儿童应当受到特别保护，且法律的制定必须以儿童最大利益为考量。[①] 这是儿童最大利益原则首次明确出现在国际文件之中。联合国 1948 年《世界人权宣言》明确每个人在权利和人格尊严上的平等地位，赋予了儿童和成人享有相同的权利和社会地位，应受到同等对待。[②] 联合国 1959 年《儿童权利宣言》则首次确认儿童最大利益原则为儿童权利保护的国际性首要指导原则。[③] 受此影响，后来的多个国际公约和区域性公约都进一步重申该原则。

1989 年《儿童权利公约》将儿童最大利益原则作为儿童权利保护的基本原则，标志着该原则在国际范围内的正式确立，开辟了新时代下儿童权利保护的理念模式和发展方向，在儿童权利保护方面具有里程碑式意义。第一，实现儿童利益最大化成为处理儿童事务的基本准则和价值理念。特别是在处理成人与儿童之间的关系时，任何机构和个人都不能以牺牲儿童利益为代价来满足自己的意愿。成人社会必须尊重、重视和保护儿童权利。之所以如此，是因为儿童自身就是权利主体，其享有的权利具有天然性、正当性和合理性，而并非源于成人对弱小儿童的可怜和同情。第二，该公约赋予了儿童最大利益原则以条约法的效力，能够加大保护儿童权利的力度，并为解决儿童事务提供了规范依据和合理解说。由此，《儿童

---

① 1924 年《日内瓦儿童权利宣言》第 2 条规定：儿童必须受到特别的保护，并应用健康的正常的方法以及在自由、有尊严的状况下，获得身体上、知能上、道德上、精神上以及社会上的成长机会。为保障此机会应以法律以及其他手段来制定。为达成此目的所制定的法律，必须以儿童的最大利益为前提作适当的考量。

② 1948 年联合国《世界人权宣言》第 1 条规定："人人生而自由，在尊严和权利上一律平等。"

③ 《儿童权利宣言》原则二规定："儿童应受到特别保护，并应通过法律和其他方面而获得各种机会与便利，使其能在健康而正常的状态和自由与尊严的条件下，得到身体、心智、道德、精神和社会等方面的发展。在为此目的而制订法律时，应以儿童的最大利益为首要考虑。"原则七还规定："儿童的最大利益应成为对儿童的教育和指导负有责任的人的指导原则；儿童的父母首先负有责任。"

权利公约》又被称为“儿童大宪章”。[①] 至2015年10月，《儿童权利公约》共有196个缔约国，成为历史上缔约国数量最多、具有法律约束力的国际人权公约。[②]

同样，我国也在逐步确立和落实儿童最大利益原则。中国在1990年8月签署了《儿童权利公约》，并于次年批准加入，成为第110个批准国。为了更好地落实儿童最大利益原则，《中国儿童发展纲要（2001—2011）》阐述了儿童优先保护原则；《中国儿童发展纲要（2011—2020）》则更是明确将最大利益原则作为儿童发展的原则之一。[③] 这是我国第一个明确规定儿童最大利益原则的政策性文件。2006年第一次修订《未成年人保护法》时确立给予未成年人特殊保护和优先保护的指导思想，2020年第二次修订时，更是明确规定了“最有利于未成年人的原则”。[④] 更重要的是，我国2020年颁布的《民法典·婚姻家庭编》同样非常注重儿童最大利益原则的贯彻和落实，并将该原则细化为相应的具体制度。

（二）儿童最大利益原则的含义探析

“儿童最大利益”最早出现于英美法系国家，随后进入国际人权法律领域。1989年《儿童权利公约》第3条第1款将儿童最大利益原则确立为保护儿童权利的最高准则。尽管如此，何谓“儿

---

① 王雪梅：《儿童权利保护的“最大利益原则”研究》（上），载《环球法律评论》2002年冬季号。

② 截至目前，美国是世界上唯一一个没有批准加入联合国《儿童权利公约》的国家，其原因主要是国内的民间组织认为，该公约对儿童权利保护的强调会减损父母的权利。

③ 《中国儿童发展纲要（2011-2020）》规定了儿童发展的五个基本原则，分别是：依法保护原则、儿童优先原则、儿童最大利益原则、儿童平等发展原则、儿童参与原则。

④ 我国1991年《未成年人保护法》（2012年修订）第3条第1款规定：“未成年人享有生存权、发展权、受保护权、参与权等权利，国家根据未成年人身心发展特点给予特殊、优先保护，保障未成年人的合法权益不受侵犯。”《未成年人保护法》（2020年修订）第4条第1款规定：“保护未成年人，应当坚持最有利于未成年人的原则。”

童最大利益”？该公约及官方文件均未对其含义进行界定和解释。其原因就在于“最大利益”的判断具有较大的不确定性，没有一个固定且明确的内容。

“最大利益”难以界定的原因是纷繁复杂的。从获得过程来看，“最大利益”是根据一定的价值标准对多种利益进行衡量、取舍而得到的结果，其实质就是价值标准的确定。价值判断本身就是主观性范畴。它不仅受社会的政治、经济、文化传统、宗教习俗等因素的影响，还与判断主体自身的认知水平、道德观念密切相关。最大利益的判断往往是由成人代替儿童完成的，由此得到的结果是否真正有利于儿童的身心健康，这也存在一定的或然性。同时还要看到，儿童利益在现实生活中的多样性和复杂性，客观上也增加了界定“最大利益”含义的难度。儿童利益具有多样性，涉及多个方面，如生存利益和发展利益、人格尊严和财产保护、身体健康和心理健康、直接利益和间接利益、眼前利益和长远利益等。儿童利益还具有复杂性，尤其是发生在儿童之间，或儿童与其他成人之间的利益如何分配。假如在有限的资源和条件下，只能研发一种疫苗用于拯救早产儿或患有其他疾病的婴儿，二者择其一，其结果可能会因人而异。因此，面对生活中复杂多样的利益冲突，试图对儿童最大利益进行全面、准确和超文化的界定与解释，显然是无法完成的任务。

1. 观点梳理

即便如此，理论界并没有停止对儿童最大利益原则内涵的研究，产生了诸多观点，众说纷纭。

德国学者 J. 沃尔夫（J. Wolf）认为，儿童“最大利益”的内涵应该包括儿童的所有权利和国家对儿童的所有义务。这也就意味着，儿童能够凭借个人能力获得发展其身心、参与社会的机会和便利，实现全面发展。这一观点也符合《儿童权利公约》第 3 条第 1 款从一般意义上来确立儿童最大利益原则的做法。同时，J. 沃尔夫也意识到最大利益原则所具有的不确定性及其弊端，“关于”

“考虑”等词汇带有强烈便宜行事的意味。这种灵活的表述会给立法机关、执法机构留下“任性”的缝隙，可能成为他们承担责任的点缀和推诿责任的理由。①

德国学者德特洛夫（Nina Dethloff）认为，儿童最大利益因人而异，必须在具体环境中加以考察，因此很难如同其他抽象概念那样对其进行解释和界定，因此，具有不确定性。②

J. 伊克莱（J. Eekelaar）认为，儿童最大利益应界定为基本利益，如生理、情感和精神上的关照、发展的利益，在步入成年的过程中尽量避免一切消极因素、自治的利益，特别是选择他们自己生活方式的自由。可见，他所认为的儿童最大利益仅仅是儿童的基本利益，并不是儿童的全部利益，这不同于J. 沃尔夫的观点。③ 同样，J. 伊克莱也认识到，受不同思维方式的影响，儿童最大利益观念也是不稳定的。他将这种方式称为客观化和能动自治。④

我国学者王雪梅、王勇民均将最大利益原则阐释为以下三个方面：第一，从运用的角度来看，最大利益原则被理解为处理儿童相关事务的最高准则。联合国《儿童权利公约》第3条第1款既确立了处理儿童事务的行为准则，又为其成员国在国内的适用留有较大的余地。第二，从立法的角度来看，最大利益原则是保护儿童权利的纲领性条款和理论前提。第三，从文化意蕴的角度来看，最大利益原则体现出儿童为独立权利个体的理念，是儿童个体权利益的

---

① 王雪梅：《儿童权利保护的“最大利益原则”研究》（上），载《环球法律评论》2002年冬季号。

② 王葆莳：《“儿童最大利益原则”在德国家庭法中的实现》，载《德国研究》2013年第4期。

③ 何海澜：《善待儿童：儿童最大利益原则及其在教育、家庭、刑事制度中的运用》，中国法制出版社2016年版，第156页。

④ John Eekelaar, “ The Interests of the Child and the Child' s Wishes : The Role of Dynamic Self-Determinism,” in Phi lipAlston, eds. , *The Best Interests of the Child* , Oxford: Clarendon Press, 1994, pp. 46-49.

最大化表现，超越了传统的儿童权利保护观念。[①] 也有学者认为，儿童最大利益原则以儿童权利为本，还意味对成人权利的限制和国家监督保障职责的承担。[②]

2. 个人观点

结合上述学者的观点，笔者认为，儿童最大利益原则的含义应当蕴含以下几个方面：首先，是处理所有儿童事务的首要原则，具有优先性；其次，内涵具有不确定性，因时因地不同，因人因事相异，最大利益的判断需要结合不同的具体情况；再次，承认儿童独立的权利主体地位，享有自治权；最后，以儿童权利为本位，由国家予以监督和保障。

（三）正确认识儿童最大利益原则内涵的不确定性

该原则是儿童权利保护的最高准则，是指导各国制定儿童权利法律规范的纲领性条款。但是，基于儿童最大利益原则内涵的不确定性与当今社会利益复杂性和文化多样性的背景，该原则在适用过程中必然与其他价值、文化、制度等因素发生碰撞。对此产生的冲突和问题，是我们在落实儿童最大利益原则的过程中必须解决的问题。

1. 部分学者对不确定性的质疑

儿童最大利益原则遭受质疑最严重的问题就是它的不确定性。如上所述，《儿童权利公约》没有明确界定儿童最大利益原则的内涵，可能导致各国在具体适用过程中出现判断标准不一，适用结果出现偏差，背离立法者的本意的状况。因此，儿童最大利益原则的不确定性，遭受了尖锐的质疑和批判。

美国学者芒金（Robert Mnookin）较早地质疑儿童最大利益原

① 王雪梅：《儿童权利论——一个初步的比较研究》，社会科学文献出版社 2005 年版，第 63-64 页。

② 王勇民：《儿童权利保护的国际法研究》，法律出版社 2010 年版，第 97-100 页。

则的不确定性。他认为，儿童最大利益的衡量标准实质上就是价值观的选择问题，而儿童政策中价值观的多元化又决定了人们很难达成一致的评价标准。衡量标准的不确定性决定着该原则不能成为儿童权利保护的基本准则。为此，他认为应该放弃儿童最大利益原则，转而采用不带价值取向的中立规则。①

另一位美国学者帕克（Stephen Parker）选择运用理性选择理论和规则怀疑理论来论证儿童最大利益原则的不确定性。他认为，通常情况下，任何决定取决于行为人的价值观。对于相似的事实，由不同的决策者来决定，其结果可能大大不同。比如，在确定子女监护权的案件中，不同的法官可能会作出不同的判决结果。帕克认为，什么构成儿童的最大利益？这是一个无法回答的问题。因为当今社会对儿童发展问题并未取得共识，对各种价值观的认识也未有定论。②

2. 不确定性的理性认知

笔者认为，对于儿童最大利益原则的不确定性问题，我们需要客观、公正地来对待，不能简单、直接否定它的意义与价值。

首先，从法律规则角度来看，儿童最大利益原则具有不确定性是正常的。任何法律原则都具有不确定性和模糊性。社会现实的日新月异、思想观念的多元化、立法技术的限制、法官的个人素质等因素都导致法律的内容、适用、推理结论体现出相当的不确定性。于是，现实主义法学家弗兰克指出，法律并非总是确定的、理性的，人们对之不能期待过高；同时，法律的不确定性本身就代表着一定的价值与意义。③ 可见，法律规则的不确定性是与生俱来的，

---

① Robert H. Mnookin, "Child-Custody Adjudication: Judicial Functions in the Face of Indeterminacy," *Law and Contemporary Problems*, Vol. 39, No. 3, 1975, pp. 226-293.

② Stephen Parker, "The Best Interest of the Child: Principles and Problems," in Philip Alston eds., *The Best Interest of The Child: Reconciling Culture and Human Rights*, Oxford: Clarendon Press, 1994, pp. 29-30.

③ 付池斌：《现实主义法学》，法律出版社 2005 年版，第 171-172 页。

同样，儿童最大利益原则也概莫能外。

其次，从历史发展过程来看，儿童最大利益原则具有划时代的宣示意义和价值引领功能。在该原则确立之前，儿童附属于父母，不具有独立的权利主体资格，父母利益是首要考虑因素，儿童无法与成人一样处于平等地位。而儿童最大利益原则旗帜鲜明地强调儿童具有独立的权利主体地位与资格，打破被动保护儿童的传统观念，提醒和指导人们在最大限度上重视儿童的利益和权利，并将这一原则付诸行动。儿童最大利益原则不仅是保护儿童权利的一项准则，同时也是儿童享有的一项权利。虽然儿童最大利益原则的内涵与外延具有不确定性，但其首要考虑儿童利益、保护儿童权利的理念已经得到国际社会的普遍认同，标志着儿童权利保护进入一个新的时代。儿童最大利益原则在国际法中确立的目的并不是试图在某种有关儿童利益的事项上寻求一种定义式的陈述，它对我们的真正贡献在于鼓励人们抛却程式化的模式，在实质上分辨什么才算是儿童的最大利益。①

最后，从推广适用角度来看，不确定性有助于儿童最大利益原则为不同国家所接受、容纳与吸收。世界是多元化的存在。不同国家在政治、经济、文化传统、宗教信仰、道德习惯等方面具有其自身的特点，那么判断儿童最大利益的价值取向必然存在差异。任何事物都是辩证性的存在。儿童最大利益原则的不确定性和开放性，从另一个角度而言，就意味着包容性和生命力，能够适应不同国家的情况，为国内法保护儿童权利增添助力。很难想象，一个内容确定、标准唯一的原则能够为世界各国所承认与接受。由此来看，不确定性正是该原则得以进入不同传统文化的那把钥匙。

如上所述，不确定性是儿童最大利益原则的固有属性，无法改变。由此所带来消极后果也是客观存在的，不能忽视。我们应该在

① 何海澜：《善待儿童：儿童最大利益原则及其在教育、家庭、刑事制度中的运用》，中国法制出版社 2016 年版，第 111 页。

具体实践过程中运用具有普世性的价值观来降低儿童最大利益原则的不确定性。何谓儿童的最大利益？这个问题是价值判断，而非事实判断。纵然决策者身处不同的地域、文化背景，具备不同的知识结构和思想观念，对最大利益的判断基本都不应该与现代社会普世性的价值观、道德观相悖离，如正义。正义是儿童最大利益原则的灵魂，是判断最大利益的结合点。

二、儿童最大利益原则的立法体现

（一）大陆法系部分国家

虽然大陆法系国家中较少地明确规定儿童最大利益原则，德国例外，但是，深受该原则的强烈影响，这些国家在儿童抚养、监护、探望权行使、家事审判程序等方面的法律规定均不同程度地体现了儿童最大利益原则的内在精神。同样，儿童最大利益原则在大陆法系国家得到广泛的应用。

1. 法国

法国强调在处理家事纠纷中保护儿童权利。《法国民法典》第373-2-6条规定，家事法官在处理所有问题时，尤其是要关注儿童利益的保护。第373-2-7条、第373-2条规定，如果父母双方订立的亲权协议未能充分保护儿童利益的，家事法官可以否定该协议；如果离婚父母双方无法达成亲权协议，家事法官需要按照儿童利益的要求作出裁判。同时，第373-2-11条还规定，法官就父母行使亲权的方式作出裁决时，尤其需要考虑儿童在诉讼程序中表达的感情和儿童的年龄。[①]

2. 德国

与其他国家相比，《德国民法典》则明确规定了儿童最大利益原则，将之作为父母抚养、照顾子女、与子女交往以及法官裁判时的首要准则。子女与父母的交往属于子女的最大利益；如有利于儿

---

① 《法国民法典》，罗结珍译，北京大学出版社2010年版，第114-128页。

童最大利益的，则祖父母、外祖父母和兄弟姐妹有与子女交往的权利。法院在处理儿童事务的程序中，在考虑真实情况和可能性以及利害关系人的正当利益的情况下，作出最符合子女最大利益的裁判。①

3. 日本

在日本关于亲权的行使、变更以及探望权等方面均以保护儿童利益为目标。《日本民法典》第 819 条第 6 款规定，为了子女的利益，家庭法院可以因子女亲属的请求，变更亲权人。第 826 条第 1 款规定，关于行使亲权的父或母有与其子女利益相反的行为，行使亲权人应请求家庭法院为子女选任特别代理人。

4. 韩国

《韩国民法典·亲属编》第 912 条规定，父母行使亲权的标准，应优先考虑子女的福利。第 837 条规定，父母在离婚时就子女抚养达成的协议应该首先为了子女的福利。如果违反子女福利，则家庭法律可令其补正或依职权斟酌子女的意思、年龄和父母的财产状况及其他情况，确定抚养的必要事项。同时，为了子女的福利，家庭法院认为有必要的，可以变更抚养事项或进行适当处分。第 837-2 条规定了父母和子女有相互探视的权利。为了子女的福利，家庭法院可以限制或禁止探望。

（二）英美法系部分国家

儿童最大利益理念发端于英美法系，所以诸多国家强调儿童最大利益原则，并且明确需要考量的具体因素。

1. 英国

英国 1989 年《儿童法》要求法官在处理涉及子女的养育、财产的管理等事项时，应当以儿童最大利益为首要考虑。同时，该法第 1 条第 3 款规定了法官在裁定儿童最大利益时需要考虑的六个相关因素：（1）子女可得知之意愿及情感（应考虑其年龄与认知能

① 《德国民法典》（第 3 版），陈卫佐译，法律出版社 2010 年版，第 487-502 页。

力)；(2) 子女的物质、精神以及教育所需；(3) 环境改变所可能造成的影响；(4) 年龄、性别、背景以及法官认为相关的其他特质；(5) 父母一方以及法官认为与此相关的其他人满足子女需要的能力；(6) 法官在诉讼中维护儿童最大利益的职权范围。1973年《婚姻诉讼法》第41条规定，对于父母提出的子女抚养协议，法院有权进行审查，以保护子女的利益。英国1991年《儿童抚养法》第2条规定，子女抚养机构的负责人或其职员在行使权力处理子女抚养案件时，要考虑其所作决定对子女福利的影响。①

2. 美国

1970年《统一结婚离婚法》确立了儿童最大利益原则。第402条明确规定，法庭作出的关于监护权的决定应当符合子女的最大利益，并且明确列举出需要考量的五种因素，包括：(1) 父母一方或双方对监护问题的愿望；(2) 子女对监护问题的愿望；(3) 子女与父母一方或双方、兄弟姐妹及其他对最大利益有重要影响的人之间的相互关系；(4) 子女对家庭、学校和社区的适应情况；(5) 所有与子女监护问题相关者的身心健康状况。同时，第407条规定，父母探视子女必须符合子女的最大利益，不会危害子女身体、精神、道德或感情的健康，否则不予以探视。如果父母之间的争议较大，法院还应该为子女选择利益代理人。

3. 澳大利亚

1995年《家庭法改革法案》用“儿童最大利益原则”替代之前的“儿童福利原则”，以与国际社会保持一致。同时，为了确保儿童最大利益的实现，增加法官的可操作性，澳大利亚《1975年家庭法》第60CA、60CB条规定，在与子女相关的任何诉讼程序中，法院必须以儿童最大利益为首要考虑因素，即儿童最大利益原则。

---

① 陈苇、谢京杰：《论“儿童最大利益优先原则”在我国的确立——兼论〈婚姻法〉等相关法律的不足及其完善》，载《法商研究》2005年第5期。

第 60CC 条规定了法院如何确定子女的最大利益，明确在确定儿童的最大利益时，法院应当考虑的事项，具体包括：主要的考虑事项、附加考虑因素以及其他因素。主要的考虑事项包括：与父母双方和谐相处的利益，以及保护子女不受虐待、遗弃或家庭暴力等身体上或精神上的伤害。附加考虑因素包括：影响子女认知的因素，如子女所表达的意见、成熟情况和理解力等相关因素；子女与父母以及其他人的关系状态；父母一方促进、鼓励子女与另一方建立紧密、持续关系的意愿与能力；子女周围环境的变化可能带来的影响，包括子女与父母一方、其他子女等人员分离后可能产生的影响；子女与父母一方保持接触的实际困难和费用，以及此困难和费用是否对子女的保持接触与父母的探视交往权造成实质上的影响；父母任何一方或其他人满足子女需要（包括情感需要和智力需要）的能力；子女的成熟情况、性别、背景以及法官认为与该子女相关的其他特质；父母表明对子女、对父母身份责任的态度；对子女、家庭成员实施的家庭暴力；父母履行或未履行义务的程度，特别是子女的父母一方。[①]

4. 加拿大

加拿大离婚法的相关规定非常注重保护儿童权利，在子女抚养、交往令的签发等方面体现了儿童最大利益原则。同时，《联邦子女与家庭服务法》第 37 条第 3 款明确规定为了儿童的最大利益需要考量的 13 种相关因素。这些因素包括：（1）子女的身体、精神和情感需要以及满足这些需要的恰当的照顾或治疗；（2）子女的身体、精神和情感的发展水平；（3）子女的文化背景；（4）如果子女在成长过程中接受了宗教信仰，应考量其宗教信仰；（5）子女作为家庭成员与其父、母和安全场所之间的积极关系在其成长过程中的重要性；（6）子女因血缘或通过收养命令而形成的关系；

① 陈苇等译：《澳大利亚家庭法》（2008 年修正），群众出版社 2009 年版，第 118-120 页。

(7) 持续照顾子女的重要性以及中断这种照顾可能会对子女造成的影响；(8) 社团提出的照顾子女程序（包括收养该子女的建议）的优点，并与让子女留在父、母身边或让其返回父、母身边的优点作比较；(9) 如果子女的意见和愿望能被合理地探知，就应考量这些意见和愿望；(10) 迟延安排对子女的照顾对子女造成的影响；(11) 子女离开、远离、返回会继续处于父、母的照顾中可能遭受伤害的风险；(12) 能够支持子女需要保护的裁定的风险程度(如果存在)；(13) 其他相关情况。

(三) 儿童最大利益原则在我国的立法表现

新中国成立以来，我国立法非常重视保护儿童权利。我国《宪法》《民法典》《未成年人保护法》等法律均将保护儿童合法权益作为其重要任务，取得相当大的成绩。

1. 宪法

作为我国的根本大法，宪法特别重视儿童的全面发展和权益的法律保护，表明国家对儿童进行特殊保护的立场和态度。根据我国《宪法》第 49 条规定，婚姻、家庭和儿童受国家保护，禁止虐待儿童，同时，规定父母有抚养教育未成年子女的义务。

2. 婚姻家庭法

儿童自幼生活在家庭之中，故此，家庭保护是儿童保护的重要方面。作为调整婚姻家庭关系的婚姻家庭法，自然成为儿童权利保护的重要法律规范。我国 1980 年《婚姻法》（2001 年修正）也非常重视保护儿童的合法权益，保障其身心健康成长。例如，将保护妇女、儿童和老人的合法权益作为婚姻法的基本原则之一；规定父母对未成年子女的抚养、保护和教育义务；在父母离婚之后，父母子女之间的关系不因离婚而消除，不直接抚养子女的父母一方，有探望子女的权利。诚然如此，该法并没有明确规定“儿童最大利益原则”，甚至有些规定仍带有“父母本位”观念的色彩。《婚姻法》第 38 条仅规定父母一方探望子女的权利，而忽视了子女的意愿和需求。[①] 我国《离婚案件子女抚养意见》第 3 条规定了离婚时确定由何方父母直接抚养子女的优先考虑情形，如父母一方没有子女或无法生育等。由于上述问题的存在，容易导致父母离婚时忽视子女的利益，也不利于法官依照儿童最大利益原则来解决子女的抚养、探望等问题。

随着时代的进步和社会的发展，在我国对儿童最大利益原则的认可度日益增强。我国 2020 年 5 月 28 日通过的《民法典·婚姻家庭编》更是注意儿童最大利益原则的贯彻，注重未成年子女合法权益的保护。[②] 尤其是在诉讼离婚中解决未成年子女抚养问题时，明确规定人民法院应当“按照最有利于未成年子女的原则”，根据父母双方的具体情况进行判决。子女年满 8 周岁的，法院还应当尊重其真实意愿。在抚养费负担方面，子女可以在必要时向父母任何一方提出超过协议或者判决原定数额的合理要求。这些规定充分表明，我国《民法典·婚姻家庭编》将儿童最大利益原则作为解决离婚诉讼中儿童事务的基本准则，这在我国婚姻家庭法方面具有重要的标志性意义。

3. 未成年人保护法

作为保护未成年人合法权益的专门性、综合性法律，我国 1991 年《未成年人保护法》于 2020 年 10 月 17 日进行了第二次修订，亮点颇多。其中，最令人称赞的是，这次修订明确规定了儿童最大利益原则，并将之确定为保护儿童的基本原则。该法第 4 条规定，保护未成年人，应当坚持最有利于未成年人的原则。可以说，在我国，儿童最大利益原则已经成为保护儿童合法权益的基本准则。另外更值得关注的是，在司法保护方面，法院在离婚案件中处理儿童抚养问题时，也应当按照儿童最大利益原则进行处理，以确

---

① 我国 1980 年《婚姻法》（2001 年修订）第 38 条第 1 款规定：离婚后，不直接抚养子女的父或母，有探望子女的权利，另一方有协助的义务。

② 陈苇、贺海燕：《论中国民法典婚姻家庭编的立法理念与制度新规》，载《河北法学》2021 年第 1 期。

保儿童的健康成长。该法第107条第2款规定，人民法院审理离婚案件，涉及未成年子女抚养问题的，应当尊重已满8周岁未成年子女的真实意愿，根据双方具体情况，按照最有利于未成年子女的原则依法处理。

三、儿童最大利益原则的实现路径

如上所述，受《儿童权利公约》影响，世界多数国家正逐步接受、确立和适用儿童最大利益原则，在涉及儿童事务方面，尽可能地谋求儿童的最大利益。但是，这还远未达到该《公约》所规定的要求。即便在儿童最大利益理念最早出现的英国，最大利益原则的适用情况也并不乐观。在诉讼离婚中儿童利益并非都能获得首要考虑。[①] 尽管我国《民法典·婚姻家庭编》首次明确规定了儿童最大利益原则，但是在制度设计和司法实践中还存在一定不足，需要加以完善。为了更好地贯彻落实儿童最大利益原则，保护诉讼离婚中儿童的合法权益，笔者拟提出几点建议，以供参考。

（一）确立“儿童最大利益原则”及其考量因素

1. 确立“儿童最大利益原则”

尽管我国《民法典·婚姻家庭编》第1084条第3款首次明确规定了“最有利于未成年子女”的原则，具有重要的理论价值和实践意义，但是，该原则适用的范围较窄，即仅仅适用于法院解决离婚后未成年子女的抚养问题，无法涵盖涉及儿童利益的其他事项，如儿童监护、协议离婚中儿童的抚养、探望权的行使等问题。因此，笔者建议，我国《民法典·婚姻家庭编》第一章“一般规定”中应明确规定儿童最大利益原则，并将之作为婚姻家庭编的一项基本原则，即凡处理一切与儿童相关的问题，都应以最有利于

---

① 王雪梅：《儿童权利论——一个初步的比较研究》，社会科学文献出版社2005年版，第70-71页。

儿童的生存与发展为首要考虑，坚持儿童最大利益原则。[①]

儿童最大利益原则的确立具有重要的价值引导功能。它向社会传达了一个信息，即首要考量儿童权利具有必要性、特殊性和正当性。尤其是在处理亲子关系时，儿童权利具有优先性，在任何情况下，都不能成为父母权利的牺牲品。同时，儿童最大利益原则的确立，还具有制度规范功能和权利救济功能。它使父母和法官在处理儿童事务时负有刚性职责，尤其是在诉讼离婚过程中，要尽可能保护儿童权利，降低离婚对儿童的不利影响。

在诉讼离婚中，应以“儿童最大利益”原则作为指导思想和审酌标准，无论是父母还是法院，都应当根据父母和儿童的具体情况，作出最有利于儿童身心健康成长的安排和决定，以确保儿童最大利益的实现。当父母需求与子女利益发生冲突时，需要优先考虑子女利益。正如有学者所指出的，将“儿童最大利益”置于“父母法律权利”之上，确保儿童权益的实现真正成为父母的责任和义务。[②] 同时，在诉讼离婚过程中，为了实现儿童最大利益原则，立法也需要根据儿童的自身特点和诉讼地位，为其设计特别的诉讼程序，如充分发挥调解的制度优势、加强法官的职权干预、设立儿童诉讼代表人制度等，发挥特别程序对儿童权利的保障功能。

2. 确立“儿童最大利益”原则的考虑因素清单

笔者建议，我国《民法典·婚姻家庭编》也应该采取例示主义的立法体例，用清单形式明确儿童最大利益原则的具体考量因素，以增强该原则的客观化、具体化和可操作性。有关儿童的监护、抚养、探望等事务的安排，应以儿童最大利益为基本原则，并考虑下列相关因素：（1）儿童的年龄、人数、身体健康、长期生

① 参见陈苇、谢京杰：《论“儿童最大利益优先原则”在我国的确立——兼论〈婚姻法〉等相关法律的不足及其完善》，载《法商研究》2005 年第 5 期；陈苇、王鹍：《澳大利亚儿童权益保护立法评价及其对我国立法的启示——以家庭法和子女抚养（评估）法为研究对象》，载《甘肃政法学院学报》2007 年第 5 期。

② 龙翼飞：《完善婚姻家庭法律制度的新探索》，载《法学家》2007 年第 1 期。

活状况；（2）儿童的意愿及其需要；（3）儿童与父母、兄弟姐妹之间的感情状况，特别需要指出的是，以儿童与其兄弟姐妹不分开为原则；（4）父母一方支持、鼓励儿童和另一方保持亲密和持续关系的意愿和能力；（5）父母抚养儿童的意愿和个人条件（包括年龄、性格、健康状况、职业、经济条件、生活现状等）；（6）父母一方存在家庭暴力、虐待、遗弃、吸毒等恶劣行为，可能使儿童受到伤害风险的；（7）其他相关因素。[①]

（二）加强法官监督职责

现代社会的婚姻家庭法呈现出家庭自治（“私法化”）与国家干预（“公法化”）并进之趋势。首先，家庭自治是现代婚姻家庭法的核心基石，也逐步发展为具有普世价值的基本人权之一。[②] 从古至今，家庭就是个人生活的私人领域，国家介入较少，被视为“私人的城堡”。家庭自治的基本内核，就是家庭事务应当由家庭成员自己决定，排斥来自家庭之外的干涉。家庭自治首先源于个人自治的合理化。个人自治的伦理基础在于“自己决定权”，即自己的个人事务由自己自由决定、排斥外界干涉的权利。因为一个正常的人都是具有独立人格、理性判断和价值考量的能动个体，都是自己事务的最佳决策者和利益判断者，有权决定并追求自己向往的家庭生活。同时，家庭自治原则还受到一种政治理念的影响，即实施自治原则的家庭是实现多元化民主的重要实践单位。

然而，从20世纪中期开始，受人权保护观念提升和福利国家介入主义的双重影响，婚姻家庭法呈现出一种新的态势，即私法公法化。表现之一就是许多国家通过介入婚姻家庭关系来保护儿童利益。传统模式下的家庭自治其实是父权垄断下的家庭自治，是个人

---

① 参见陈苇、谢京杰：《论“儿童最大利益优先原则”在我国的确立——兼论〈婚姻法〉等相关法律的不足及其完善》，载《法商研究》2005年第5期；陈思琴：《离婚后亲子关系法律制度研究》，中国社会科学出版社2011年版，第102页。

② 宋豫主编：《国家干预与家庭自治：现代家庭立法发展方向研究》，河南人民出版社2011年版，第5页。

专权在家庭领域内的美丽谎言。它常常是以牺牲妇女儿童福祉为代价，与现代法治社会提倡的平等、公平、正义、自由等理念相违背。这就需要国家在特定情况下对失衡的家庭结构和事务进行介入、干预。同时，也应该看到，对于家庭事务，国家历来就不是一个旁观者，而一直以公权力为父权家庭结构背书并强化此种传统。[①] 国家介入就是国家运用公权力进行干预，对当事人权利的行使进行指导和监督，以保护当事人和相关人的合法权益。国家干预是通过公权力的介入维护家庭成员之间的平等地位，营造自由、平等的家庭氛围，进而实现个人自治的目的。可见，家庭自治与国家干预的目标是一致的。

在诉讼离婚过程中，要求法官加强监督职责是私法公法化的应有之义。法官代表国家行使审判权。对于诉讼离婚中父母达成的子女抚养协议，法官应该以儿童最大利益原则为指导加以监督和审核，避免子女利益受损，已成为许多国家的普遍做法。法官首先应尊重离婚父母就子女事务达成的协议。通常情况下，父母是子女利益的最佳维护者和判断者。然而，受多种因素的影响，父母达成的协议并非总是有利于子女利益的。父母可能为了追求个人利益而牺牲子女利益。如一方为了达到离婚的目的，主动放弃子女的抚养权；或一方为了获得子女的直接抚养权，而主动放弃另一方支付的抚养费等。此时的儿童已然成为父母利益的交易筹码和牺牲品。这就需要法官对抚养协议进行监督。如果发现不利于子女健康成长的，法官可以要求父母双方重新修改。因此，为了保障子女抚养协议的质量，为儿童创造优良的成长环境，法官必须发挥监督职责。

（三）强化父母责任意识

对子女进行抚养和照顾是父母应尽的法定义务和责任。子女是

---

① 李立茹：《法不入家门？家事法演变的法律社会学分析》，载《中原财经法学》2003 年第 10 期。

父母的爱情结晶，结婚的意义就是确立对子女的双系抚育。[①] 子女的生存与发展在成年之前需要依赖于父母。家庭抚养是社会公认的、最佳的儿童成长模式。一般情况下，父母子女之间的血缘纽带和亲情的利他主义都促使父母本能地履行责任，以保证儿童健康地成长。

婚姻中本能的利他主义，因为离婚而失去原动力，容易使离婚父母履行其抚养责任的主动性和积极性受挫。父母离婚导致家庭解散和共同生活结束，极大地改变了子女日后的生活状况。为此，在诉讼离婚中，父母应该本着对子女负责任的态度，尽可能地达成抚养协议，合理安排子女生活，以保证子女最大利益的实现。一方面，要明确离婚并不会影响父母子女关系，离婚之后父母对子女仍承担共同的抚养责任。另一方面，关于子女与哪方共同生活，父母首要考虑的应是子女的最大利益和意愿，而非自己的情感需要。不直接抚养子女的父母一方需要在自己能力范围内，尽可能支付子女较多的抚养费。同时，父母双方还要重视探望权对子女的重要意义。探望权的行使，有利于维持子女与父母双方的情感联系与沟通。直接抚养子女的一方不能因双方的矛盾而拒绝另一方探望子女。

① 费孝通：《乡土中国 生育制度》，北京大学出版社 1998 年版，第 129 页。

第三章 我国诉讼离婚中儿童受抚养权保护研究

第一节 我国儿童受抚养权的立法现状与司法实践

一、我国儿童受抚养权的立法现状

（一）确立儿童最大利益原则

我国现行法律已经确立儿童最大利益原则，并将其作为处理诉讼离婚中儿童抚养问题的首要原则。这对于儿童的合法权利保护和身心健康成长，具有非凡意义。我国《民法典》第1084条第3款规定，已满2周岁的子女，父母双方对抚养问题协议不成的，由人民法院根据双方的具体情况，按照最有利于未成年子女的原则判决。2020年修订的《未成年人保护法》第107条第2款规定，人民法院审理离婚案件，涉及未成年子女抚养问题的，应当尊重已满8周岁未成年子女的真实意愿，根据双方具体情况，按照最有利于未成年子女的原则依法处理。

（二）父母的抚养义务

父母对未成年子女负有抚养的义务。父母与子女间的关系，不因父母离婚而消除。离婚后，子女无论由父或母谁来直接抚养，仍是父母双方的子女。离婚后，父母对子女仍有抚养、教育和保护的权利和义务。①

① 我国《民法典》第26条第1款、第1084条第1款。

（三）直接抚养人的确定

诉讼离婚中确定子女直接抚养人的相关规定主要在我国《民法典·婚姻家庭编》、《未成年人保护法》和《民法典婚姻家庭编解释（一）》等法律规范之中。关于未成年子女直接抚养人的确定问题，我国总体上遵循这样的原则，即为了子女身心健康，保障子女合法权益，结合子女的需要和父母双方的具体情况来确定。具体考量因素如下：

1. 儿童的年龄

对不满 2 周岁的子女，一般情况下由其母亲直接抚养。但是也有例外情况。如果父母双方达成协议，由父亲照顾且对子女无不利影响，法院应当支持。另外，如果母亲有下列情形之一，父亲请求直接抚养的，人民法院也应当支持：母亲患有久治不愈的传染性疾病或其他严重疾病，子女不宜与其共同生活的；母亲有抚养条件不尽抚养义务，而父亲要求子女随其生活的；因其他原因，子女确不宜随母亲共同生活的。①

2. 优先考量因素

对于 2 周岁以上的子女，根据其需要和父母双方的具体情况，由父母双方协商确定子女的直接抚养人。如果父母双方均要求直接抚养，则可以优先考量下列情形：第一，已做绝育手术或因其他原因丧失生育能力的；第二，子女随其生活时间较长，改变生活环境对子女健康成长明显不利的；第三，无其他子女，而另一方有其他子女的；第四，子女随其生活，对子女成长有利，而另一方患有久治不愈的传染性疾病或其他严重疾病，或者有其他不利于子女身心健康的情形，不宜与子女共同生活的；第五，父方与母方抚养子女的条件基本相同，双方均要求子女与其共同生活，但子女单独随祖父母或外祖父母共同生活多年，且祖父母或外祖父母要求并且有能

① 我国《民法典》第 1084 条第 3 款，《民法典婚姻家庭编解释（一）》第 44 条、第 45 条。

力帮助子女照顾孙子女或外孙子女的，可作为子女随父或母生活的优先条件予以考虑。①

3. 儿童的意见

儿童抚养问题，关涉子女的健康成长和切身利益。儿童的个人意见理应成为处理儿童抚养问题需要考量的重要因素。对此，我国现行法律作出了新的规定。我国《民法典》第 1084 条规定，子女已满 8 周岁的，应当尊重其真实意愿。我国《未成年人保护法》（2020 年修订）第 107 条第 2 款规定，人民法院审理离婚案件，涉及未成年子女抚养问题的，应当尊重已满 8 周岁未成年子女的真实意愿，根据双方具体情况，按照最有利于未成年子女的原则依法处理。而在此之前，根据 1993 年最高人民法院《离婚案件子女抚养意见》（已被废除）第 5 条的规定，如果父母无法达成协议时，法官则应当听取 10 周岁以上子女的意见。可见，我国《民法典》和《未成年人保护法》对该问题进行了调整，主要表现为两个方面：第一，降低了征求儿童意见的年龄，从 10 周岁降低到 8 周岁；第二，提高了对儿童意见的重视程度，在语言表述上由“听取”变为“尊重”，这就意味着儿童的个人意见能够发挥更大的决定作用。

（四）抚养费的确定

离婚不会终止父母对子女承担的抚养义务。离婚后，不直接抚养子女的父母一方应当通过支付抚养费的方式来承担抚养责任。离婚后，子女由一方直接抚养的，另一方应当负担部分或者全部抚养费。关于抚养费的给付数额和给付方式，先由父母双方协议确定，尊重父母双方的意思自治；如协议不成的，再由法院判决。②

1. 抚养费的给付数额

抚养费，包括子女生活费、教育费、医疗费等费用。抚养费数额的确定标准，根据子女的实际需要、父母双方的负担能力和当地

---

① 我国《民法典婚姻家庭编解释（一）》第 46 条、第 47 条。

② 我国《民法典》第 1085 条。

的实际生活水平。根据非直接抚养父母一方是否具有固定收入进行区分。非直接抚养父母一方有固定收入的，则按照比例原则确定抚养费的数额，即抚养费一般可按其月总收入的20%至30%的比例给付；负担两个以上子女抚养费的，比例可适当提高，但一般不得超过月总收入的50%。非直接抚养父母一方无固定收入的，抚养费的数额可依据当年总收入或同行业平均收入，参照上述比例确定。有特殊情况的，可适当提高或降低上述比例。另外，父母双方可以协议由一方直接抚养子女并由直接抚养方负担子女全部抚养费，但是直接抚养方的抚养能力明显不能保障子女所需费用，影响子女健康成长的，人民法院不予支持。①

2. 抚养费的给付方式

一般情况下，抚养费应定期给付，有条件的也可一次性给付。另外，父母一方无经济收入或者下落不明的，可用其财物折抵子女抚养费。②

3. 抚养费的给付期限

父母对未成年子女的抚养是无条件的，而对成年子女的抚养则是有条件的。抚养费的给付期限，一般到子女18周岁为止。16周岁以上不满18周岁，以其劳动收入为主要生活来源，并能维持当地一般生活水平的，父母可停止给付抚养费。对于尚未独立生活的成年子女，如果父母具备给付能力的，在下列情况下仍需负担必要的抚养费：第一，确无独立生活能力和条件的；第二，尚在校就读的，主要是指尚在校接受高中及其以下学历教育；第三，丧失劳动能力或虽未完全丧失劳动能力，但其收入不足以维持生活的。③

4. 抚养费的数额变动

父母双方通过协商还是法院通过判决确定的抚养费数额，在日

---

① 我国《民法典婚姻家庭编解释（一）》第42条、第49条、第52条。

② 我国《民法典婚姻家庭编解释（一）》第50条、第51条。

③ 我国《民法典婚姻家庭编解释（一）》第41条、第53条。

后必要情况下，子女也可以要求变动抚养费数额，即提出超过离婚协议或者判决原定数额的合理要求。必要情况主要是：第一，原定抚养费数额不足以维持当地实际生活水平的；第二，因子女患病、上学，实际需要已超过原定抚养费数额的；第三，有其他正当理由应当增加的。若非直接抚养父母一方不同意增加抚养费数额的请求，则子女可以向法院提起诉讼。①

5. 抚养费的强制执行

无论父母协议还是法院判决确定的子女抚养费，如父母一方不按期支付或拒不执行的，子女有权向其请求给付，必要时可向人民法院申请强制执行。②

二、我国诉讼离婚中儿童受抚养权的司法实践考察③

（一）儿童受抚养权的实证调查数据统计情况

1. 被调查涉及儿童受抚养权离婚案件的基本情况

（1）被调查涉及儿童受抚养权离婚案件的数量情况。

---

① 我国《民法典》第1085条第2款、《民法典婚姻家庭编解释（一）》第58条。

② 我国《民法典婚姻家庭编解释（一）》第61条。

③ 必须说明，本著作第三、四、五章的实证调研统计数据，主要采用的陈苇教授主编的《中国妇女儿童权益法律保障情况实证调查研究——以中国五省市被抽样调查地区妇女儿童权益法律保障情况为对象》第一章第五节“重庆市诉讼离婚中儿童权益法律保障情况实证调查研究”中三个县法院（D、E、F县法院）的离婚案件调查统计数据，因此本书的调研对象也称这三个县法院为D县法院、E县法院、F县法院。参见陈苇主编：《中国妇女儿童权益法律保障情况实证调查研究——以中国五省市被抽样调查地区妇女儿童权益法律保障情况为对象》，群众出版社2017年版，第194-244页。此著作是陈苇教授主持完成的2014年度中国法学会部级法学研究课题《我国妇女儿童权益法律保障情况实证调查研究》的结项成果。作为陈苇教授的博士研究生，我和其他博士研究生、硕士研究生在陈苇教授的指导下参与了该课题研究。2014年1月陈苇教授带领我、博士研究生张鑫和硕士研究生张志媛、罗西贝贝、孙双双、卢秀平、侯艳芳前往重庆市所辖的三个县级人民法院开展司法实践的实证调研工作，根据收集的第一手调查统计数据，在陈苇教授的指导下我参与撰写该课题结项成果著作的部分章节的内容（主要是第一章第五节）。

第一，涉及儿童受抚养权案件的总数量。从被调查的涉及儿童抚养问题的离婚案件数量来看，2011—2013 年三个县法院被调查的 1080 件离婚案件中，涉及儿童抚养的案件为 863 件，占 79.91%。可见，在诉讼离婚中涉及儿童抚养的案件所占比例较高。这也说明妥善处理儿童抚养问题的司法实践具有现实性和必要性。

从每个县法院被调查的涉及儿童抚养问题的案件数量来看，D 县、E 县、F 县的案件分别为 259、292、312 件，所占比例分别为 71.94%、81.11%、86.67%。可见，F 县法院被调查的涉及儿童抚养问题的离婚案件最多，所占比例最高，接近九成。

第二，不同儿童人数的案件数量。从不同儿童人数的案件数量来看，2011—2013 年三个县法院被调查的涉及儿童抚养问题的 863 件案件中，涉及 1 个儿童的案件为 572 件，占 66.28%；涉及 2 个儿童的案件为 256 件，占 29.66%；涉及 3 个儿童的案件为 31 件，占 3.59%；涉及 4 个儿童的案件为 3 件，占 0.34%。可见，涉及 1 个儿童的离婚案件占多数，超过六成。

从每个县被调查的儿童人数不同的案件数量来看，D 县法院被调查儿童抚养的 259 件案件中，涉及 1 个儿童的案件为 219 件，占 84.56%；涉及 2 个儿童的案件为 39 件，占 15.06%；涉及 3 个儿童的案件为 1 件，占 0.39%。E 县法院被调查儿童抚养的 292 件案件中，涉及 1 个儿童的案件为 177 件，占 60.62%；涉及 2 个儿童的案件为 104 件，占 35.62%；涉及 3 个儿童的案件为 9 件，占 3.08%；涉及 4 个儿童的案件为 2 件，占 0.68%。F 县法院被调查儿童抚养的 312 件案件中，涉及 1 个儿童的案件为 176 件，占 56.41%；涉及 2 个儿童的案件为 113 件，占 36.22%；涉及 3 个儿童的案件为 21 件，占 6.73%；涉及 4 个儿童的案件为 2 件，占 0.64%。可见，在这三个县中，涉及 1 个儿童的案件都是最多的，所占比例都超过五成，其中，D 县法院所占比例最高，超过八成。

（2）儿童的性别情况。从儿童性别情况来看，2011—2013 年三县法院被调查儿童抚养案件共涉及儿童 1195 人，其中男童为

666人，占55.73%；女童为529人，占44.27%。由此可见，男童的比例比女童多出11.46%。

从每个县的情况来看，在D县300名儿童中，男童为168人，占56.00%；女童为132人，占44.00%。在E县424名儿童中，男童为227人，占53.54%；女童为197人，占46.46%。在F县471名儿童中，男童为271人，占57.54%；女童为200人，占42.46%。可见，三个县法院中被调查案件的男童都多于女童。

（3）儿童的年龄情况。从被调查案件中儿童的年龄情况来看，2011—2013年三个县被调查儿童抚养案件共涉及1195名儿童，其中2周岁以下的儿童为61人，占5.11%；3—9周岁的儿童为557人，占46.61%；10—18周岁的儿童为577人，占48.28%。可见，2周岁以下的儿童所占比例最小，而3—9周岁和10—18周岁两个年龄段的儿童所占比例基本相同，接近五成。

从每个县的情况来看，D县被调查儿童抚养案件共涉及300名儿童，其中，2周岁以下的儿童为35人，占11.67%；3—9周岁的儿童为145人，占48.33%；10—18周岁的儿童为120人，占40.00%。E县被调查儿童抚养案件共涉及424名儿童，其中，2周岁以下的儿童为10人，占2.36%；3—9周岁的儿童为212人，占50.00%；10—18周岁的儿童为202人，占47.64%。F县被调查儿童抚养案件共涉及471名儿童，其中，2周岁以下的儿童为16人，占3.40%；3—9周岁的儿童为200人，占42.46%；10—18周岁的儿童为255人，占54.14%。从每个县的情况来看，2周岁以下的儿童所占比例最小，而另外两个年龄段的儿童所占比例较大。

（4）儿童受抚养权案件的结案方式。从儿童抚养案件的结案方式来看，2011—2013年三个县法院被调查的涉及儿童抚养的863件案件中，判决结案为345件，比例占39.98%；调解结案为518件，占60.02%。可见，被调查涉及儿童抚养的六成案件是通过调解方式结案的。

从每个县被调查的涉及儿童抚养案件的结案方式来看，D县法院259件儿童抚养案件中，判决结案为103件，比例占39.77%；调解结案为156件，比例占60.23%。E县法院292件儿童抚养案件中，判决结案为128件，比例占43.84%；调解结案为164件，比例占56.16%。F县法院312件儿童抚养案件中，判决结案为114件，比例占36.54%；调解结案为198件，比例占63.46%。可见，在处理涉及子女抚养的离婚案件时，每个县法院使用调解的方式都多于判决，其中，F县法院调解结案的案件比例最高。

2. 儿童直接抚养人的确定情况

在被调查案件中父或母直接抚养儿童的情况，主要包括以下四个方面：一是父或母直接抚养儿童的年龄；二是父或母直接抚养儿童的性别；三是父或母直接抚养的儿童人数；四是确定父或母为直接抚养人的理由。

（1）父或母直接抚养儿童的年龄情况。从父或母抚养儿童的年龄来看，2011—2013年三个县被调查的儿童抚养案件涉及的1195名儿童中，对2周岁以下的儿童，其父亲、母亲作为直接抚养人的分别为27人、42人，所占比例分别为2.26%、3.51%。对3—9周岁的儿童，其父亲、母亲作为直接抚养人的分别为381人、179人，所占比例分别为31.88%、14.98%。对10—18周岁的儿童，其父亲、母亲作为直接抚养人的分别为369人、197人，所占比例分别为30.88%、16.49%。可见，对2周岁以下的儿童，母亲直接抚养的儿童数量多于父亲；对3—9周岁和10—18周岁的儿童，则父亲直接抚养的儿童数量明显多于母亲。

从每个县的情况来看，对3—9周岁和10—18周岁两个年龄段的儿童，抚养人为父亲的儿童人数都比抚养人为母亲的多，其中在D县法院和E县法院，父亲作为3—9周岁的儿童抚养人所占比例最高，分别为29.00%和33.02%；而在F县法院，父亲作为10—18周岁儿童的直接抚养人所占比例最高，占37.37%。而对2周岁以下的儿童，在D县法院和F县法院，由母亲作为抚养人的是父亲的两倍；而在F县法院，情况正好相反，由父亲作为直接抚养人的数量（10 人）多于母亲（6 人）。

（2）父或母直接抚养儿童的性别情况。从父或母抚养的儿童性别来看，2011—2013 年三个县法院被调查案件涉及的 1195 名儿童中，父亲抚养男童、女童的人数分别为 476 人、316 人，所占比例分别为 39. 83%、26. 44%；母亲抚养男童、女童的人数分别为 194 人、209 人，所占比例分别为 16. 23%、17. 49%。可见，父亲抚养男童和女童的人数都明显多于母亲，尤其是父亲直接抚养男童的比例最高。

从每个县的情况来看，在 D 县法院被调查的案件中，父亲抚养男童、女童的人数分别为 103 人、76 人，所占比例分别为 34. 33%、25. 33%；母亲抚养男童、女童的人数分别为 65、56 人，所占比例分别为 21. 67%、18. 67%。在 E 县法院被调查的案件中，父亲抚养男童、女童的人数分别为 149 人、122 人，所占比例分别为 35. 14%、28. 77%；母亲抚养男童、女童的人数分别为 78 人、75 人，所占比例分别为 18. 40%、17. 69%。在 F 县法院被调查案件中，父亲抚养男童、女童的人数分别为 224 人、118 人，所占比例分别为 47. 56%、25. 05%；母亲抚养男童、女童的人数分别为 47 人、82 人，所占比例分别为 9. 98%、17. 41%。可见，在这三个法院中，父亲抚养男童、女童的人数也都多于母亲。

（3）父或母直接抚养儿童的人数情况。

第一，父或母抚养儿童的总人数。从父或母抚养的儿童总人数来看，在 2011-2013 年三个县法院被调查案件涉及的 1195 名儿童中，父亲、母亲抚养的儿童人数分别为 778、417 人，所占比例分别为 65. 10%、34. 90%。可见，父亲抚养的儿童人数明显多于母亲。

从每个县法院的情况来看，D 县法院被调查的案件中，父亲、母亲抚养的儿童人数分别为 165 人、135 人，所占比例分别为 55. 00%、45. 00%。E 县法院被调查案件中父亲、母亲抚养的儿童人数分别为 271 人、153 人，所占比例分别为 63. 92%、36. 08%。

F县法院被调查案件中父亲、母亲抚养的儿童人数分别为342人、129人，所占比例分别为72.61%、27.39%。可见，在这三个县法院的情况是一样的，即父亲抚养的儿童人数都多于母亲，尤其是在F县法院，父亲抚养的儿童比例更是高达近73%，明显多于母亲。

第二，涉及1个儿童的案件中父或母抚养的儿童人数。从涉及1个儿童的案件中父或母抚养的儿童人数来看，2011—2013年三个县法院被调查的涉及1个儿童的572件离婚案件中，由父亲、母亲抚养的儿童人数分别为368人、204人，所占比例分别为64.33%、35.67%。可见，在涉及1个儿童的案件中，父亲抚养的儿童人数比母亲多近三成。

从每个县的情况来看，在涉及1个儿童的案件中，在D县、E县、F县，父亲抚养的儿童人数分别有127人、118人、123人，所占比例分别为57.99%、66.67%、69.89%；母亲直接抚养的儿童人数分别有92人、59人、53人，所占比例分别为42.01%、33.33%、30.11%。可见，每个县的情况也是如此，即在涉及1个儿童的离婚案件中，父亲直接抚养的儿童数量多于母亲。

第三，涉及2个儿童的案件中父或母抚养的儿童人数。从涉及2个儿童的案件中父或母抚养的儿童人数来看，2011—2013年三个县被调查的涉及2个儿童的255件离婚案件中，全部由父亲抚养的案件为115件，占45.10%，所占比例最高；分别由父、母直接抚养的案件为101件，占39.61%，所占比例居中；全部由母亲抚养的案件为39件，占15.29%，所占比例最低。

从每个县的情况来看，情况略有不同。第一，在D县和E县，分别由父、母抚养的案件有17件、45件，分别为44.74%、43.27%，所占比例最高；而在F县，全部由父亲抚养的案件为66件，所占比例最高，达到58.41%；其次是分别由父、母抚养的案件为39件，达到34.51%。第二，在E县和F县，全部由母亲直接抚养的案件分别有19件、8件，分别占18.27%、7.10%，所占比例最低；而在D县，全部由父亲直接抚养的案件有9件，占

23.68%，所占比例最低。

（4）确定父或母为儿童直接抚养人的理由。

第一，关于法院调解的离婚案件，在法院调解离婚的案件中，子女直接抚养人的确定，是在法官主持调解下，由双方父母自愿协商、达成一致意见的结果。由于离婚协议书未提及确定儿童抚养人的理由，所以，对此我们无法进行统计。

第二，关于法院判决的离婚案件，从法院确定抚养人的理由来看，2011—2013年三个县法院被调查案件中明确儿童抚养人理由的离婚案件为263件。其中，以E（儿童随该方生活时间较长，改变生活环境对儿童健康成长明显不利的）为由的案件为95件，占36.12%，所占比例最高；以H（儿童年满10周岁，且愿意与该方父母生活）为由的案件为34件，占12.93%；以F（抚养方无其他儿童，而另一方有其他儿童的；父或母已做绝育手术或因其他原因丧失生育能力的）为由的案件为9件，占3.42%。

从三个县的情况来看，以E为由的案件数量分别为17件、32件、46件，分别占19.77%、36.36%、51.69%，所占比例均最高；以H为由的案件分别为12件、12件、10件，分别占13.95%、13.64%、11.24%；以F为由的案件有5件、1件、3件，分别占5.81%、1.13%、3.37%。可见，每个法院在确定父或母为抚养人时，主要是以E为由（不包括以I为由的案件），尤其是在F县法院，以E为由确定父或母为抚养人的案件更是超过五成；而以F为由的案件较少。

3. 儿童抚养费的给付情况

父母给付抚养费的情况，主要包括以下三个方面：一是抚养费的给付比率；二是抚养费的给付方式；三是抚养费的给付数额。

（1）抚养费的给付比率。从抚养费是否被确定给付来看，2011—2013年三个县法院被调查的涉及儿童抚养的863件案件中，确定给付抚养费的案件为460件，占53.30%；确定不给付抚养费的案件为403件，占46.70%（其中，判决确定的有126件，调解确定的有 277 件）。可见，确定不给付抚养费的案件所占比例近五成，和确定给付抚养费的案件数量大体相当；同时，通过调解结案方式不支付抚养费的案件较多。

从每个县的情况来看，在 D 县和 F 县，确定给付抚养费的案件分别为 155 件、161 件，比例分别为 59.85%、51.60%；不给付抚养费的案件分别为 104 件、151 件，比例分别为 40.15%、48.40%，在这两个县确定给付抚养费的案件稍多于不给付抚养费的案件。而在 E 县，给付抚养费的案件为 144 件，占 49.32%；不给付抚养费的案件为 148 件，占 50.68%，即不给付抚养费的案件略多于给付抚养费的案件。可见，虽然在这三个县中，抚养费是否被确定给付的情况略有不同，但总体而言，不给付抚养费的案件还是较多的。

下面我们进一步分析不给付抚养费的原因。在三个县被调查的涉及儿童抚养的 863 件离婚案件中，403 件没有确定给付抚养费。从不给付抚养费之原因来看，作为直接抚养方，父亲、母亲自愿承担全部抚养费的案件分别为 217 件、64 件，所占比例分别为 53.85%、15.88%；而不直接抚养人无力给付的案件仅有 39 件，比例约占 10%；因为父母双方分别有抚养的儿童而不支付抚养费的案件有 83 件，占 20.60%。可见，作为直接抚养人的父或母自愿承担子女全部抚养费的案件占到七成。

（2）抚养费的给付方式。从抚养费的给付方式来看，在三个县被调查的 460 件确定给付抚养费的案件中，按月给付的案件为 372 件，占 80.87%，所占比例最高；一次性给付的案件为 55 件，占 11.95%；按其他方式给付的案件所占比例较低。可见，按月给付是给付抚养费的主要方式。

从每个县的情况来看，在 D 县、E 县和 F 县，按月给付抚养费的案件数量分别为 140、120、112 件，比例分别为 90.32%、83.33%、69.57%；一次性给付抚养费的案件数量分别为 7 件、11 件、37 件，比例分别为 4.51%、7.64%、22.98%。可见，按月给付是这三个法院确定给付抚养费的主要方式，所占比例最高；而一次性给付抚养费的案件，在D县和E县法院较少，而在F县法院较多，所占比例高达近23%。

（3）抚养费的给付数额。从抚养费的给付数额来看，2011—2013年三个县法院被调查给付抚养费的460件案件中，抚养费数额在300元以下的案件为279件，占60.65%，所占比例最高；抚养费数额在301—600元、601元以上的案件分别为141件、40件，所占比例分别为30.65%、8.70%。可见，六成案件确定抚养费的数额在300元以下，抚养费数额较低。从每个县的情况来看，抚养费数额主要集中在300元以下，D县法院、E县法院和F县法院分别有77、95、107件，所占比例分别为49.68%、65.97%、66.46%。

（二）诉讼离婚儿童受抚养权的实证调查分析

1. 合理之处①

通过对上述案件情况的统计与分析可以看出，三个县基层法院在处理诉讼离婚中儿童抚养问题的过程中，业已积累了一些行之有效的成功经验和做法，值得推广。主要包括：一是注重调解，维护儿童的最大利益。二是在确定儿童的直接抚养人时，对需要抚养的儿童，确定父母的抚养职责；对未满2周岁的儿童，以母亲直接抚养为原则；对年满2周岁的儿童，注重维护儿童生活的稳定性。三是在确定儿童抚养费时，增强抚养费给付的前瞻性和灵活性；将按月给付作为主要方式。这些有益经验和做法值得在我国其他法院进行推广。

2. 不足之处

在肯定被调查法院解决诉讼离婚中儿童抚养问题取得成效的同时，更需要理性分析和总结司法实践中存在的问题与不足。

---

① 该部分实证调查分析中关于合理之处的主要观点于2015年已经发表，在此不予过多论述。具体内容参见陈苇、张庆林：《离婚诉讼中儿童抚养问题之司法实践及其改进建议——以某县法院2011-2013年审结离婚案件为调查对象》，载《河北法学》2015年1月。

（1）父亲处于相对的优势地位。根据调查统计数据，从父亲或母亲抚养的儿童性别来看，父亲抚养男童和女童的人数都明显多于母亲，尤其是父亲直接抚养男童的比例高达74%。从父或母抚养的儿童数量来看，父亲抚养的儿童总人数超过六成，明显多于母亲；对于涉及1个儿童的案件，父亲抚养儿童的案件超过六成，比母亲多近三成；对于涉及2个儿童的案件，全部由父亲抚养的案件近五成，所占比例最高，而全部由母亲抚养的案件仅占15.29%，前者是后者的三倍多。其中，在F县，2个儿童全部由父亲直接抚养的案件占58.41%，而全部由母亲直接抚养的案件仅占8%，前者是后者的七倍多。由此可见，在我国诉讼离婚中确定子女的直接抚养人时，在看到父亲具有较强抚养能力、积极承担抚养义务的同时，从另一方面也应该看到，与子女的母亲相比，父亲处于相对的优势地位，而子女的母亲则处于相对的弱势地位。从一定意义上来评价，这种情况是不公平的，不符合男女平等原则。

（2）分别抚养儿童的案件较多。在被调查的涉及2个儿童抚养的255件离婚案件中，由父母分别抚养1个儿童的有101件，占39.61%。在父母离婚后，儿童只能随父母一方生活，其生活环境发生改变。让共同长大的2个儿童强行分离，导致他们不仅要经历离开父亲或母亲的痛苦，还要经历与自己的亲密伙伴——兄弟或姐妹分离的痛苦，心理上定会遭受更大的伤害。这种处理方式是值得商榷的。[①] 我们认为，让一起长大的兄弟姐妹由父母分别抚养的做法，在一定程度上可以减轻父母双方的抚养压力，但不可否认的是，此种做法也存在仅考虑父母双方的个人需求，而忽视子女的情

① 刘莉：《试论父母离婚后的未成年子女问题》，载《宁夏社会科学》2005年第6期。

感需要的可能性，不利于子女的身心健康和亲情培养。①

（3）征求儿童本人的意见较少。据调查统计数据显示，一方面，从父母达成的离婚调解协议中，我们没有看到一例记录有征求儿童意见的；另一方面，在三个县法院通过判决确定儿童抚养人的离婚案件中，涉及10周岁以上的儿童共有241人，而以“儿童年满10周岁，其愿意与该方父母生活”为由判决的案件只有34件，共涉及38人，比例仅占15.77%。这就说明离婚父母和法官在处理子女抚养问题时，大部分都没有依法征求10周岁以上儿童的意见。这样，确定子女抚养人的调解协议或法院的判决可能与该儿童内心真实意愿相违背，导致儿童内心抵触和对环境的不适应，不利于儿童日后的身心健康成长。

（4）法官自由裁量权较大。父母中选择比较适合的一方担任子女的直接抚养人，对子女日后的身心健康具有重要意义。因此，子女直接抚养人的确定，要有充分的事实根据和理由，须符合儿童最大利益原则和相关法律规定。而本次调查数据显示，在涉及子女抚养的863件离婚案件中，明确父亲或母亲担任直接抚养人理由的案件仅有263件，所占比例仅为30.48%。② 这说明在诉讼离婚中，法官在确定子女的直接监护人时，主要依据内心的主观判断，可能存在法官自由裁量权较大的问题。基于法官个人对法律的内心认知、案件的事实判断、儿童的关注程度和生活的个人体验存在较大

---

① 对于离婚后子女直接抚养人的确定问题，有些国家将子女与其兄弟姐妹的关系作为考虑因素。如日本实务界考虑的因素就包括“姊弟年幼，则不应让其分离”。参见林秀雄：《婚姻家庭法之研究》，中国政法大学出版社2001年版，第93页。《美国统一结婚离婚法》第402条规定了确定子女监护人要求考虑的事实，包括子女与其兄弟姐妹的关系。1995年《澳大利亚家庭法改革法》第68F条第2款明确规定，法院认定“子女最大利益”应当考虑的因素之一，就是子女与其他子女分开对其产生的影响。参见陈苇、王鹍：《澳大利亚儿童权益保护立法评价及其对我国立法的启示——以家庭法和子女抚养（评估）法为研究对象》，载《甘肃政法学院学报》2007年第3期。

② 在被调查的涉及儿童监护的863件离婚案件中，其中518件案件为调解结案。这些调解书均没有载明确定子女监护人的理由和根据。

差异，如果法官的自由裁量权较大，那就会导致同案不同判的后果，有悖于司法公正的目标。部分学者在实践调研过程中，也发现同样问题的存在。[①]

（5）不给付抚养费的比率较大。离婚后不直接抚养子女的父母一方给付的抚养费，是满足儿童生活、学习的物质保障，对儿童的成长和发展具有重要作用。根据相关司法实务部门[②]过去的调查发现，不直接抚养子女的父母一方不给付抚养费和给付抚养费数额较低的情况，在现实生活中比较普遍。在本次调查和访谈中，我们发现同样存在这样的问题。

如上所述，此次调查统计数据表明，在被调查的涉及儿童抚养的 863 件案件中，确定给付抚养费的案件为 460 件，占 53. 30%；确定不给付抚养费的案件为 403 件，占 46. 70%。也就是说，接近一半的案件没有确定给付儿童抚养费。在进一步对不给付抚养费的原因统计分析后，我们发现，这种情况是由多种原因导致的。其中，父母一方自愿放弃对方给付抚养费的案件占到七成。至于其原因，我们不能排除这种情况的存在，即有些父母可能为了争取儿童的直接抚养权，宁愿自己承担抚养儿童的全部费用。如果在父母一方收入不高的情况下，由其单独抚养子女，或许很难满足儿童的生活需要，无法保障儿童受抚养权的实现。

（6）给付抚养费的数额相对较低。如前所述，在此次被调查的涉及儿童抚养的案件中，抚养费数额在 300 元以下的案件占六成，而 301—600 元抚养费在这类案件中仅占三成。这说明大部分

---

① 厦门大学法学院“童心未泯”课题组：《离婚案件审理中如何最大限度地保护儿童利益——以海沧法院、永春法院为例》，载《东南司法评论》2017 年卷。

② 根据 2009 年苏州中院少年庭课题组对苏州法院 2006 年至 2008 年上半年审理的一审抚养费纠纷案件的统计，在抽样统计的 94 件抚养费纠纷案件中，未直接抚养方不给付抚养费的占 27%，仅付 200 元以下抚养费的占 40%，合计不给付或给付较少抚养费的达到 67%。参见苏州中院少年庭课题组：《离婚父母抚养监护未成年子女问题研究及实践对策》，载《青少年犯罪问题》2009 年第 5 期。

儿童获得的抚养费低于 300 元。在此需要说明的是，被调查的大部分离婚案件缺乏对双方当事人的职业、经济收入情况的记录，我们也就无法确定调解或判决的抚养费数额是否符合法律规定。为此，我们只好根据当地居民人均生活消费水平和最低生活保障金作为衡量的标准。[①] 2011 年，重庆市城镇居民、农村居民年人均生活消费水平分别为 14974 元、4502 元，平均每月为 1247 元、375 元；城乡居民最低生活保障标准分别为 303 元/月和 158 元/月。[②] 2012 年，重庆市城镇居民、农村居民年人均生活消费水平分别为 16573 元、5018 元，平均每月为 1381 元、418 元；城乡居民最低生活保障标准分别为 329 元/月和 188 元/月。[③] 2013 年，重庆市城镇居民、农村居民年人均生活消费水平分别为 17814 元、5796 元，平均每月为 1484 元、483 元；城乡居民最低生活保障标准分别为 350 元/月和 200 元/月。[④]

离婚后，父母对子女仍有抚养和教育的权利和义务，父母离婚后子女生活和学习等费用仍是由父母双方共同承担的，即一般情况是父母每人各负担一半。根据此种计算方法，如果父母一方每月给付 300 元的抚养费，那子女每月就能获得大约 600 元的抚养费，参照当地的居民人均消费水平和最低生活保障金，这似乎可以满足子

① 通过与法官座谈，我们了解到，三个县受理的离婚案件当事人多数是农民，没有固定的收入，无法按照法定比例来计算抚养费。法官在计算抚养费数额时，通常是按照当地居民消费水平的一半来计算。

② 重庆市统计局：《2011 年重庆市国民经济和社会发展统计公报》，发布日期：2012 年 3 月 16 日，http://www.cqtj.gov.cn/html/tjsj/tjgb/12/03/5880.html，最后访问日期：2014 年 7 月 4 日。

③ 重庆市统计局：《2012 年重庆市国民经济和社会发展统计公报》，发布日期：2013 年 3 月 18 日，http://www.cqtj.gov.cn/html/tjsj/tjgb/13/03/6598.html，最后访问日期：2014 年 7 月 4 日。

④ 重庆市统计局：《2013 年重庆市国民经济和社会发展统计公报》，发布日期：2014 年 3 月 13 日，http://www.cqtj.gov.cn/html/tjsj/tjgb/14/03/7005.html，最后访问日期：2014 年 7 月 4 日。

女的生活和学习需要。

但是，上述抚养费的计算方法，表面上看似合理，但实质上却是不公平的。

其一，忽视直接抚养人照顾、教育子女的家务劳动价值。我们认为，直接抚养子女的父母一方照顾、教育子女的家务劳动付出，不仅具有社会价值，还具有经济价值。承认夫妻各自从事的社会生产劳动和家务劳动，具有相同的价值，这是确立离婚经济补偿制度的前提。目前我国确立的离婚经济补偿制度已经承认了家务劳动的经济价值。[①] 照顾子女通常意味着完全履行了抚养义务，照顾子女的父母一方不必从财产收入和劳动收入中另外进行金钱给付，即使其收入高于自己的生活需要。照顾子女的父母一方只有在特殊情况下才额外地承担金钱给付义务。[②] 因此，我们认为，如果直接抚养子女的父母一方既要照顾、教育子女，又要给付抚养费，并且是与另一方承担相同份额的抚养费，这在实质上显然是不公平的。

其二，可能导致离婚家庭的贫困化。离婚后，直接抚养子女的父母一方因抚养、照顾年幼的子女，尤其是 3 周岁以下的婴幼儿，有可能会导致其丧失外出工作机会，经济收入减少，家庭生活陷入贫困化，进而影响子女的生活质量。如果子女由母亲来直接抚养，情况有可能会更糟。因为与男性相比，女性的就业机会和经济收入相对更低。同时，伴随社会经济的发展，物价水平不断上涨，教育、就医的费用不断增加，数额较低的抚养费无法保障儿童基本的

---

① 《民法典》第 1088 条规定："夫妻一方因抚育子女、照料老年人、协助另一方工作等负担较多义务的，离婚时有权向另一方请求补偿，另一方应当给予补偿。具体办法由双方协议；协议不成的，由人民法院判决。"

② ［德］迪特尔·施瓦布：《德国家庭法》，王葆莳译，法律出版社 2010 年版，第 430 页。

生活和学习需要，使离婚家庭的儿童生活陷入贫困。[①]

在国外，为了避免离婚妇女因照顾子女而导致生活陷入贫困，有些国家将直接抚养子女作为确定离婚配偶之间给付抚养费的考虑因素。2008 年修正的《澳大利亚家庭法》第 75 条（2）（C）规定，如果一方正在照顾、管束未满 18 周岁的子女，法院就可以根据其申请，作出由他方给付抚养费的命令。[②] 1995 年《俄罗斯联邦家庭法典》规定，照顾共同的不满 18 周岁的残废子女，或者照顾自幼为一等残废人的共同子女的生活困难的原配偶，可以向对方请求给付抚养费。美国《统一结婚离婚法》规定，在诉讼离婚中，如果发现因子女的状况和环境不允许监护人离家外出工作的，法庭就会裁定对方给付抚养费。

我们认为，上述国家的法律规定不仅使离婚抚养制度的认定标准更加客观化，而且又能保证离婚家庭和子女的生活条件不发生巨大的变化。而我国现行的离婚经济帮助制度仅以当事人离婚时本人生活有困难为条件的，并没有考虑离婚的父母一方因直接照顾子女而影响其工作或经济收入的情况。[③] 因此，我国法院确定未与子女共同生活的父母一方给付抚养费的具体数额时，应当将直接抚养子女的父母一方付出的劳动和因抚养子女而影响其经济收入的情况，作为重要的考虑因素。

3. 原因分析

（1）缺乏“儿童最大利益原则”的立法指导及其具体考虑因

---

① 如有学者指出，“父母离婚后未成年子女经济生活水平下降这一事实确实存在，但其所造成的影响并非决定性的，事实上，对父母离婚后未成年子女福利产生最明显消极影响的因素，是离婚后监护人能否给予未成年子女尽职尽责的照顾”。参见徐安琪、叶文振：《父母离婚对子女的影响及其制约因素——来自上海的调查》，载《中国社会科学》2001 年第 6 期。

② 陈苇等译：《澳大利亚家庭法》（2008 年修正），群众出版社 2009 年版，第 241 页。

③ 《民法典》第 1090 条规定：“离婚时，如果一方生活困难，有负担能力的另一方应当给予适当帮助。具体办法由双方协议；协议不成的，由人民法院判决。”

素。第一，缺乏“儿童最大利益原则”的立法指导。目前，1989年联合国《儿童权利公约》确立的“儿童最大利益原则”已经被世界上许多国家和地区的立法所确认，成为指导处理儿童问题的一项首要原则和最高准则。诚然，关于诉讼离婚中解决儿童的抚养问题，我国1980年《婚姻法》、1991年《收养法》及相关司法解释的许多规定都体现了对儿童利益的保护。但是，我国1980年《婚姻法》还尚未确立“儿童最大利益原则”。这一原则的缺位，不仅导致立法存有缺陷，而且在实践中，“不利于指导父母正确处理涉及子女利益的问题，也不利于指导法官依据统一的指导原则处理涉及子女利益的案件，从而难以优先保护子女的最大利益”。[①] 值得欣喜的是，我国《民法典·婚姻家庭编》第1084条规定，人民法院应当根据“最有利于未成年子女的原则”解决子女的抚养问题。这就为诉讼离婚中确定子女直接抚养人提供了指导原则，同时又有利于增强人民法院保护儿童权利的意识观念。

第二，缺乏确定子女直接抚养人的考量因素。根据我国《婚姻法》的相关规定，确定离婚后子女的直接抚养人，需要从保障子女的合法权益出发，结合子女的实际需要和父母双方的具体情况来妥善解决。这样的原则性规定在司法实务中不易操作，且对其理解容易出现偏差。鉴于此，我国法律还规定了需要考虑子女的年龄、个人意愿和日常生活、父母的意愿及身体健康情况等因素。但是，这些考虑因素的规定比较分散，同时还欠缺其他的考量因素，如“手足”原则、友好父母原则、家庭暴力、虐待、吸毒等恶劣行为。如上所述，尽管我国《民法典》第1084条已经规定了“最有利于未成年子女的原则”，但令人遗憾的是，该条并没有明确规定具体的考量因素。这就容易导致“最有利于”的判断缺乏具体的指引，不利于司法实践的实际操作。

---

① 陈苇、谢京杰：《论“儿童最大利益优先原则”在我国的确立——兼论〈婚姻法〉等相关法律的不足及其完善》，载《法商研究》2005年第5期。

（2）离婚父母之间的权利义务配置失衡。通过上述分析，我们可以看到诉讼离婚中父母往往在子女抚养方面分歧较大。这些现象常常表现为父母性格不合或缺乏责任意识。但从本质上来看，这是由离婚之后父母双方之间的权利义务配置失衡所致。

权利与义务是相对应的。任何法律关系的平衡和维系，都需要当事人之间权利义务的合理配置。基于血缘和身份关系，父母对子女需要承担抚养、照顾、教育、保护的责任。但是这种责任对于父母而言，又是一种亲情的享受和权利的享有。“累并快乐着”，这种利他主义心态很好地体现了父母对子女的特殊情感。从这个角度而言，抚养、照顾、教育、保护子女既是父母的义务，也是父母应该享有的权利。在婚姻关系存续期间，父母与子女共同生活在一起，双方共同承担抚养责任。但是，离婚之后，父母双方之间的利益会出现明显的分化，利益分配不均就容易导致矛盾与冲突。这就是所谓的“相对的爱与需要”理论。

尽管离婚不会消除父母子女之间的关系，父母仍需要承担对子女的抚养、教育的义务，但是离婚后父母分开的客观事实导致父母抚养子女的方式发生改变。从我国民法典的规定来看，将子女与其共同居住的父母一方称为“直接抚养人”，与子女共同生活，对子女的日常生活进行全面照顾；而将对方称为“不直接抚养子女的一方”，需要承担子女的抚养费，同时享有探望权。但是，在现实生活中，探望权的行使需要直接抚养人的配合才能实现。如果父母双方关系比较紧张，那么探望权就很难实现。实践证明，探望难是一个比较突出的问题。由此看到，直接抚养人享有充分的权利，可以说，与离婚之前的状态相差无几；而不直接抚养子女的一方则除了承担支付抚养费的义务和享有很难实现的监护权、探望权之外，别无其他。很显然，直接抚养人处于积极主动的“一级父母”强势地位，而非直接抚养人处于消极被动的“二级父母”弱势地位。这就是父母双方在监护子女问题上权利义务的配置失衡。

同时，“直接抚养人”和“不直接抚养人”的立法用语给人一种误解，即不直接抚养人在抚养、监护子女方面不需要投入过多精力，与子女关系日益疏远。日常生活中，人们经常将子女的直接抚养人称为“监护人”，就能反映出此问题。失衡的权利义务配置势必会对父母双方的心理产生重要影响，尤其是对不直接抚养子女的父母一方，或者会不惜一切争夺子女的监护权，或者会选择逃避不履行父母责任。在父母关系如此紧张的情景之下，子女很难同时得到父母双方的关心和疼爱，其权利也就很难得到有效保障。

（3）存在“父母本位”思想。父母本位思想是指在处理子女相关事务时，优先考虑父母双方的利益与需求，而忽视子女利益。该思想与现代社会普遍承认的儿童最大利益原则相悖离，已经为社会所否认和抛弃。然而，我国法律中的部分规定仍带有明显的“父母本位”思想。我国 1993 年《离婚案件子女抚养意见》（2021 年已被废除）第 3 条第（一）、（三）项规定，根据离婚时父母的某些情况（是否丧失生育能力，是否有其他子女）可作为确定子女直接抚养人优先考虑的情形。2021 年生效的《民法典婚姻家庭编解释（一）》第 46 条仍然保持同样的规定。另外，1993 年《离婚案件子女抚养意见》第 5 条规定，父母双方对 10 周岁以上子女的监护无法达成协议的，需要考虑子女的意见。这也就意味着，在该种情况下，首先需要考虑父母的意见。如果父母达成协议，就不需要征求子女的意见了。这些规定优先考虑父母的情况与需要，忽视子女利益，带有明显的“父母本位”思想。2021 年该司法解释已经被废除，根据我国《民法典·婚姻家庭编》第 1084 条的规定，子女已满 8 周岁的，应当尊重其真实意愿，而不考虑父母是否达成协议，体现了我国立法上的进步。

父母本位思想还表现在直接抚养人主动放弃子女抚养费的行为上。根据我国《民法典》第 1085 条规定，子女抚养费问题首先由父母双方协商确定；如协商不成的，再由法院判决。[①] 这也就意味着，无特殊情况，法院需要尊重离婚父母达成的子女抚养协议，无须承担审查子女抚养协议合理性的职责。本书调查数据显示，在 403 件未支付子女抚养费的离婚案件中，有 277 件案件是父母通过调解结案的，所占比例达到近七成，这也就意味着，父母双方是同意不支付抚养费的。关于不支付抚养费原因的调查数据也正好印证了此观点。在不支付抚养费的案件中，直接抚养子女的父母一方不要求对方承担子女抚养费的案件占到七成，所占比例最高。由此可见，如此之多的离婚案件没有确定子女的抚养费，其缘由之一是直接抚养子女的父母一方主动放弃抚养费。[②]

直接抚养人放弃子女抚养费的现象在司法实务中比较常见。2015 年最高人民法院公布的 49 起婚姻纠纷典型案例之第 44 案"马某文诉魏某红抚养纠纷案"，原告请求"女儿由原告自费抚养"。法院认为该请求不违反法律规定，予以支持。针对该问题，法国最高法院的一项判决给出了不同的回答与解释："抚养与教育子女的义务来自法定义务，父母只有在证明其实际不可能履行时，才能不履行。"[③] 离婚父母按照各自的负担能力分担子女的抚养与教育费用，是一种法定义务和责任。父母双方的约定并不得免除此种义务。因此，即使作为债权人的一方配偶同意放弃，此种放弃亦无效力，并且不妨碍其对另一方提出求偿。[④]

父母本位思想的另一体现为父母双方的利益之争。父母双方可以协商由直接抚养人负担子女的全部抚养费，但前提是直接抚养人

---

① 我国《民法典》第 1085 条规定："离婚后，子女由一方直接抚养的，另一方应当负担部分或者全部抚养费。负担费用的多少和期限的长短，由双方协议；协议不成的，由人民法院判决。" 1980 年《婚姻法》（2001 年修订）与此规定相同。

② 当然也有可能存在其他情况，如不直接抚养人不具有经济支付能力等。

③ 《法国民法典》（上册），罗结珍译，法律出版社 2005 年版，第 185-186 页。

④ 冉克平：《民法典总则意思表示瑕疵的体系构造——兼评〈民法总则〉相关规定》，载《当代法学》2017 年第 5 期。

必须具备相应的经济条件，以保证子女的正常生活需要。本次调研案件中，主动放弃子女抚养费的直接抚养人是否具备足够的经济条件呢？对于此问题，我们不敢轻易下结论。因为我们所抽查的调解书或判决书基本上未记录当事人的工作、经济收入情况，也没有说明直接抚养人放弃抚养费的原因，所以就无从判定直接抚养人的经济条件状况。

子女的健康成长，除了日常的照料之外，还需要父母对其进行经济上的供养。在子女所需经济供养相对固定的情况下，若非直接抚养人能够支付一定数额的抚养费，就意味着直接抚养人经济负担的减轻，同时又能够增强子女生活的稳定性。对于直接抚养人来说，正常态度应该是积极要求非直接抚养人支付子女的抚养费，但是，现实生活中为什么如此之多的直接抚养人却主动放弃子女的抚养费，而不顾及自身经济负担加重的后果呢？如果直接抚养人的经济条件一般，无力完全负担子女抚养费，他/她更不应该主动放弃抚养费。当然，这并不排除部分的直接抚养人确实具备比较强的经济条件，自身有能力负担子女全部的生活费用。即使如此，他/她要求对方支付抚养费，对其也没有负面影响。可见，直接抚养人主动放弃子女抚养费实则另有隐情。

“在婚姻关系中，迄今为止，最重要的尽管不是唯一的，对特定资产的投资就是生育子女。对任何商品——包括子女的投资都意味着潜在的成本和收益。在婚姻关系终结时，投资的成本和收益会发生变化。”① 笔者认为，直接抚养人愿意放弃子女抚养费主要是基于感情方面的因素。情况之一就是父母双方对离婚存在争议，直接抚养人可能以放弃子女抚养费为交易筹码，换取对方同意离婚。情况之二就是父母双方同意离婚，但在确定子女直接抚养人问题上存在争议。父母一方为了争得子女的直接抚养权，不惜以放弃子女

---

① ［英］安东尼·W. 丹尼斯、罗伯特·罗森：《结婚与离婚的法经济学分析》，王世贤译，法律出版社 2005 年版，第 16 页。

抚养费为代价。情况之三就是父母双方关系比较紧张，直接抚养人希望离婚后不再与对方有联系，也不希望子女再与其见面。在这种情况下，往往是一方放弃子女的抚养费，而另一方则放弃探望权。“试问：若法律认可这一放弃抚养费的行为，父母与子女间的感情何以承载与体现？抚养费的本质绝非一笔货币化的金钱，而是父母对于子女关爱的机会与表达，这是未成年人应该获得父母关爱的权利，也是一个父母对于子女表达爱意的法定义务。”①

可见，在上述三种情况下，直接抚养人放弃子女抚养费的初衷都是达到个人目的，并且是以牺牲子女利益为代价的。

夫妻双方各自利益的争夺必然导致双方之间的关系趋于紧张、激化。离婚就是夫妻之间矛盾和冲突不断累积的过程，是由夫妻双方感情破裂、矛盾不可调和而导致的必然结果。男女双方的矛盾冲突有些比较缓和，可能会采取登记离婚的方式；而有些会比较激烈，很难就离婚事项包括子女抚养、监护等问题达成协议，而只能向法院提起诉讼离婚。在诉讼离婚中，男女双方之间往往存在较为激烈的纷争和冲突，因而很难通过法院的调解结案，而只能由法院作出判决。本次的调研数据也印证了这一点。在涉及儿童抚养的离婚案件中，判决结案的案件占四成。父母之间的紧张关系往往会对子女造成不利的影响。在诉讼离婚过程中，父母双方对簿公堂，为了个人私怨可能会争夺子女的抚养权，也有可能双方互相推诿。虽说法院通过判决确定了子女的直接抚养人，但是父母双方的关系可能仍处于紧张或对立的状态。此种紧张关系就容易导致离婚后父母双方不愿意或不可能实现对子女的协力抚养和照顾，可能导致子女直接抚养人不愿意让子女与对方接触，或对方不愿意支付抚养费，不与子女交往，对子女漠不关心等问题，严重影响亲子关系的持续性和稳定性。

（4）法官的监督力度不够。从国外立法与司法实践看，家事

① 赵玉：《婚姻家庭法中的利他主义》，载《社会科学战线》2018 年第 10 期。

法呈现出私法公法化的趋势，“国家通过司法选择性地介入家庭关系领域，以维护弱势者的权益”，[①] 也成为一种常态。例如，在美国，父母在离婚时就子女抚养费达成的协议，必须符合法律规定，否则法院不予认可。[②] 这体现了法官对子女抚养协议的审查和适当干预的职能。

根据我们的调查发现，直接抚养儿童的父母一方的职业及经济收入状况如何，是否能保障儿童正常的生活和学习需要，在查阅案卷之中没有发现法官对此进行审查的记录。再如，在涉及2个儿童的255件离婚案件中，全部由父或母一方单独抚养的案件占六成，而案卷中没有法官对直接抚养人的抚养能力、健康状况等进行审查的记录。可见，诉讼离婚中父母双方协议的内容往往完全取决于父母，而法院对此没有进行相应的公力监督和适当干预。

同时，法官欠缺实质审查是导致儿童抚养费存在不足的重要原因。法官在审理离婚案件过程中，往往将离婚事由的审查和财产分割问题放在首位，而离婚后儿童福祉问题并非工作的重点。[③] 对于父母双方达成的抚养协议的适当性，法官基本上都不予以审查核实。当然，这也包括直接抚养人放弃子女抚养费的情形。

我国1993年《离婚案件子女抚养意见》（2021年已被废止）第10条规定，对于父母双方约定子女由直接抚养人负担全部抚养费的，人民法院经查实发现，直接抚养人的抚养能力明显不能保障子女生活所需，且影响子女健康成长的，则不予准许。我国《民法典婚姻家庭编解释（一）》第52条也作出相同规定。由此可以推知，对于直接抚养人主动放弃子女抚养费的情况，即使双方达成

---

① 宋豫主编：《国家干预与家庭自治：现代家庭立法发展方向研究》，河南人民出版社2011年版，第3页。

② 夏吟兰：《美国现代婚姻家庭制度》，中国政法大学出版社1999年版，第193页。

③ 陶建国：《美国夫妻离婚后未成年子女抚养费制度及其启示》，载《理论月刊》2016年第3期。

了协议，法官仍需要承担审查、核实的职责，并根据查实结果作出是否准许的决定，以保障不影响子女的正常生活。但我们从抽样查阅的这些案件卷宗中，没有发现一例记录父母双方的职业和经济收入情况，也没有发现法官调查核实当事人双方的经济收入情况。可见，在子女抚养费问题上，法官可能存在监督力度欠缺的问题。正是如此，父母双方达成的抚养费协议未经过审核就以调解书的形式获得法律效力。

法官实质审查力度欠缺是多方面因素共同作用的结果。例如，我国立法并没有规定法官对所有离婚协议中儿童抚养问题进行实质审查的职责，没有授予法官对当事人的经济收入等情况进行调查取证的职权，部分法官的儿童权利保护意识不强，法官办案压力较大而无暇顾及子女抚养费的适当性问题。因为法院在审理离婚案件中并不具备主动调查其安排是否符合子女最大利益的能力。在缺乏第三方调查评估的情况下，子女利益最大化也许只是美好的愿景，并寄希望于父母良好的道德。[①]

（5）收入比例规则存在缺陷。上述调查数据显示，子女抚养费存在数额较低的问题，这与我国确立的收入比例规则密切相关。我国 1993 年《离婚案件子女抚养意见》（已废止）第 7 条确立了收入比例规则，即按照义务人每月总收入的一定比例来确定抚养费。我国《民法典婚姻家庭编解释（一）》第 49 条也采取相同的规定。该规则具有一定的优势，主要表现为：能够指导离婚父母方便、快捷地确定子女抚养费的数额；为法官提供确定的裁判标准，确保裁判结果的公平和公正；保障子女维持正常的生活水平。收入比例规则的实际运用，是以确定义务人的经济收入为前提的。只有明晰抚养费义务人的经济收入情况，才能根据百分比得出抚养费的具体数额。但是，该规则在立法设计上还存在些许不足，进而导致

① 夏吟兰、薛宁兰：《民法典之婚姻家庭编立法研究》，北京大学出版社 2016 年版，第 259 页。

其适用陷入困境。

第一，抚养费征收基数较为狭窄。诉讼离婚中子女抚养费数额较低，与抚养费义务人收入范围不明确，即与抚养费征收基数较为狭窄有直接关系。我国抚养费收入比例规则适用的前提，就是要确定抚养费的征收基数，也就是义务人的收入情况。

我国《离婚案件子女抚养意见》是在1993年制定的，当时民众的收入形式比较单一，主要就是固定工资。而现在随着市场经济的日益发展，各种生产要素都能够参与到市场流通之中，公民的投资渠道更加多样，收入也更加多元化。公民的收入除了固定工资之外，还有其他收入形式，如利息、股息、红利、租金、资本投资收入、保险利益等。在司法实践中，法官在确定父母的经济收入时，经常按照工资表载明的收入数额作为抚养费的征收基数，而忽略了父母工资表之外的其他收入，导致确定抚养费的数额较低。

第二，证明义务人的收入状况较为困难。为了确定子女的抚养费，首先需要知悉抚养费义务人一方的收入情况。在诉讼离婚中，作为子女的法定代理人，直接抚养人向法院提出由对方支付一定数额抚养费的诉讼请求。根据“谁主张谁举证”的诉讼原则，直接抚养人需要向法院提交抚养费义务人经济收入情况的证据材料。但现实情况是，直接抚养人调查取证能力非常有限，又加之抚养费义务人与单位之间的特殊关系，单位往往会以各种理由拒绝直接抚养人的请求，也不排除伪造证据或以偏概全的可能性。[①] 在此情况下，直接抚养人可能会向法院申请调查取证。此时，有的法官可能对此不予重视，不愿意调查；也有可能办案压力较大，法官没有精力去实际调查抚养费义务人的经济收入情况。即使法官去调查义务人的收入情况，客观上也存在较大的困难，因为我国尚未建立完善的个人信息系统。在无法证明抚养费义务人经济收入的困境之下，

① 山东省济南市中级人民法院课题组：《关于2015-2017年度山东省济南市法院离婚纠纷案件的调研报告》，载《山东法官培训学院学报》2018年第3期。

直接抚养人或法官只能根据抚养费义务人自己提供的收入数额作为征收基准，即使抚养费义务人存在少报、瞒报的情况。

抚养费义务人有固定工作，如在国家机关、事业单位、大型公司等单位工作，则调查其收入情况可能会较为容易。如果抚养费义务人为无固定收入者时，如农民、进城务工者，则证明其收入情况会更加困难。根据我国 1993 年《离婚案件子女抚养意见》第 7 条第 3 款规定，对于无固定收入者，按照当年总收入或同行业的平均收入为征收基准。我国《民法典婚姻家庭编解释（一）》第 49 条也作出同样的规定。其实，当年的总收入或同行业的平均收入同样很难确定，实际可操作性较差。

第三，降低抚养费的情况不明确。我国 1993 年《离婚案件子女抚养意见》第 7 条第 4 款规定，有特殊情况的，可以适当提高或降低抚养费所占比例。对此，我国《民法典婚姻家庭编解释（一）》并没有作出新的规定。至于何谓“特殊情况”，该《意见》并没有通过具体列举的方式加以明确。该条款为义务人给付较低抚养费提供了“法律缺口”。基于此，义务人可能会找出各种理由，给付较少的抚养费。

（6）法官裁判标准不一。因我国确定抚养费的收入比例规则无法满足社会现实需要，导致其适用率比较低。在诉讼离婚中，法官不能因为无法查明义务人准确的经济收入，就不确定子女的抚养费而免除义务人对子女的抚养义务。为此，在司法实践中较难适用收入比例规则的情况下，法官多是依据“子女的实际需要、父母双方的负担能力及当地的实际生活水平”的原则来确定。该原则表明确定子女抚养费需要考虑的因素，但具体标准是什么，如何权衡，这些问题都取决于法官的个人认知和自由裁量。

第一，对“子女的实际需要”理解不一。子女的实际需要是确定抚养费的首要考量因素，因为支付抚养费的目的就是满足子女的生活需要，保障其正常的生活状态。子女的实际需要，首先需要明确子女应该达到的、正常的生活水平为何种状态。只有明确子女应该达到的生活水平，才能确定子女的实际需要。但是，子女应该达到何种程度的生活水平，则是一个主观性很强的价值判断。“任何主张子女抚养费应基于子女的实际需要的看法，事实上都事先为子女假定了一个生活水准。但这个生活水准的选择是不同的人基于不同的价值判断而作出的。”① 有的法官可能认为能够维持基本生活就可以，有的可能认为要达到中等生活水平。正是如此，法官确定子女抚养费时往往存在较大差异。

第二，对“当地的实际生活水平”理解不一。当地的实际生活水平也是确定抚养费数额的重要因素。我国地域辽阔，各地资源分布不均，区域经济发展不平衡，各地的生活条件和消费水平存在明显差异。城市和农村，东部沿海地区和西部内陆地区，一线城市和二、三线城市之间的生活水平差距明显。经济发展水平决定了居民的生活消费成本、社会保障程度等问题。因此，在确定子女抚养费数额时，需要参考当地的实际生活水平。然而，如何确定当地的实际生活水平呢？各地法院做法不一。有的法院根据上一年度当地城镇或农村人均生活消费性支出来确定子女的抚养费，有的法院则根据当地居民的最低生活保障标准来计算。这也许与我国其他法律确定未成年人抚养费或生活费的标准不统一有关系。在人身损害赔偿时，按照当地上一年度城镇居民人均消费性支出和农村居民人均年生活消费支出为标准计算儿童抚养费。② 在触电事故中，被抚养人（未成年子女子女）生活费按当地居民基本生活费标准计算。③ 在医疗事故中，被抚养人（未成年子女）生活费按照其户籍所在地或

① 陈思琴：《离婚后亲子关系法律制度研究》，中国社会科学出版社 2011 年版，第 245 页。

② 最高人民法院 2003 年《关于审理人身损害赔偿案件适用法律若干问题的解释》第 28 条。

③ 最高人民法院 2001 年《关于审理触电人身损害赔偿案件若干问题的解释》第 4 条第 9 款。

者居所地居民最低生活保障标准计算。①

（7）“子留夫家”、传宗接代观念的影响尚存。如前所述，离婚时处理子女抚养问题时，父亲直接抚养男性儿童的人数两倍于母亲，父亲处于绝对的强势地位，除父亲的经济能力大多强于母亲外，另一个很重要的原因就是人们深受传统家族观念和“子留夫家”传宗接代思想的影响。在我国，这种思想观念具有深刻的历史渊源和文化传统。《昏义》曰：“婚姻者合二姓之好，上以事宗庙，下以继后世。”我们可以看出，在我国古代社会婚姻的目的完全是以家族为中心，实现宗族的延续。我国古代家国一体，宗法制、父权家长制色彩浓重。随着我国历史的发展和社会的进步，现代社会更加强调男女平等和保护儿童权益，但是父权思想、传宗接代、“子留夫家”等传统观念的残余影响仍在一定程度上存在。

第二节　诉讼离婚中儿童受抚养权之域外法考察与评析

本节对诉讼离婚中儿童受抚养权的域外考察主要是针对抚养费问题展开。因为直接抚养人的确定及其标准与监护人（亲权人）往往是一致的。关于监护人的确定问题，将在本书第四章展开，在此不再赘述。

一、诉讼离婚中儿童受抚养权之域外法考察

（一）大陆法系部分国家

1. 法国

离婚后，非共同居住的父母一方仍然保有关注子女抚养的权利与义务。父母双方应该根据各自的收入和子女的实际需要，通过支付生活费的方式分担子女的抚养费、教育费等费用。生活费由父母

① 2002年《医疗事故处理条例》第50条第8款。

一方向另一方支付，或者向受托照管子女的人支付。父母双方可以就生活费的支付及其担保达成协议，并经过家事法官的认可；如果双方无法达成协议，则由法官确定。生活费可以采取直接负担为子女利益支出费用的形式，也可以采用使用权与居住权的形式。在支付方条件允许时，也可以向特定组织机构支付一定款项替代定期金，或提供一定财产进行担保。同时，如确有必要，可以请求追加生活费。① 可见，法国在确定儿童抚养费时，强调法官的实质审查，确保儿童抚养费能够满足其自身需求；同时，为了确保儿童抚养费的支付，还规定了抚养费担保制度。

2. 德国

包括父母子女在内的直系血亲之间负有互相给付抚养费的义务。离婚后，父母双方共同对子女进行照顾，照顾子女的父母一方可以向另一方主张抚养请求权。儿童抚养费以支付定期金的方式给付，支付方式应当为按月支付。儿童抚养费的计算方法为儿童的最低抚养费再乘以根据儿童不同年龄确定的百分率。可见，德国儿童抚养费的确定涉及两个因素：一是儿童最低抚养费；二是百分率。儿童的最低抚养费是依据《所得税法》规定的儿童实质性最低生活水平的双重免税金额予以确定的。百分率具体情况为：对于6岁以下的儿童，比例为87%；7—12岁的儿童，比例为100%，对于13岁以上的儿童，比例为117%。②

可见，德国在确定儿童抚养费时，采用计算公式的方法比较便捷、高效。一是保障儿童的最低生活水平，满足其基本需求；二是根据儿童的不同年龄确定抚养费，因为儿童不同时期的生活、学习等方面的需求是存在差异的。

---

① 《法国民法典》第371-2条、第373-2-1条、第373-2-2条、第373-2-3条、第373-2-4条、第373-2-7条。

② 《德国民法典》第1601条、第1629条、第1612条、第1612a条。

3. 瑞士

《瑞士民法典》在“亲子关系的效力”部分专节规定了“父母的抚养义务”，包括抚养的内容、范围、期限、抚养协议及其抚养费执行等问题。父母应尽力抚养子女，承担子女的教育培训费用，为保护子女而采取相关措施。父母应照顾、教育子女以履行其抚养义务；如子女不由其看护，应支付抚养费。关于抚养期限，父母应履行其抚养义务直至子女成年。如子女成年时，尚未完成适当的学业，在条件许可的限度内，父母应当继续履行抚养义务，直至其完成学业教育，但以在正常期限内完成学业为限。抚养费的确定，应当综合分析子女的需要和个人财产状况、父母的经济能力、非直接抚养方分担抚养义务的情况等因素。如子女的需要、父母的经济能力或生活的成本发生变化，法官可以决定增加或减少抚养费。根据子女利益的需要，可以约定通过一次性支付履行抚养义务。为了保障抚养费的给付，如父或母疏于履行抚养义务，或有理由认为其可能逃避、挥霍或隐匿财产时，法官可强制其为子女未来的抚养费提供适当的担保，或者提前支付抚养费。①

《瑞士民法典》第 133 条规定，法院应当在父母离婚时，确定不行使亲权的父母一方支付抚养费，支付期间可确定到子女成年之前。根据父母双方的共同请求，在符合子女利益的前提下，法官可以允许父母双方达成参与照顾子女和分担抚养费的协议。

4. 日本

东京和大阪抚养费研究会在 2003 年公布了子女抚养费计算表，实务界称为“简易计算表”。该计算表虽不具有法律效力，但是法院在确定子女抚养费时均将其作为计算依据。第一步，确定离婚父母的基础收入，基础收入 = 总收入×0. 34 ~ 0. 42（工薪阶层）或总收入×0. 47 ~ 0. 52（自营业者）；第二步，确定子女的生活费，生

① 《瑞士民法典》第 276 条、第 277 条、第 285 条、第 286 条、第 288 条、第 292 条、第 293 条。

活费=基础收入×55（或90）/100+55（或90）（子女不满15岁系数为55，15岁以上系数为90）；第三步，确定子女抚养费的数额，就是子女的生活费×（未直接抚养子女的基础收入/父母双方的基础收入）。该模式考虑到父母双方的总收入和职业性质、子女的年龄等因素，较为全面和便利。①

5. 韩国

《韩国民法典》第837条规定，当事人就关于抚养子女的事项，依协议而定。如果无法达成协议，家庭法院可根据当事人的请求，斟酌该子女的年龄、父母的财产状况及其他情形，确定抚养的必要事项，并可随时变更该事项或为其他适当的处分。

（二）英美法系部分国家

1. 英国

英国2008年出台了《子女抚养费和其他款项法》，以完成对1991年《子女抚养费法》的修订。修订后的1991年《子女抚养费法》在附件1中详细规定了子女抚养费的计算方法。根据抚养费义务人经济收入情况的不同，适用不同的计算公式，即基准比率、优惠比率、统一比率和零比率。

基准比率：当抚养费义务人每周收入超过200英镑时，根据抚养子女的人数，适用不同的比率；

优惠比率：当抚养费义务人每周收入在100—200英镑时，计算公式为F（统一比率计算的抚养费）+A（净收入总值）×T（根据抚养的子女人数确定的比率）；

统一比率：当抚养费义务人每周收入在5—100英镑时，每周支付的子女抚养费为5英镑；

零比率：当抚养费义务人每周收入不足5英镑时，此时就不需要支付子女抚养费。

---

① 陶建国：《家事诉讼比较研究——以子女利益保护为主要视角》，法律出版社2017年版，第218页。

表 3-1 英国子女抚养费计算比率表

子女数 / 周收入（英镑）	1 个子女	2 个子女	3 个子女以上
大于 200（基准比率）	15%	20%	25%
100—200（优惠比率）	F+A×T		
5—100（统一比率）	5		
小于 5（零比率）	0		

2. 美国

在美国，儿童福祉被视为至高无上的公众利益，成为法院确定儿童抚养费的核心要素。美国法院在确定子女抚养费时，需要综合考虑以下因素：在父母离婚之前，子女的生活标准；子女的身心状况和教育需要；子女的财产状况；直接抚养方的经济收入；非直接抚养方的经济收入及其需要情况。①

20 世纪 80 年代，美国国会通过 1984 年《子女抚养执行法令》和 1988 年《家庭抚养法》，要求各州制定数字化的子女抚养费指南。现如今，美国 50 个州已经纷纷建立了各自的抚养费指南。根据美国各州抚养指南的适用情况，儿童抚养费的计算方式主要有以下三种：收入百分比模式、收入共享模式和麦尔森模式。

（1）收入百分比模式。收入百分比模式是以抚养义务人总收入与被抚养子女的人数为依据，按照一定比例确定子女的抚养费。

① 美国《统一结婚离婚法》第 309 条。

表 3-2 威斯康星州收入百分比模式表

受抚养子女的人数	收入百分比
1 个子女	17%
2 个子女	25%
3 个子女	29%
4 个子女	31%
5 个子女以上	34%

（2）收入共享模式。收入共享模式是指根据父母双方各自收入所占比例来确定子女的抚养费。具体的计算方式如下：第一步，计算父母双方抚养子女的总费用，其方法为父母双方总收入乘以由父母总收入和抚养子女个数所确定的百分比；第二步，根据父母各方收入所占总收入的比例来分摊抚养费。该模式已被美国 30 多个州所采用。该模式考虑了直接抚养人的收入情况，认为子女应当得到如同与父母共同生活时的生活标准。因为收入共享模式没有充分考虑直接抚养人照料子女的非经济成本，最后计算出来的非直接抚养人支付的抚养费往往较低。

（3）麦尔森模式。麦尔森模式最早由麦尔森法官提出，现已被 3 个州所采用。麦尔森模式的计算方式为：首先，根据各州规定，确定父母各方和子女维持自身生存所需要的最低数额；其次，子女生活水平调整标准，即从父母各自收入中扣除前面两种费用后，根据生活调整标准确定额外的子女抚养费；最后，非直接抚养人支付的抚养费为子女的基本生活标准数额与额外的抚养费之和。

3. 澳大利亚

根据 1989 年《儿童抚养（评估）法》规定，澳大利亚计算子女抚养费的方法为：非直接抚养人总收入减去免除的收入数额，所得的差数再乘以儿童抚养费的百分比。非直接抚养人的总收入按其近期最高可纳税的收入。免除的收入数额需要参考相关的社会保障养老金比率设置，同时考虑非直接抚养人是否还有其他需要抚养的子女。儿童抚养费的百分比根据子女人数的不同而不同。1 个子女为 18%，2 个子女为 27%，3 个子女为 32%，4 个子女为 34%，5 个子女为 36%。为了保障子女的基本生活，该法还设立了最低抚养费标准，规定子女抚养费每年不能低于 260 澳元。

二、诉讼离婚中儿童受抚养权之域外法评析

（一）儿童的直接抚养人问题

通过对上述国家的立法考察，我们发现在儿童抚养问题上，主要是规定子女的抚养费问题，而较少涉及子女直接抚养人的确定问题。其原因在于，一是父母对子女的抚养不受离婚的影响，都需要支付抚养费；二是在现实生活中，父母离婚后，子女的直接抚养人与监护人往往是一致的，需要同时承担监护和直接抚养的职责，故而诸多国家详细规定了子女监护人的确定标准与方法，相当于同时规定了子女直接抚养人的确定问题。关于此问题，本书下一章将进行详细阐述。

（二）儿童的抚养费问题

在抚养费的计算方面，上述国家均规定了需要考虑的因素，如子女的具体实际情况和父母双方的经济收入等情况。其中，德国、日本、英国、美国、澳大利亚等国采用了方便快捷的计算公式。这有利于高效地计算子女抚养费的数额，同时还有利于实现公平原则，即在具体情况基本相同的情况下，子女得到的抚养费数额基本一致。

通过对上述国家的考察，我们发现，不同国家在计算子女抚养费数额时，侧重考虑的因素有所不同。

1. 考虑子女的人数

非直接抚养人支付的抚养费与需要抚养子女的数量密切相关。子女人数较多，就必然意味着抚养费数额的增加。因此，抚养费应当根据子女人数的增加而适当增加。英国、美国、澳大利亚等国根

据需要抚养子女人数的增加而提高抚养费的计算比例。

2. 考虑子女的年龄

不同年龄的子女对生活、教育等方面的需求存有差异，根据子女的不同年龄来计算抚养费，是较为科学、合理的方法。通常情况下，随着年龄的增长，儿童的身体和智力逐渐迈向成熟，其对生活、教育等方面的需求会增大，这就需要不断增加抚养费的支付。德国和日本就根据子女的年龄来确定抚养费的计算比例。

3. 考虑父母的经济收入

父母的经济收入情况决定着抚养费的支付能力，是决定子女抚养费的重要因素。因此，子女抚养费的支付数额需要与父母的经济收入情况相一致。毕竟子女抚养费的支付是以父母的经济收入和财产状况为基础的。英国根据抚养费义务人经济收入情况，确定不同的计算比例。同时，美国的收入共享模式也考虑到父母各自不同收入对抚养费的影响。

4. 考虑父母和子女的最低生活水平

在确定子女抚养费时，基本前提就是保障父母及其子女的基本生活。每个家庭的具体情况，如父母的经济收入、财产状况以及对第三人的抚养和子女的人数、年龄等，均存在较大差异。如果严格按照公式计算抚养费，可能无法保障父母和子女的基本生活，从而造成事实上的不公平。为此，德国、日本、美国的麦尔森模式和澳大利亚等国均考虑到首先保障父母和子女的基本生活。澳大利亚为了保障支付方的基本生活，在计算抚养费时首先从经济总收入中扣除一部分；为了保障儿童的基本生活，直接规定子女抚养费不能低于一定数额。

第三节 我国诉讼离婚中儿童受抚养权之学者建议稿考察与评析

一、我国诉讼离婚中直接抚养人确定之学者建议稿考察与评析

（一）诉讼离婚中直接抚养人确定之学者建议稿考察

1. 梁慧星等学者建议稿之直接抚养人确定

该建议稿第 1781 条明确建议离婚后父母子女之间的法律关系，即父母子女关系不因父母离婚而消除，父母离婚后对子女仍有抚养的权利和义务。

该建议稿第 1782 条建议未成年子女直接抚养人的确定原则。离婚后，不满 2 周岁的子女，以随母亲生活为原则。2 周岁以上子女的直接抚养，由双方协商决定；协商不成的，由人民法院根据双方的具体情况，按照未成年子女利益最大化原则判决。①

2. 王利明等学者建议稿之直接抚养人确定

该建议稿第 447 条明确规定离婚后的父母子女关系，即父母子女关系不因父母离婚而消除。离婚后，子女无论由何方直接抚育，仍是父母双方的子女，父母仍有抚育的权利和义务。

至于子女的直接抚养人，则没有直接涉及，仅仅在第 448 条中建议，按照协议或判决直接抚育子女的一方，是该子女的法定监护人。也就是说，确定子女监护人的标准就是确定子女直接抚养人的标准。第 448 条为确立监护人的原则，2 周岁以上的子女，以其母为监护人，其母不能或不宜担任监护人的除外。2 周岁以上的未成年子女，以何方为监护人由父母双方协议。协议不成的，由人民法

① 梁慧星主编：《中国民法典草案建议稿附理由・亲属编》，法律出版社 2013 年版，第 188-190 页。

院根据父母双方的具体情况和有利于子女健康成长的原则判决。[①]

3. 徐国栋等学者建议稿之直接抚养人确定

该建议稿没有明确父母离婚时子女直接抚养人的确定问题，仅仅涉及子女亲权人的确定问题。在此，我们可以考察子女亲权人的确定准则。第 138 条建议，夫妻离婚时，对未成年子女亲权的行使由双方协议确定。如未作协议或协议不成时，由法院根据请求或职权酌定。哺乳期内的子女以由哺乳的母亲执行亲权为原则。同时，第 139 条明确法院在确定亲权人时，应斟酌的具体事项。[②]

（二）诉讼离婚中直接抚养人确定之学者建议稿评析

1. 父母双方承担对子女的抚养义务

上述三个学者建议稿均建议，父母离婚后，仍需承担对子女的抚养义务。父母子女关系，是基于出生而形成的自然血亲关系，不能通过离婚等法律程序人为消灭。父母离婚并不会消除父母与子女之间的特定身份关系。虽然父母离婚改变了子女的受抚养方式，但是父母与子女之间的权利义务关系不会受影响。因此，明确离婚后父母共同承担对子女的抚养义务，对保障子女的身心健康具有重要意义。

2. 子女直接抚养人的确定

在父母离婚之后，子女的直接抚养人通常情况下就是子女的监护人，除非父母双方都不适合担任子女的监护人。因此，只有梁慧星等学者建议稿明确了离婚后子女直接抚养人的确定问题，其他两个学者建议稿对此没有涉及，仅对确定子女的监护人作出了建议。

对于确定子女的直接抚养人问题，上述学者建议稿都首先考虑子女的年龄，就是对于 2 周岁以内或哺乳期内的子女，一般情况下由母亲直接抚养；对于 2 周岁以上的子女，则由父母双方协商或由

---

① 王利明主编：《中国民法典学者建议稿及立法理由 · 人格权编 · 婚姻家庭编 · 继承编》，法律出版社 2005 年版，第 289-290 页。

② 徐国栋主编：《绿色民法典草案》，社会科学文献出版社 2004 年版，第 202 页。

法院判决确定。

二、我国诉讼离婚中抚养费确定之学者建议稿考察与评析

（一）诉讼离婚中抚养费确定之学者建议稿考察

1. 梁慧星等学者建议稿之抚养费的确定

该建议稿第 1784 条内容为子女抚养教育费的确定。离婚后，不担任子女监护人的一方，应当负担子女抚养教育费的一部或者全部，给付费用的数额，由双方协议；协议不成的，由人民法院判决。人民法院对子女抚养教育费数额的确定，应当考虑子女的实际需要、父母的负担能力和当地的实际生活水平。子女可以在必要时向父母任何一方提出超过协议或判决原定数额的合理要求。

该建议稿第 1785 条之内容为子女抚养教育费的给付方式与期限。子女抚养教育费应当定期给付，有条件的也可以一次性给付。子女抚养教育费的给付期限，一般到子女满 18 周岁为止。16 周岁以上不满 18 周岁的子女，以自己的劳动收入为主要生活来源，并能维持当地一般生活水平的，父母可以停止给付扶养教育费。对确无独立生活能力和条件的成年子女，父母有给付能力的，应当负担必要的抚养教育费。①

2. 王利明等学者建议稿之抚养费的确定

该建议稿第 451 条建议，离婚后，未成年子女的抚育费用应由父母双方共同负担，对由一方直接抚育的子女，另一方应当按协议或判决分担抚育费用；根据具体情况也可负担全部抚育费用。负担费用的多少、给付的期限和方式，由父母双方协议；协议不成的，由人民法院判决。

同时，该建议稿第 452 条是抚育费用的变更问题。关于子女抚育费用的协议或判决，不妨碍子女在必要时提出超过原定数额的合

---

① 梁慧星主编：《中国民法典草案建议稿附理由·亲属编》，法律出版社 2013 年版，第 195-198 页。

理请求。父母一方要求变更原定的子女抚育费用的数额、给付的期限和方式的，由双方协议；协议不成的，由人民法院判决。

该建议稿第515条建议，抚养权利人为未成年子女的，应当维持和抚养义务人相对的生活水平。同时，为了保障抚养费的支付，第518条建议定期抚养的担保制度。采取定期支付扶养费的方式履行抚养义务的，如果抚养义务人不认真履行抚养义务或者有逃避扶养义务的情形，抚养权利人可以要求抚养义务人提供相当于6个月以上抚养费的担保，但提供担保将对抚养义务人严重不公平的除外。①

3. 徐国栋等学者建议稿之抚养费的确定

该建议稿在“扶养和生活保持”一章中涉及父母对子女的抚养问题，而在“离婚”部分则没有涉及。该建议稿第250条为父母对子女的生活保持义务，明确生活保持是父母对未成年子女承担的无条件经济支持义务。

同时，第254条为父母离婚后对未成年子女的生活保持义务。父母对未成年子女的生活保持义务，不因婚姻被撤销或离婚终止。未直接照料子女的父母一方应负担生活费的一部分或全部；负担费用的多少和期限长短由双方协议；协议不成时由法院判决。关于子女生活保持费的协议或判决，不妨碍子女在必要时向父母任何一方提出超过协议或判决中原定数额的要求。②

（二）诉讼离婚中抚养费确定之学者建议稿评析

1. 非直接抚养人需要给付子女抚养费

离婚并不会解除父母子女关系，父母仍需承担抚养义务。不直接抚养子女的父母一方承担抚养责任的主要形式为给付子女抚养费。上述三个学者建议稿均建议，非直接抚养人需要负担子女抚养

---

① 王利明主编：《中国民法典学者建议稿及立法理由·人格权编·婚姻家庭编·继承编》，法律出版社2005年版，第295-298页。

② 徐国栋主编：《绿色民法典草案》，社会科学文献出版社2004年版，第216-217页。

费的部分或全部，与我国《民法典》的相关规定是一致的。

2. 确定子女的抚养费

第一，对于子女抚养费的确定问题，上述三个学者建议稿均尊重父母意思自治原则，首先由父母双方协议来确定具体数额、支付方式和期限；如果无法达成协议，则由法院进行判决确定。

第二，在子女抚养费的确定标准方面，三个建议稿之间还是存在差别的。梁慧星等学者建议稿建议，根据子女的实际需要、父母的负担能力和当地的实际生活水平来确定抚养费的数额。这一建议与我国现行法律规定相一致。与此不同的是，王利明等学者建议稿和徐国栋等学者建议稿采用生活保持标准，即抚养义务人对子女需承担生活保持义务。生活保持义务就是抚养义务人要保证子女与自己处于同一生活水平。这一建议较为合理、科学。一是它考虑到抚养义务人与子女间的特定身份关系；二是同时保障抚养义务人和子女的生活水平，体现公平和正义；三是计算较为方便和快捷。因此，这一立法建议对完善我国儿童抚养制度具有较大的参考意义。

3. 抚养费的担保

在现实生活中，不直接抚养子女的父母一方经常存在拖欠或不支付抚养费的现象；即使申请强制执行，也需要付出较大的成本。为此，王利明等学者建议稿建议确立抚养费担保制度。这有利于促使不直接抚养子女的父母一方积极主动地支付抚养费，有利于保障儿童受抚养权的实现。

第四节　我国诉讼离婚中儿童受抚养权之完善建议

针对实证调研中儿童受抚养权保护存在的不足及其原因，在借鉴国外立法的有益经验和国内学者的合理建议基础之上，结合我国的实际情况，提出以下完善建议。

一、坚持子女本位思想

综观历史，亲子关系制度经历了从家族本位到父母本位再到子女本位的演变进程。当今社会，子女本位思想已经成为处理亲子关系的出发点与落脚点。父母对子女抚养是亲子关系的重要内容。因此，诉讼离婚中处理儿童抚养问题也必须坚持子女本位思想，摒弃已被时代所淘汰的父母本位思想。把子女利益放在第一位，父母利益放在第二位。坚持子女本位思想，主要体现在立法和司法两个方面。

（一）立法要坚持子女本位思想

1. 在子女直接抚养人的确定方面

父母对子女的抚养，既是权利，更是义务和责任。子女本位思想强调子女利益应当被优先考虑。“在子女利益与父母利益之间，儿童的福祉是第一位的，父母的权利、愿望、要求是第二位的。”① 儿童抚养法律制度，同样也需要坚持子女本位思想。对于立法中带有父母本位思想的相关规定，应当予以删除。我国《民法典婚姻家庭编解释（一）》第46条第（一）项和第（三）项的规定与之前已被废止的1993年《离婚案件子女抚养意见》第3条第（一）项和第（三）项的规定相同，体现出较为明显的父母本位思想，将父母的利益与需求作为确定子女监护人的优先考量因素，与子女本位思想和儿童最大利益原则相悖离，应当予以修改。

2. 在抚养费的支付方面

抚养费制度也需要坚持子女本位思想，关键点就是我国《民法典·婚姻家庭编》或相关司法解释要明确禁止直接抚养人无故放弃子女抚养费的行为。

“人类有非理性的存在，就需要用代表理性的法，来规范人类

---

① Judith Areen, *Family Law*, New York: The Foundation Press, Inc. 1985, p. 464. 转引自王丽萍：《美国离婚后的子女监护制度及其启示》，载《法学论坛》2008年第2期。

的行为，防止和制裁非理性行为。”[①] 如前所述，有的离婚父母为了个人私利而放弃请求对方给付子女抚养费的权利。这种放弃抚养费的行为，可能降低子女的生活水平，明显不利于子女的福祉，应当予以明确禁止。

理由之一：放弃子女抚养费不符合子女的最大利益

儿童最大利益原则要求处理儿童事务均应当首要考虑儿童的最大利益。相应地，抚养费的给付也需要符合儿童最大利益原则。抚养费是维系儿童生存与发展的物质保障，对保障儿童的生存权益与发展权益具有重要意义。父母双方提供的抚养费，不仅能够保障子女的基本生活，而且还能够为子女的日后发展创造更好的条件和机会。直接抚养人放弃请求对方支付抚养费，也就意味着，子女本来应该可以获得更多的物质保障与经济支持，因为子女直接抚养人的主动放弃而丧失了。父母离婚之后，各自的生活成本会相应增加，生活水平可能会出现不同幅度的下降。如果子女由母亲直接抚养，则其生活水平下降幅度可能更加明显，甚至会出现贫困化。同时，抚养费的放弃，对子女而言，不仅意味着生活水平的下降，还会影响其未来的发展。因此，直接抚养人放弃子女抚养费的行为，体现出更多的父母本位思想，应当予以禁止。

理由之二：直接抚养人无权放弃子女抚养费

在儿童抚养法律关系之中，父母双方是给付抚养费的义务主体，而儿童才是抚养法律的权利主体。父母抚养子女，对其进行经济供养，是其法定义务。作为义务主体，父母任何一方都无权放弃给付子女的抚养费。《法国民法典》第203条的注解3指出，离婚父母共同分担子女抚养费，是法律规定的义务，任何人都不得免除此种义务。美国法律禁止直接监护人放弃子女抚养费的做法。在抚养费负担方面，尽管父母双方的个人意思应当得到尊重与体现，但是取得抚养费是儿童固有的法定权利，不能因父母的情况而被随意

① 卓泽渊：《法的价值总论》，人民出版社2001年版，第89页。

处置与放弃。[①] 作为权利人，只有儿童才有权利放弃请求父母给付抚养费。因为未成年子女行为能力受限，其所作出放弃抚养费的行为应当受到限制。

另外，从代理法律关系的角度来看，直接抚养人又是子女的法定代理人。代理人从事的代理行为不能损害被代理人的利益。作为代理人，直接抚养人的代理职责就是代理子女受领、保管抚养费，并将抚养费用于子女的生活与教育，无权放弃或免除子女抚养费。因为这种放弃行为损害了子女利益，不利于子女的生存与发展。所以，直接抚养人放弃抚养费的行为是无效的。

(二) 司法实践要坚持子女本位思想

1. 理性对待儿童的意愿

在解决儿童抚养问题时，父母和法官需要全面认识，理性对待儿童的真实意愿。对此，需要注意两点：

第一，依法切实尊重儿童的真实意愿。儿童是具有个人思维和情感的人，他们的意愿理应获得尊重与关注。联合国 1989 年《儿童权利公约》赋予儿童享有发表意见的权利。随着年龄的增长，儿童认知能力不断提升，有能力决定关乎自身利益的部分事务。关于儿童的事务，父母不能有家长制思想，将自己的利益凌驾于儿童的利益之上，而应该尊重儿童的意愿和自我决定权，以儿童的利益作为首要考虑因素。父母离婚之后，尊重儿童自己选择跟随父母哪一方共同生活的意愿，能够使儿童在心理上获得更多的安全感和舒适感，减少离婚对儿童生活造成的不适，甚至是身心伤害。为了解决司法实践中儿童意见往往被忽视的问题，我国《民法典》第 1084 条作出明确规定，即对于子女已满 8 周岁的，应当尊重其真实意愿。这填补了之前的立法空白，表明了民法典对儿童最大利益原则的深入贯彻和对儿童独立人格的充分尊重。因此，在诉讼离婚

---

① 陶建国：《家事诉讼比较研究——以子女利益保护为主要视角》，法律出版社 2017 年版，第 199 页。

过程中，父母和人民法院必须严格遵守《民法典》的规定，在确定儿童直接抚养人时，必须尊重年满8周岁儿童的真实意愿。

第二，尊重并不意味着由儿童来决定自己的直接抚养人。儿童的意见得到考虑和尊重是相对的，并不是绝对的。因为儿童毕竟年龄小，心智还不健全，认知能力和判断能力与成人存有相当差距，其作出的选择并非完全符合子女的最佳利益。在尊重儿童意见的同时，还需要判断该意见是否符合其利益。儿童的弱者体质，以及思维判断力和洞察力的缺乏都需要法律的特殊保护。1989年英国《儿童法》规定，子女意愿应该得到考虑，但是，如果子女意愿违背子女最大利益，法院可以推翻子女的意愿，因为子女福利是至高无上的衡量标准。[①] 因此，在处理诉讼离婚中儿童抚养问题时，父母和法官应当根据儿童的年龄和心智发育情况，征求、听取、尊重并认真对待儿童的真实意愿。

2. 坚持手足不分开原则

在诉讼离婚过程中，离婚父母和法官在处理子女抚养问题时，都应当坚持子女本位思想。著名心理学家皮亚杰提出“童年时代的两个世界”理论。该理论认为儿童有两个世界：一个是成人和儿童相互作用的世界；另一个是儿童之间的同伴世界。同伴间的交往有助于儿童性格、人格和社会经验的提升，对儿童发展能够起到重要作用。[②] 有些法官为了平息父母双方之间的纷争，将两个子女强行分开，由父母各自抚养照顾一个子女。这就导致子女“不仅要经历离开父亲或母亲的痛苦，同时还要经历与自己的亲密伙

① Stephen Cretney, *Family Law in the Twentieth Century*, Oxford: Oxford University Press, 2003, pp. 730-731. 转引自冉启玉：《英美法“儿童最大利益原则”及其启示——以离婚后子女监护为视角》，载《河北法学》2009年第9期。

② 褚衍文：《离婚案件中未成年人利益最大化的司法救济——以二孩政策对抚养裁判规则的冲击为视角》，载《法律适用》2017年第20期。

伴——兄弟或姐妹分离的痛苦，心理上会受到更大的伤害”。[①] 很显然，这种做法将父母利益放在首位，而忽视了子女的身心健康，在一定程度上体现出父母本位思想。为此，《法国民法典》第371-5条就明确规定，子女不得与其兄弟姐妹分开，除了特殊情况之外。因此，笔者建议，父母离婚之后，两个子女以不分开抚养为原则（手足不分开原则），以分开抚养为例外。

二、加强法官的公力监督

（一）加强对确定儿童直接抚养人的公力监督

强调儿童抚养制度中的国家责任和公力监督，对于保障儿童的合法权益具有重要意义。德国《基本法》第6条第2款规定，“照料和教育子女是父母之自然权利，亦为其至高义务，其行使应受国家监督”。[②] 在诉讼过程中，法官的审查与干预是公力监督的具体表现。根据《法国民法典》第373-2-7条、第373-2-10条规定，父母就亲权的行使方式达成的协议，需要经过家事法官的认可。如果法官认为达成的协议符合子女的利益，就予以认可；否则，就不予认可。在父母双方达不成协议的情况下，法官应努力对当事人进行调解，以解决争议。为了确保儿童最大利益原则的落实，笔者建议，法官必须依法对诉讼离婚中儿童抚养问题进行实质审查、监督。法官应该在详细了解整个案件事实的基础上，以“儿童最大利益原则”为最终衡量标准，指导离婚父母协商解决儿童抚养问题。在判决确定儿童的直接抚养人时，法官要考虑儿童、父母的情况和意愿，满足儿童的精神、物质生活需要，确保儿童生活、学习环境的稳定。

---

① 刘莉：《试论父母离婚后的未成年子女问题》，载《宁夏社会科学》2005年第6期。

② 王葆莳：《“儿童最大利益”原则在德国家庭法中的实现》，载《德国法研究》2013年第4期。

（二）加强对确定儿童抚养费的公力监督

基于血缘亲情的特殊身份关系，我国立法默认父母是子女利益的最佳判断者与维护者，父母双方通常都是为子女福利考虑的，故而离婚之后子女的生活状态基本上都是由父母计划与安排的。然而，这样的制度安排并非完美无缺。因为离婚家庭破裂，父母双方由之前的“同居共财”变为“分居异财”，由之前共同利益的聚合转为个人利益的关注。生活共同体的解散导致父母更加关注自身利益。在父母达成离婚抚养协议的背后，可能存在忽视甚至损害子女利益的情况。因此，将儿童利益的保障完全寄希望于父母的道德良知，显然是个不切合实际的美好愿望。

为了限制离婚父母自私的想法和保护子女的最佳利益，法官必须对子女抚养费问题进行实质审查。未成年子女年幼且自我保护能力差，这就需要法官在办理离婚案件中加大实质审查力度。第一，对不支付抚养费的案件，法官要高度重视，查明原因，对无特殊情况的，坚决不予许可。第二，对抚养费的数额，法官要积极介入，了解查明父母双方的经济收入情况，促成双方达成抚养协议，在最大限度内提高抚养费的数额。

三、完善我国的抚养费制度

（一）优先适用收入比例规则

为确保抚养费给付数额的公平、合理，应当确认收入比例规则的优先适用。因为我国1993年《离婚案件子女抚养意见》第7条并未赋予收入比例规则以优先适用和强制适用的效力。我国《民法典婚姻家庭编解释（一）》同样如此。这就容易导致在诉讼离婚中父母或法官对之比较轻视，更多地愿意采用自由协商或自由裁量的办法。虽然法官自由裁量能够解决诉讼中诸多难题，适应能力较强，但是，法官自由裁量受法官个人的价值观念、个人认知、法律修养等自身素质影响较大，所作出的判决随意性较强，容易导致民众缺乏预期和个案之间的不公平。而收入比例规则恰恰能够克服法官自由裁量的弊端，它可以提供稳定的预期和指引，实现情况相似案件之间的结果公平。因此，在诉讼离婚中，离婚父母和法官应当首先根据我国规定的收入比例规则来确定子女的抚养费。只有在无法证明非直接抚养人的经济收入的情况下或适用该规则明显出现不公时，法官才可以通过自由裁量来确定抚养费数额。

（二）扩大抚养费征收基数

明确抚养费义务人收入的范围，扩大抚养费征收基数。确定抚养费的前提条件，就是明确抚养费的征收基数，即抚养费义务人的收入范围。随着市场经济的发展，公民收入形式多样。公民的收入不仅包括工资，还包括其他收入。在美国威斯康星州，计算子女抚养费的数额时，义务人的总收入不仅包括工作薪酬和奖金，而且还包括利息、投资收入、社会保障残疾金、养老保险金、弥补收入损失的赔偿金或其他人身伤害赔偿金、军人补贴、退伍津贴、公司的未分配利润以及除了公共援助和子女抚养费之外的其他收入。[①] 收入范围直接决定着子女抚养费的多少。扩大义务人收入的范围，相应地就会增加子女抚养费的数额。因此，笔者建议，通过例示性体例明确抚养费义务人的收入范围，具体包括薪金、利息、租金、财产投资收入、养老保险金、保险赔偿金、军人补贴或退伍津贴以及其他收入。

（三）建立父母财产报告制度

确定离婚父母双方的经济收入和财产状况是确定儿童抚养费的重要前提条件。在进行实证调研过程中，笔者发现，离婚案件的司法文书基本不显示父母双方的经济收入和财产状况，法官也就很难根据父母双方真实的财产状况来确定子女抚养费的数额。夫妻财产状况不明晰，不仅使离婚财产分割困难，更重要的是导致我国确立的抚养费支付比例规则无从适用。为解决此难题，应当建立离婚父母财产报告制度。具体是指在离婚诉讼中，父母双方必须以目录清

① Winsconsin, Chapter DCF 150. 02, Child support percentage of income standard.

单的形式，向法院如实报告个人财产和夫妻共同财产以及个人经济收入情况，并提交相关的证明材料。如果父母不进行财产报告，或者报告不实，则需要承担相应的法律后果。

（四）结合生活保持标准和最低生活保障标准

在确定儿童抚养费数额时，如果无法适用收入比例规则，则只能根据儿童的需要、父母收入和当地生活水平来综合衡量。如果抚养费过高，则超出给付方的承受能力；如果抚养费过低，则无法保证儿童的基本生活。因此建议，在确定抚养费时，应当结合生活保持标准和最低生活保障标准，以保证抚养费数额的合理性。

1. 生活保持标准

父母的抚养程度决定着子女的生活水平。父母离婚之后，不直接抚养子女的父母一方支付的抚养费数额直接影响子女的生活水平。从抚养程度来看，基于亲密的血缘身份关系，父母对子女的抚养属于生活保持义务。这种抚养义务意味着，“父母以其子女之生活为自己生活之一部而维持，其程度与自己之生活程度相等，虽牺牲自己地位相当之生活，亦不得不予维持”。① 这种生活保持义务在父母离婚之后，也不能改变。可以说，这一标准为抚养费设定了上限，当然并不排除特定情况。这种标准既能防止子女生活水平在父母离婚前后出现较大落差，又能考虑到抚养费给付方个人的生活保障和实际需要，实现儿童与父母利益的平衡。

2. 最低生活保障标准

为了保障父母离婚后儿童的基本生活，笔者建议，应当确立抚养费的最低生活保障标准。也就是说，无论是采取何种方式确立抚养费，其数额都不能低于当地的最低生活保障标准，抚养费给付人依靠低保生活的除外。最低生活保障在国外部分国家中也有实施。德国在确定儿童抚养费时，规定了最低抚养费，当然还结合儿童的不同年龄；还有澳大利亚规定儿童抚养费不能低于一定数额。在我

① 史尚宽：《亲属法论》，中国政法大学出版社2000年版，第753页。

国，儿童抚养费的最低标准可以参考当地的最低生活保证金来确定。

(五) 建立抚养费担保制度

为了保障抚养费的给付，应当建立抚养费担保制度。该制度的建立具有现实必要性和可行性。不直接抚养子女的父母一方给付的抚养费是儿童生存、发展的重要物质保障。抚养费的及时、足额给付是诉讼离婚中需要关注的重要问题。在现实生活中，父母一方拖欠或不给付抚养费的情况时有发生。这一问题不仅会严重影响儿童的生活和学习，而且还会导致离婚父母关系进一步恶化，不利于双方在儿童问题上开展合作，进而影响和谐亲子关系的维系。另外，拒绝给付或拖欠抚养费还会导致抚养纠纷，增加法院的工作压力。抚养费担保制度具有可行性，如法国、瑞士等国确立抚养费担保制度。在具体制度方面，抚养费担保包括人的担保（保证人）和物的担保。[①] 父母双方可以约定抚养费的担保内容，如可以要求抚养费给付方提供一定数额的金钱或一定的物品（如房屋）进行担保。法官也可以根据案情依据职权要求抚养费义务人提供担保。

① 徐富仁：《关于离婚后未成年子女抚养费设立担保的立法构想》，载《江西社会科学》2001 年第 8 期。

第四章 我国诉讼离婚中儿童受监护权保护研究

第一节 我国儿童受监护权的立法现状与司法实践

一、我国儿童受监护权的立法现状

(一) 采用“大监护”的立法体例

我国2020年《民法典》总则编第二章“自然人”第二节“监护”部分规定了包括未成年人和成年人的监护制度，继续沿用之前《民法通则》之“大监护”的立法体例。父母是未成年子女的监护人，对子女负有教育和保护的义务，保护未成年子女的人身、财产及其他合法权益。[①] 同样，《民法典·婚姻家庭编》第1068条规定，父母对未成年子女有教育、保护的权利和义务。我国《未成年人保护法》（2020年修订）第16条通过责任清单的形式，规定父母应当依法履行对未成年子女的监护职责。具体包括：为未成年人提供生活、健康、安全等方面的保障；关注未成年人的生理、心理状况和情感需求；教育和引导未成年人遵纪守法、勤俭节约，养成良好的思想品德和行为习惯；对未成年人进行安全教育，提高未成年人的自我保护意识和能力；尊重未成年人受教育的权利，保

① 我国《民法典》第26条、第27条、第34条。

障适龄未成年人依法接受并完成义务教育；保障未成年人休息、娱乐和体育锻炼的时间，引导未成年人进行有益身心健康的活动；妥善管理和保护未成年人的财产；依法代理未成年人实施民事法律行为；预防和制止未成年人的不良行为和违法犯罪行为，并进行合理管教；其他应当履行的监护职责。可见，关于儿童监护问题，我国采用英美法系国家普遍适用的“大监护”模式，不同于大陆法系国家采用的亲权与监护制度。①

（二）单采父母离婚后共同监护的立法模式

关于离婚后父母对子女监护权的行使方式，最直接的立法体现就是我国《民法典·婚姻家庭编》第 1084 条，即父母与子女间的关系不因父母离婚而消除；离婚后，子女无论由父或母直接抚养，仍是父母双方的子女；离婚后，父母对于子女仍有抚养、教育、保护的权利和义务。② 可见，我国在离婚父母对子女监护权的行使方式上采取单一的共同监护方式，而没有规定单方监护方式。③

---

① 对此，也有学者持有相反的观点，认为我国其实是承认亲权制度的。原因在于《民法通则》第 16 条第 1 款突出强调父母的地位，不同于第 2 款规定的其他监护人。尽管第 16 条第 1 款规定父母是未成年子女的“监护人”，但这仅在借用意义上的使用该词而已，无非是想说明父母依其亲权对子女进行监督和保护，该条款具有衔接和协调亲权和监护的意蕴。因此，不能将该条款理解为监护对亲权制度的吸收。如果是这样的话，是违反价值和逻辑体系要求的。参见张俊浩：《民法学原理》（上），中国政法大学出版社 2000 年版，第 117 页。

② 另外，最高人民法院 1988 年《关于贯彻执行〈中华人民共和国民法通则〉若干意见》（已被废止）第 21 条更是明确规定，不与子女共同居住的父母一方对其子女仍然享有监护权。夫妻离婚后，与子女共同生活的一方无权取消对方对该子女的监护权。但是未与该子女共同生活的一方，对该子女有犯罪行为、虐待行为或者对该子女明显不利的，人民法院认为可以取消的除外。虽然该司法解释已经失效，但是，该规定表明了我国的立场与态度，就是夫妻离婚后，双方对子女仍享有共同监护的权利。

③ 关于我国父母离婚后对子女的监护方式问题，有的学者认为，我国采取的是以父母共同监护为原则，以单独监护为例外。参见王竹青：《论父母离婚后对未成年子女的监护》，载《北京科技大学学报》（社会科学版）2006 年第 1 期。王晖、池中莲：《父母离婚后未成年子女的抚养与监护研究》，载《长春师范学院学报》（人文社会科学版）2012 年第 8 期。

另外，从我国现行立法规定来看，包括子女的姓名决定权和侵权责任的承担也是由父母双方共同行使与承担。一方面，子女的姓名决定权由父母双方共同行使。我国《民法典婚姻家庭编解释（一）》第59条规定，父母一方擅自将子女姓氏改为继母或继父姓氏而引起纠纷的，应责令恢复原姓氏。同时，2002年公安部《关于父母离婚后子女姓名变更有关问题的批复》也作出相同规定，即父母离婚之后，未成年子女姓名的变更必须经过父母双方的同意，父母一方无权改变未成年子女的姓名。另一方面，子女的侵权责任由父母双方共同承担。我国《民法典·侵权责任编》第1188条规定，无民事行为能力人、限制民事行为能力人造成他人损害的，由监护人承担侵权责任。①

二、我国诉讼离婚中儿童受监护权的司法实践考察

根据调查统计数据发现，法院在处理子女问题时，只解决三个问题，即确定子女的直接抚养人、不直接抚养人支付的抚养费及其探望权问题，而并不涉及儿童的受监护权问题。也就是说，在诉讼离婚中，由谁来担任子女的监护人以及监护权如何行使等问题并不是法院必须处理的问题。因司法裁判极少专门确定儿童的监护人，而只确定儿童的直接抚养人，这也就造成在父母离婚之后，由直接抚养人来行使儿童监护权。本书第三章关于确定儿童直接抚养人的调研情况，也反映出确定儿童监护人时存有部分不足，如父亲处于相对优势地位；儿童意见未得到充分尊重；法官自由裁量权较大；父母本位思想存在等问题。在此，不再赘述。下面仅分析诉讼离婚中父母行使监护权存在的问题及其原因。

---

① 根据最高人民法院1988年《关于贯彻执行〈中华人民共和国民法通则〉若干意见》（已被废止）第158条规定，父母离婚后，如子女侵害他人权益的，同该子女共同生活的父母一方应当承担民事责任；如果独立承担民事责任确有困难的，可以责令未与该子女共同生活的父母一方共同承担民事责任。

（一）父母双方的监护职责不清晰

诉讼离婚中不处理儿童监护问题的做法，导致父母双方的监护职责不清晰。虽然我国立法规定离婚后不直接抚养子女的父母一方对子女仍享有监护权，但是，该方离婚后与子女分开生活的事实导致其行使监护权受到阻碍，同时，离婚后父母双方之间冷漠、敏感甚至紧张的关系又进一步增加了行使监护权的难度。在现实生活中，父母离婚后对子女的监护方式主要是单方监护模式。可见，我国立法中关于父母离婚后共同行使监护权的规定，遭到现实情况的抵制。这也就导致在儿童监护权问题上父母双方权利义务的模糊与失衡，具体表现为直接抚养子女的父母一方享有事实上的监护权，处于强势地位；而不直接抚养子女的父母一方无法行使监护权，甚至连探望权都很难实现，但还需要支付抚养费，处于弱势地位。

对此问题，我国立法和司法实践则采取了回避态度。这种权利失衡的状态往往容易造成两种极端后果，即父母离婚之后常常因为争夺子女的监护权而激化矛盾，甚至引起二次诉讼；或者直接抚养人不积极履行监护职责，导致儿童利益受损。例如，有媒体报道，2018 年 9 月 13 日，江西九江市值班民警接到报警，一个 4 岁的、头绑纱布的小孩自己在路上走，身边无人照管，被一个热心的老奶奶送到警务亭。经过调查发现，孩子的父母刚刚离婚，因其双方都不愿意照看孩子，就把孩子扔在马路上。这样的极端事例在现实生活中虽然不是经常发生，但还是能够折射出父母离婚时子女的监护权问题并没有得到妥善处理。

之所以出现上述的问题，其原因之一就在于，我国采取单一的共同监护模式无法适应现实生活实际情况。如前所述，我国 1980 年《婚姻法》既规定父母作为监护人，对子女共同行使监护职责，又规定离婚不消除父母子女关系，父母离婚之后，仍对子女有抚养、教育的权利和义务。也就是说，父母离婚之后对子女共同享有监护权。至于离婚之后具体如何履行监护的职责，法律则没有作出明确规定。在司法实践中，法官也只得根据法律作出如此推断：父母离婚后仍享有对子女的监护权，在没有特殊理由的情况下，父母双方当然共同行使监护权。对此，我国《民法典》仍然采取的是这种做法，甚至是更加重视离婚父母对子女的共同监护职责。[①]

然而，现实情况是离婚后父母的生活状态与双方间的特殊关系导致共同监护必然受到限制。根据我们的调查数据，父母离婚后，子女基本上都由父母一方直接抚养，很少出现父母轮流抚养子女的情况，而对方仅仅是支付抚养费甚至是不支付抚养费，探望子女的情况也比较少见。这也就证实了离婚后对子女的监护权基本上都是由直接抚养人单方行使的，而对方就会从子女生活中退出或消失，进而导致我国法律规定的离婚父母共同监护的方式很难得到实现。

（二）财产监护的缺失

财产监护是儿童受监护权的重要内容，父母离婚后对儿童的财产监护也不能缺位。史尚宽先生曾言："离婚后子女之监护，不限于身上监护，即财产上监护及子女之代理权亦应包括在内。"[②] 随着市场经济的发展和生活水平的提高，人民的财产数量和种类得到大大提升。儿童虽然年幼，但不可否认的是，他们通过受赠、继承或其他途径获得更多的个人财产。儿童财产的妥善管理、使用、收益、处分对保障儿童的健康成长，具有重要意义。在完整家庭内，儿童财产由父母双方共同管理。然而，父母的离婚打破了这一常态。因此，在诉讼离婚中，如果儿童存有个人财产，父母双方或法院应对儿童的财产监护作出安排，防止儿童的经济利益受损。

然而，调查统计数据表明，诉讼离婚中儿童的财产监护存在缺失问题。主要表现为以下两种情况：

1. 第一种情形为绝大部分案件缺乏对儿童财产的管理

在笔者参与的调查案件中，第一，父母双方离婚时将部分或全

---

① 我国《民法典》第 1084 条第 2 款规定，离婚后，父母对于子女仍有抚养、教育、保护的权利和义务。与 2010 年修订的《婚姻法》第 36 条第 2 款相比，我国《民法典》强调了离婚父母共同保护子女的权利和义务，这同样属于监护的范围。

② 史尚宽：《亲属法论》，中国政法大学出版社 2000 年版，第 454 页。

部的个人财产或共同财产赠与子女的案件有 101 件。儿童通过受赠的方式获得的财产，不管是现金还是房屋、股权等，都是儿童的个人财产。第二，在这些存在儿童个人财产的案件中，调解书或判决书均未涉及对这些财产的管理问题。下面的案例一和案例二是调研过程中发现的两个案例。在这两起诉讼离婚案件中，子女均获得父母赠与的财产，包括动产与不动产。这些财产所有权归属于子女，并不属于子女的直接抚养人。而对于子女获赠的这些个人财产如何管理，离婚裁判文书均没有涉及。实际情况就是，子女的财产由其直接抚养人进行管理。

案例一：原告刘某与被告董某离婚纠纷案①

原告刘某（男）于 2012 年向法院提起离婚诉讼，要求解除与被告董某（女）的婚姻关系。在庭审过程中，经过法院的调解，双方达成调解协议。其中关于子女事务的处理如下：第一，三个未成年子女（1 个女儿和 2 个儿子）均由被告董某抚养，原告刘某每月支付抚养费 6000 元；第二，原告和被告将共同财产（包括两间门店、一套房屋和六间平房）赠与两个儿子共同所有。

案例二：原告代某与被告冉某离婚纠纷案②

原告代某（女）于 2013 年向法院提起离婚诉讼，要求解除与被告冉某的婚姻关系。经过法院调解，双方达成协议。关于子女事务处理如下：第一，两个子女由被告冉某抚养，原告一次性支付抚养费 10000 元；原告代某将其嫁妆和共同财产中的个人份额全部赠与两个子女。

2. 第二种情形为诉讼离婚中父母侵吞子女个人财产

本次笔者参与的调研中并没有发现此种案例，但是在司法实践中确实存在。下面的案例三与案例四就是此种情况。在父母离婚之前，子女已经获得的个人财产一般由父母双方共同监护。在诉讼离

---

① 重庆市 F 县法院（2012）民初字第 00150 号调解书。

② 重庆市 F 县法院（2013）民初字第 00249 号调解书。

婚中，如果不对这部分子女的个人财产进行明晰与管理，容易造成子女个人财产的流失，同时还可能再次发生财产纠纷。

案例三：原告郭某乙与被告齐某财产纠纷案①

郭某甲（男）与齐某（女）于2010年办理结婚登记手续，二人之前在2009年育有一子郭某乙。2014年5月20日，因房屋拆迁，根据当地的拆迁补偿政策，共获得约142万元的补偿款，其中的63万元应属于郭某乙个人所有。2014年9月，郭某甲与齐某离婚。在离婚时，双方对142万元的拆迁补偿款进行了分割，其中，郭某甲获得20万元，其余的部分由齐某获得，而郭某乙没有获得任何补偿款。2015年，郭某乙向法院提起诉讼，要求齐某返还个人应得的拆迁补偿款，经过庭审，最后法院支持了郭某乙的诉讼请求，要求齐某向郭某乙返还63万元的补偿款，同时考虑到郭某乙年龄较小（16周岁），个人无法独立管理数额如此之多的财产，最后决定，由其父母共同管理这些财产，即将这些钱款存在由郭某甲与齐某共同监管的账户之内。

案例四：原告方梓某与被告方某财产纠纷案②

2010年，方某（男）与成某（女）登记结婚，次年生育儿子方梓某。2012年，方某到银行以方梓某为账户名办理了一张金额为2.8万元、期限为1年的存单。2013年，方某办理了该存单的支取手续，支取本金2.8万，利息980元，自己添加1020元，又以方梓某的名义办理了一张金额为3万元的一年期整存整取的存单。2014年，方某办理了该存单的支取手续，包括本金和利息，由自己保管。随后，2014年8月，成某向法院提起离婚诉讼。2014年9月，在法院的调解下，方某与成某达成调解协议：方梓某随成某共同生活，方某定期支付抚养费；双方各自财产归各自所

① 福建省福州市仓山区人民法院（2015）仓民初字第2201号判决书。

② 《方梓某诉方某赠与财产管理权纠纷案》，载http：//www.pkulaw.cn，最后访问日期：2019年2月10日。

有；方某向成某支付财产补偿款3万元。后来，原告方梓某向法院提起诉讼，要求被告方某返还方梓某的财产，包括3万元及其利息。法院审理后认为，方某存入银行的2.8万元是方某与成某双方的亲属赠与新生儿方梓某的见面礼，之后经双方商定将该礼金以方梓某为户名存入银行。因此，这笔存款及其利息应当归属于方梓某。考虑到方梓某和成某共同生活的事实，并且方某之前存在擅自支取方梓某的存款，造成经济损失的不当行为，最后，法院认定由成某保管更为妥当。

第二节　诉讼离婚中儿童受监护权的域外法考察与评析

一、诉讼离婚中儿童受监护权之域外法考察

（一）大陆法系部分国家的立法考察

1. 法国

法国的亲权制度包括人身亲权和财产亲权两部分。

第一，关于人身亲权。父母离婚后，对子女人身亲权的行使方式包括共同行使与单方行使。离婚或分居并不影响父母行使亲权的转移规则，亲权仍由父母双方共同行使。但是为了子女利益考虑，法官可以将亲权交由父母中一人行使，另一方仍然享有对子女的抚养、教育进行关注和监督的权利，有权知晓关于子女生活的重大选择。同时，对于人身亲权方面（其实就是子女的居所问题），同时规定了轮流居住与单独居住两种形式。子女可以轮流在父母各方住所居住，或者在其中一方的住所居住。基于父母一方的请求或者在父母就子女与谁共同居住问题无法达成一致意见时，法官可以先作出临时命令，子女在父母各方的住所轮流居住并为其确定持续期间；在期限届满时，法官必须最终裁定子女是轮流在父母各方住所

居住还是单独随其中一方居住。①

第二，关于财产亲权。《法国民法典》第 383 条规定，在父母共同行使亲权的情况下，由父母共同对子女的财产实行法定管理；其他情况，在法官的监督下，或由父亲管理，或由母亲管理。法定的使用、收益权与法定管理相关联；法定的使用权、收益权共同属于父母双方，或者父母中负责对财产进行法定管理的人。②

可见，在法国，父母离婚后对子女亲权的行使，包括人身亲权和财产亲权，存在共同行使与单方行使两种方式。

2. 德国

在德国，父母离婚后对其子女的照顾，包括共同照顾和单方照顾两种方式。

（1）共同照顾。《德国民法典》规定了“父母照顾”，③ 即父母有共同照顾未成年子女的义务和权利，包括对子女的人身照顾和财产照顾两个方面。导致父母照顾停止的法律上的障碍和事实上的障碍情形并不包括父母离婚。④ “照顾权直接根据法律而继续存在，无须法院的裁断。”⑤ 因此，父母离婚后仍有权对其子女进行共同照顾。

共同照顾只是一个法律概念，而实际情况却并非如此。因为在父母离婚之后，子女虽然处于父母共同照顾之下，但是其生活状态却发生了根本性的变化，即通常情况只能与父母一方共同居住生活。为解决共同照顾的问题，德国对父母的照顾权进行了分割。父母离婚后，在决定处置对子女有重大意义的事务时，双方相互的一

① 《法国民法典》第 373-2 条、第 373-2-1 条、第 373-2-9 条。

② 《法国民法典》第 383 条。

③ “父母照顾”取代《德国民法典》之前所使用的“亲权”概念，包括对子女的人身照顾和财产照顾，强调照顾首先是父母的一种义务，其次才是父母的权利。与“亲权”所体现出的父母“权力”色彩相比，“父母照顾”更能体现出子女本位思想。

④ 《德国民法典》第 1626 条、第 1673 条、第 1674 条。

⑤ ［德］迪特尔·施瓦布：《德国家庭法》，王葆莳译，法律出版社 2010 年版，第 375 页。

致意见是必要的。而对于子女的日常生活事务，经不与子女居住的父母一方的允许或基于法院裁判，和子女同住的父母一方就享有事实照顾并单独作出决定的权能。[①] 由此得知，父母离婚后对子女的共同照顾主要体现为，对子女具有重大意义的事项需由父母双方协商一致来决定，而对子女的日常生活事务仍主要由与子女共同居住的父母一方单独决定。这种划分既贴合现实情况，方便日常生活，又促使非共同居住父母一方积极行使对子女的照顾权。当然在现实生活中，关乎子女的日常生活事务与具有重大意义事项的界限较为模糊。

同时，根据《德国民法典》第 1686 条规定，在有正当利益的情形下，父母任何一方可以向父母另一方请求答复关于子女个人状况的询问，但以这样做不与子女最佳利益相抵触为限。该规定保障了不与子女居住的父母一方的知情权，能够起到照顾监护的效果。

（2）单方照顾。当然，父母离婚之后，在具备相应的条件和程序时，父母一方也可以对子女进行单方照顾。在父母不只是暂时分居且有权共同进行父母照顾的，父母任何一方可以向家庭法院申请，将父母照顾或父母照顾的一部分单独托付给父母该方，即为单方照顾的托付。[②] 在符合下列条件时，单方照顾就会得到家庭法院的批准。具体条件为：父母另一方同意，但子女已满 14 周岁并就该项托付提出异议的除外；或者可期待共同照顾的废止和对申请人的托付最符合子女最佳利益的。父母离婚不影响共同照顾权的继续存在。如果父母一方将父母照顾全部托付给对方，这就是形成了对子女的单方照顾；如果父母一方将父母照顾的一部分托付给对方，自己仍保留部分的父母照顾，其后果仍然是父母离婚后对子女的共同照顾。

3. 瑞士

关于离婚父母对子女的亲权行使方式，法官应当将亲权授予父

① 《德国民法典》第 1687 条。

② 《德国民法典》第 1671 条。

母其中之一方，确定子女与另一方的探视以及另一方应当支付的抚养费；同时，根据父母双方的共同请求，在符合子女利益的情况下，法官也可以同意双方共同行使亲权。[①] 由此可见，瑞士采取单方监护和共同监护两种方式并存的立法模式，尽管其比较倾向于单方监护这一方式。

4. 日本

日本确立亲权制度，父母为未成年子女的亲权人。在婚姻关系存续期间，亲权由父母共同行使。但是，父母一方不能行使亲权时，由另一方行使。法院在裁判离婚时，得确定父母一方为亲权人。为了保护子女利益的需要，家庭法院可以根据子女亲属的请求，将亲权人变更为另一方。[②] 可见，在日本，父母离婚后对子女亲权的行使方式为单方行使。但是在司法实务中，法官可以判决父母一方进行身体监护，另一方进行法律监护。其实，这也是一种父母双方共同行使亲权的表现。

5. 瑞典

在瑞典，共同监护是离婚后子女监护的主要行使方式。因为认识到维系离婚后父母与子女之间的亲密关系具有重要意义，瑞典于1977年就规定，在父母双方意见一致的情况，可以实行父母离婚后对子女的共同监护。1998年，又更进一步规定，法院可以不经过父母双方的同意，裁定实行共同监护。共同监护主要表现为居住监护和法律监护。当然，如果父母双方对共同监护的抵触情绪较大，法院也不能强制作出共同监护的决定。[③]

6. 西班牙

2005年西班牙通过的《关于修改西班牙民法典和民事诉讼法有关离婚和分居规定的第15号法律修正案》，首次确立父母离婚

---

① 《瑞士民法典》第133条第1款、第3款。

② 《日本民法典》第818条、第819条。

③ 陈思琴：《离婚后亲子关系法律制度研究》，中国社会科学出版社2011年版，第70页。

后对子女的共同监护制度，推定父母双方平等地享有照顾、保护、教育子女的能力。根据父母双方能否就共同监护达成协议，《西班牙民法典》将共同监护分为普通共同监护和特殊共同监护。普通共同监护是指父母双方就共同监护事项达成协议，且需要法官审核协议的合理性。[①] 特殊共同监护是指在父母双方无法达成共同监护协议的情况下，如果符合特殊条件，法官仍然可以裁定父母共同监护。当然，并非所有情况都适合采用共同监护的方式。如果共同监护有危害子女身心健康的可能时，就只能采取单方监护。[②] 同时，西班牙具有高度自治权的大区，如阿拉贡、加泰罗尼亚地区都将共同监护作为一种优先考虑，即使在父母无法达成监护协议时。[③] 可见，在西班牙，父母离婚后对子女监护权的行使以共同监护为主，以单方监护为辅的方式。

（二）英美法系部分国家的立法考察

1. 英国

根据 1989 年《儿童法》第 2、3 条的规定，英国提出了“父母责任”的概念，父母责任是指依照法律规定父母在与子女人身和财产相关的事项上所享有的权利、义务和责任。父母责任是一个持续性、共同性的责任，不受离婚的影响。“父母责任是基于父母身份自动产生的，当然离婚时也不会发生改变，但因共同生活方式的破裂，父母只能分为常住父母与非常住父母，双方的法律地位是平等的。正因为如此，英国《儿童法》规定，法院在父母离婚时仅作出关于子女跟随何方共同居住、生活的居住令，而不再作出监

---

① 《西班牙民法典》第 92 条第 5 款规定：“在配偶双方通过监管协议申请共同行使子女监护权或者双方在案件审理过程中达成此协议的，可以共同行使子女的监护权。”

② 《西班牙民法典》第 92 条第 7 款规定：“双亲中一方涉及对配偶或与同住的子女的生命、身体完整、自由、道德完整性或性自由实施侵害的刑事诉讼，不得裁决其行使共同监护权。法官从当事人双方的论述或者呈交的证据中发现存在家庭暴力迹象的，也不得裁决其共同行使监护权。”

③ 李超：《英国、西班牙离婚后子女共同监护制度比较研究及对我国的启示》，载《河南财经政法大学学报》2018 年第 2 期。

护裁定。”[①] 由此，“居住令”取代了之前的“监护令”。这一术语的变化主要是强调离婚父母仍对子女需要承担监护职责。“法院在作出居住令时，是就子女与谁共同居住作出判断，而不是解决谁来照顾子女的问题。”[②] 根据具体情况，法院还可以作出多种形式的共享居住令。这种共同监护（共同的人身监护）的形式日益获得英国法院的肯定。[③]

2. 美国

关于父母离婚后对子女监护权的行使方式，美国各州规定不一，主要存在共同监护、单独监护、分配监护、分离监护、临时监护等方式。其中，共同监护和单独监护是非常重要的类型。

共同监护是指无论子女与谁共同居住，父母双方共同决定子女的生活方式。共同监护包括身体监护和法律监护。单独监护是指父母一方同时获得对子女的身体监护和法律监护，另一方则获得对子女的探视权。美国各州的立法有所差异。有的州倾向于共同监护，将其推定为一种较佳的监护模式，如佛罗里达州规定，法院应判决对未成年子女的父母责任由双方分担，除非父母分担责任对子女利益有害。而有的州规定共同监护和单独监护两种方式，如马萨诸塞州法律规定，允许离婚父母单独承担或分享法律监护或人身监护，在没有过错的情况下，父母的权利是平等的，在法院审理过程中既不推定支持，也不推定反对分享法律监护权或人身监护权。[④]

其实在司法实践中，比较常见的监护方式还是单独监护。如果父母双方无法共同协商处理子女利益，则一方获得监护权，另一方

---

① ［英］凯特·斯丹德利：《家庭法》，屈广清译，中国政法大学出版社 2004 年版，第 250-258 页。

② 石雷：《英国现代离婚制度研究》，群众出版社 2015 年版，第 150 页。

③ 李超：《英国、西班牙离婚后子女共同监护制度比较研究及对我国的启示》，载《河南财经政法大学学报》2018 年第 2 期。

④ 夏吟兰：《美国现代婚姻家庭制度》，中国政法大学出版社 1999 年版，第 295 页。

享有探视权。尽管美国多数州将共同监护作为一种较为理想的监护方式，但是共同监护在实践中之应用并不具有普遍性。①

3. 澳大利亚

和英国的做法一致，澳大利亚1995年《家庭法改革法》开始使用“父母责任”一词，以取代之前“监护权”的概念。该法第61条第2款规定，无论父母关系如何，都不影响父母子女之间的关系，父母双方必须承担父母责任。这不仅仅是文字符号的简单替换，更是反映出立法理念的转变和进步，即从“父母本位”转向“子女本位”。② 相应地，对于离婚后子女监护权的行使方式，使用“居住安排、父母责任分配、与父母双方共度相同时间、与父母共度实质性重要事件”等概念，更加强调父母离婚之后的共同责任。根据澳大利亚1975年《家庭法》（2008年修正）第61DA条的规定，法院在签署养育令时，推定父母共同承担责任符合子女利益，除非存在父母对家庭成员实施家庭暴力或虐待行为。“澳大利亚立法在要求基本的共同法律监护的前提下，对共同的身体监护也较为推崇和鼓励。”③

二、诉讼离婚中儿童受监护权之域外法评析

（一）强调父母对儿童监护的共同责任

通过考察上述两大法系部分国家之立法情况发现，这些国家普遍承认离婚并不能改变父母子女之间的亲子关系，父母离婚后对子女仍然需要承担共同的监护责任，保证父母责任的持续性和稳定性。尽管因父母离婚导致具体监护内容上的分离，但这种分离不影

---

① 王丽萍：《亲子法研究》，法律出版社2004年版，第132页。

② 陈苇、王鹍：《澳大利亚儿童权益保护立法评价及其对我国立法的启示——以家庭法和子女抚养（评估）法为研究对象》，载《甘肃政法学院学报》2007年第3期。

③ 陈思琴：《离婚后亲子关系法律制度研究》，中国社会科学出版社2011年版，第66-67页。

响监护作为整体而存在，只是监护职责具体履行方式发生了改变。[①] 为了突出父母对子女的监护责任，部分国家开始使用新的文字表述，如德国使用“父母照顾”，英国使用“父母责任”和“居住令”，澳大利亚使用“居住安排”和“父母责任”。

（二）兼采单方监护与共同监护的立法模式成为一种通行做法

通过对上述国家的立法考察，我们发现，关于父母离婚后对子女监护权的行使方式，很多国家均同时规定单方监护与共同监护两种方式，除了日本仅仅采取单方行使亲权的模式之外。这样的立法模式具有很大的灵活性，能够根据父母离婚之后的具体情况适用不同的监护方式，有利于保证儿童处于有效监护之中。

（三）共同监护日益得到重视

随着儿童最大利益原则的确立，儿童利益已然成为决定监护方式的首要考虑因素。共同监护能够促使父母双方积极履行职责，加强子女与父母双方的联系与交流，降低离婚对子女的损害，获得国际社会的认可和倡导。

对于共同的身体监护，不同国家则表现出不同的态度。一部分国家采取鼓励和支持的态度，如美国部分州、澳大利亚、瑞典、法国、西班牙等。法国首先推荐子女在父母之间轮流居住的模式，澳大利亚鼓励父母与子女共度相同时间或实质性重要时间。尽管这些国家比较推崇共同的身体监护，但是在现实生活和司法实务中，共同的身体监护适用率仍然比较低，单独的身体监护仍是主要方式，即子女主要与父母一方共同居住生活。还有部分国家则以单独的身体监护为主要模式，当然并不排斥共同的身体监护，如美国部分州、英国、德国、瑞士。

共同的法律监护得到普遍认可。父母离婚之后，子女生活状态和居住环境之变化导致父母行使监护权的方式发生变化。最为明显

① 夏吟兰：《离婚亲子关系立法趋势之研究》，载《吉林大学社会科学学报》2007年第4期。

的是，非共同居住的父母一方无法随时对子女进行照料、教育、保护。但是这种变化并不会剥夺该方的监护责任。尤其是在涉及子女重要事项时，强调父母双方的共同责任。例如，法国允许不行使亲权的父母一方继续享有关注和监督子女的权利，有权知晓关于子女生活的重大选择；德国要求父母在决定处置对重大意义事项时取得一致意见。

第三节 我国诉讼离婚中儿童受监护权之学者建议稿考察与评析

一、我国诉讼离婚中儿童受监护权之学者建议稿考察

（一）梁慧星等学者建议稿之儿童受监护权

该建议稿第1781条为“离婚后的亲子关系”。父母子女关系，不因父母离婚而消除。离婚后，子女无论由父或者母监护，仍是父母双方的子女。父母离婚后对子女仍有监护、照顾、抚养和教育的权利和义务。

该建议稿第1782条建议确定儿童监护人的一般准则。离婚后不满2周岁的子女，以随母亲生活为原则；对于2周岁以上的子女，由父母双方协商；如果协商不成，由人民法院根据双方的具体情况，按照未成年子女利益最大化原则判决。

该建议稿第1783条建议明确子女利益最大化的审酌因素。人民法院在确定未成年子女的监护人时，应当综合考虑下列因素：子女的年龄、性别、人数及健康状况；子女本人的意愿与人格发展的需要；父母的年龄、职业、品行、健康状况、经济能力等生活状况；父母保护教养子女的意愿与态度；父母子女间或者未成年子女与其他共同生活者之间的感情状况。

（二）王利明等学者建议稿之儿童受监护权

该建议稿建议在“婚姻家庭编”确立亲权制度。父母对未成

年子女依法享有亲权，行使亲权既是父母的权利，又是父母的义务。亲权的主要内容为，父母对未成年子女享有姓名决定权、居所决定权、教育权、管教和保护子女权、职业许可权、财产管理权、法定代理权以及父母为子女承担相应的替代责任。

同时，该建议稿在第三编第四章“离婚”部分对监护人的确定与变更提出了立法建议。第 448 条建议，父母离婚后，对未成年子女享有平等的亲权；按照协议或判决直接抚养子女的一方，是该子女的法定监护人。2 周岁以下的子女，以其母为监护人，其母不能或不宜担任监护人的除外。2 周岁以上的未成年子女，以何方为监护人由父母双方协议。协议不成的，由人民法院根据父母双方的具体情况和有利于子女健康成长的原则判决。第 449 条为“监护人的变更”，父母离婚后，双方可以协议变更未成年子女的监护人。一方要求变更，另一方不同意的，由人民法院判决。

可见，该建议稿认为，父母离婚时，应由直接抚养子女的一方独自行使监护权，而另一方的亲权则在直接抚养人行使监护权的范围内“暂被停止”。①

（三）徐国栋等学者建议稿之儿童受监护权

该建议稿第 138 条的内容为“判决离婚时对子女的亲权”。夫妻离婚时，夫妻双方协商确定未成年子女的亲权行使方式。如果没有协议或无法达成协议，则由法院根据配偶一方、社会福利机构或其他利害关系人的请求或依职权酌定。哺乳期内的子女以由哺乳的母亲执行亲权为原则。前款规定的协议不利于子女的，法院可以依儿童福利机构、其他利害关系人的请求或依职权为子女利益改定亲权执行人。执行亲权的一方未尽保护教养义务或发生严重损害未成年子女利益行为的，他方、未成年子女、社会福利机构或其他利害关系人有权为子女利益请求法院改定亲权执行人。前三款规定的情

① 陈棋炎、黄宗乐、郭振恭：《民法亲属新论》，台湾三民书局 1987 年版，第 234 页。

形法院可依请求或依职权，为子女利益酌定执行亲权的内容和方法。同时，第 141 条建议，如果父母双方均不适合行使亲权的，法院应依子女的最大利益并斟酌具体情况，选定适当的人担任子女的监护人，并制定监护方法，命其父母负担抚养费用。

另外，该建议稿第 139 条建议明确儿童最大利益的斟酌事项，包括：子女的年龄、性别、人数及健康状况；子女的意愿及人格发展需要；父母的年龄、职业、品行、健康状况、经济能力及生活状况；父母保护教养子女的意愿与态度；父母子女间或者未成年子女与其他共同生活者之间的感情状况。

二、我国诉讼离婚中儿童受监护权之学者建议稿评析

（一）确立父母对子女的监护权（亲权）制度

上述三个学者建议稿均在婚姻家庭编或亲属编部分明确父母对子女的监护权（亲权）。只不过他们使用不同的概念。梁慧星等学者建议稿采用的是“监护权”，而王利明等学者建议稿和徐国栋等学者建议稿采用的是“亲权”概念。同时，这三个建议稿均建议，明确父母离婚时对子女监护权（亲权）的行使问题。而我国新颁布的《民法典·婚姻家庭编》与之前的 1980 年《婚姻法》一样，只规定离婚后父母对子女负有“教育、保护”的义务，并没有明确规定父母离婚后对子女监护权的行使问题。可以说，这一建议对完善我国的儿童监护制度、强化父母对子女的监护责任具有重要的参考价值。

（二）明确儿童最大利益原则

儿童最大利益原则已经成为处理儿童监护事务的最高准则。上述三个学者建议稿均明确建议，立法中要明确规定儿童最大利益原则，并且将之作为处理离婚后儿童监护事务的首要准则，父母监护权的行使必须要考虑儿童的利益和需求，尤其是梁慧星等学者建议稿和徐国栋等学者建议稿还提出了判断儿童最大利益的具体斟酌事项，增强衡量儿童利益的客观性和可操作性，以保证儿童最大利益

的落实与实现。

（三）子女监护人的确定方面

1. 支持“幼年原则”

在儿童监护人的确定方面，上述三个学者建议稿均建议采用幼年原则，即对于哺乳期或2周岁以下的儿童由母亲担任监护人，行使监护权。这一建议有利于满足儿童在特定时期的身心需要，符合儿童最大利益原则。

2. 尊重父母双方意见

父母是儿童的法定监护人，他们可以根据双方和子女的具体情况，通过协商确定子女的监护人。上述三个学者建议稿在支持“幼年原则”的基础上，均尊重父母双方的意见，允许父母通过协商确定子女的监护人及其监护权的行使等问题。但是，这种父母双方的协商不是随意的，必须要符合儿童的最大利益。

3. 发挥法院的公力监督职能

为了保证父母双方就儿童监护事宜所作出的安排符合儿童最大利益原则，法院需要发挥公力监督职能。徐国栋等学者建议稿建议，如果父母协议不利于子女利益的，法院可以根据其他人的申请或职权来变更子女的监护人。法院公力监督职能的发挥，有利于保证儿童利益的实现。在诉讼离婚中，如果法院发现父母双方均不适合担任子女的监护人，则应当为儿童指定合适的监护人。

（四）离婚父母监护权的行使方式

关于离婚后父母对子女行使监护权的方式问题，上述三个学者建议稿均持比较开放的态度。梁慧星等学者建议稿没有涉及监护权的行使方式问题，只是对确定子女监护人需要考虑的因素提出了建议。而从王利明和徐国栋两位学者建议稿所提出的建议来看，他们比较倾向于单方监护。他们所适用的表达语言能够反映此点，如“按照协议或判决直接抚育子女的一方，是该子女的法定监护人。2周岁以下的子女，以其母为监护人，其母不能或不宜担任监护人的除外。2周岁以上的未成年子女，以何方为监护人由父母双方协议”。还有“哺乳期内的子女以由哺乳的母亲执行亲权为原则”。当然，单方监护并不是唯一的一种方式，他们还建议父母双方可以通过协议来具体确定，共同监护成为另一种选择。

第四节　我国诉讼离婚中儿童受监护权之完善建议

通过对我国立法与司法实践的考察分析得知，我国诉讼离婚中儿童受监护权存在保护缺位的问题，主要是由于我国立法中儿童监护制度体系零散、内容粗略、欠缺科学性而导致的。笔者针对诉讼离婚中儿童的监护问题，在借鉴国外先进立法经验和本国学者合理立法建议的基础之上，结合我国的立法与司法实践情况提出以下建议，以期为我国《民法典·婚姻家庭编》的进一步完善提供参考。

一、婚姻家庭编应具体规定离婚父母的监护职责

笔者建议，我国的儿童监护制度应当采取“总—分”的立法体例，在《民法典·婚姻家庭编》部分详细规定儿童的监护制度。在家庭之中，父母对子女不仅承担抚养责任，而且还承担监护职责。父母监护对于儿童的成长与发展具有重要意义。虽然我国《民法典·总则编》规定了儿童监护与成人监护制度，但是缺乏对子女监护的特殊关照。同时又因为《民法典·婚姻家庭编》仅规定父母对子女的抚养、教育与保护的职责，而没有明确规定父母对子女监护权的享有与行使问题。这就导致监护制度在婚姻法中未得到足够体现与重视，已不适应新形势下父母子女关系与保护子女利益的需要。

因此，考虑到亲子间特殊的身份关系，我国《民法典·婚姻家庭编》应当构建儿童监护制度，详细规定父母对儿童监护的职责，特别是离婚父母对未成年子女的监护权行使，明确人身监护、财产监护各自的具体内容。此种制度安排，在明晰父母监护职责的同时，还能够提高父母的监护责任意识。

二、完善离婚父母对儿童的监护模式

（一）监护模式的类型：共同监护为主，单方监护为辅

在借鉴国外的先进做法和考虑我国的现实情况基础之上，笔者认为，父母离婚后对子女监护模式的选择，应当采取单方监护与共同监护的并行模式，[①] 其中，应以共同监护为主、单方监护为辅的模式结构，取代现行立法单采共同监护的做法。

1. 共同监护为主要模式

其理由如下：第一，符合儿童最大利益原则。父母子女之间的血缘关系并不会因为离婚而消除。离婚虽然解除父母之间的婚姻关系，但是父母子女之间的血缘关系仍然存在。子女与父母一方生活居住的分离是离婚的必然结果。不直接抚养子女的父母一方尽管不能与子女共同生活在一起，但是他们对子女的监护权利与义务仍然存在。离婚父母对子女的双方监护，既能满足父母双方与子女的亲情维系，又有利于维护子女的合法权益和身心健康成长，符合儿童最大利益原则。第二，共同监护已经成为国外一些国家或地区的主要做法，符合亲子法的发展趋势，代表了父母离婚后儿童监护的发展方向。第三，我国具有采用共同监护的立法传统。我国从1950年《婚姻法》到1980年《婚姻法》，再到我国《民法典·婚姻家庭编》一直采用共同监护的立法传统。基于以上理由和完善建议的可行性要求，笔者认为，我国父母离婚后对子女的监护模式应该以共同监护为主。

共同监护模式主要包括定居模式和轮流抚养模式。定居模式，是现实生活中最主要的监护模式，是指子女和父或母一方共同居住，另一方父或母承担支付抚养费、探望、教育、保护等职责。轮

---

① 陈苇：《离婚后父母对未成年子女监护权问题研究——兼谈我国〈婚姻法〉相关内容的修改与补充》，载《中国法学》1998年第3期；王丽萍：《美国离婚后的子女监护制度及其启示》，载《法学论坛》2008年第2期。

流抚养模式，是指子女间隔一定时间在父母双方各自的居所轮流居住，当然间隔时间不一定相同。轮流抚养模式的实现需要具备相当高的条件。主观条件主要包括父母双方都有强烈的抚养、监护意愿，子女并不反对这种监护模式，父母双方与子女间的亲子关系非常好；客观条件主要包括父母双方的经济收入、教育背景、工作性质相当，父母双方各自的住所距离较近，轮流居住对子女的影响较小，等等。

我国《民法典·婚姻家庭编》在确定共同监护模式的前提下，还应当明确父母双方对子女监护权的行使方式。离婚导致的子女不能同时与父母双方居住生活的客观事实，决定着离婚父母行使共同监护的方式必然存在差异。为了使离婚父母的共同监护得到真正落实，也为了保护儿童的合法权益，我国《民法典》可以通过婚姻家庭编司法解释的形式明确细化共同监护模式之下父母双方各自的监护职责。如果监护行使方式不明确，就容易发生矛盾与冲突。因此，笔者建议，我国的共同监护方式应采取单方的身体监护和双方的法律监护模式，即子女的直接抚养人负责子女的日常生活照顾、居所指定、教育和惩戒，而重大事项（如升学、重大疾病治疗、出国等）的决定权、财产管理权和代理权由父母双方共同行使。①

2. 单方监护为辅助模式

在特殊情况下，单方监护应成为另外一种模式选择。这是因为我国现行立法确立的单一共同监护模式不能完全适应于社会现实，在有些情况下，不利于父母双方监护权的行使与儿童利益的保护。共同监护这一行使方式，虽然强调父母子女关系的持续性和稳定性，明确父母双方对子女的共同责任，符合儿童最大利益原则，对保障儿童健康成长具有重要意义，但是，这一方式的有效实施需要具备一个前提，就是父母离婚后能够和平相处，理性对待双方及其

---

① 王竹青：《论父母离婚后对未成年子女的监护》，载《北京科技大学学报》（社会科学版）2006 年第 1 期。

子女的关系。在具备这一前提条件下，共同监护当然是最为理想的行使方式。但是不可否认，现实生活是纷繁复杂、矛盾丛生的环境。离婚就是父母之间矛盾冲突不可调和的最终表现。尤其是诉讼离婚中的父母双方之间时常争吵甚至是打骂。父母离婚后一般都希望尽快摆脱离婚的阴影，追求新的生活，而不再愿意与对方联系与接触。试想在如此情况之下，如何保证父母离婚后能够齐心协力、共同行使监护权呢？另外，离婚父母一方与子女分开生活的客观事实无形中增加了共同监护的难度。所以不得不面对的现实情况就是，尽管法律赋予父母双方共同行使监护权，但是监护权事实上是由子女的直接抚养人单方行使。这就导致共同监护的法律规定可能会沦为具文。为了适应社会现实情况和增强法律的适应性，明确离婚父母对子女的监护职责，我国应当增加单方监护这一模式。

适用单方监护模式的情况主要包括：离婚父母之间矛盾不可调和，冲突非常激烈和严重，不具有共同监护的可能性；离婚父母一方对子女之前存在家庭暴力、虐待、遗弃或性侵犯等恶劣行为；离婚父母一方因为疾病、监狱服刑等原因无法履行监护职责；父母一方与子女之间关系非常紧张，且 8 周岁以上子女明确表达实行单方监护意愿；等等。存在以上情形的，父母双方可以约定或者法院判定实行单方监护。

（二）监护模式的确定：约定与法定并存，约定优先适用

调研情况表明，诉讼离婚中较少涉及儿童监护权的行使问题。这不仅容易导致父母双方的监护职责不清晰，不利于儿童权利保护，而且还容易激化父母双方的矛盾，产生后续纠纷。为此，笔者建议，父母离婚后对子女监护权行使方式的确定可以采用约定与法定两种方式，并且约定方式应当优先适用。

1. 约定方式

约定方式就是由父母双方协商确定一方或双方行使对子女的监护权。如果双方约定单方监护，则对方享有监护监督的权利。如果协商由双方共同行使，则需要以书面形式明确父母双方各自的监护

职责范围。同时，对于父母双方达成的协议，人民法院应当依职权进行审核，以确保其符合儿童的最佳利益。

2. 法定方式

法定方式就是在父母双方无法达成一致意见或没有约定时，直接根据法律规定来行使监护权，特殊情况下除外。笔者建议，在子女监护问题上，离婚父母无法达成一致意见或者没有约定的，应当采用共同监护模式。如果此种监护方式不符合儿童最大利益原则，法院应当根据案件的具体情况，作出适当的改变。

三、完善离婚父母对儿童的财产监护

儿童财产监护制度内容丰富，涉及财产范围、管理主体、管理主体的权利和义务等问题。本书在此不再一一论述，而仅提出以下建议。

(一) 确立儿童财产报告制度

儿童财产报告制度主要包括制作儿童财产清单和定期报告儿童财产状况两个方面。

1. 制作儿童财产清单

明确儿童的财产范围是对儿童进行财产监护的首要前提。如果在诉讼离婚中不确定儿童的个人财产情况，可能会导致其财产管理不当而受损，或者会遭到父母的侵吞而丧失。上述所列举的案例就充分说明这一点。制作儿童财产清单是世界上诸多国家的通行做法。《法国民法典》第 386 条规定，父母应对子女财产进行盘点并制作财产清册；《德国民法典》第 1640 条规定，父母必须将子女获得的财产编制目录，并提交给家事法院；《瑞士民法典》第 318 条规定，父母向未成年人保护机构提交子女财产的清单。

笔者建议，在诉讼离婚制度中建立儿童财产清单制度。具体安排如下：在父母一方提起离婚诉讼之时，需要向法院提交一份关于子女个人财产状况的说明清单。如果子女没有个人财产，离婚诉讼的原告也应当在起诉书中予以说明。在诉讼过程中，法院根据证据材料和调查活动来确定儿童的财产状况，最终确定儿童的财产清单。

2. 定期报告儿童财产状况

为了保护儿童的财产权益，建议规定报告儿童财产情况这一做法。[①] 也就是说，对于儿童财产，无论是父母一方的单方监护，还是父母双方的共同监护，财产的实际占有者或管理者均应当定期向对方报告儿童财产的实际情况。如果是父母一方监护，该方应该定期向对方报告儿童财产的现状，以便对方知悉并进行监督。如果是父母双方进行共同监护，一方应及时将情况通知对方，使其知悉具体情况，以便共同行使监护权。在诉讼离婚中，由父母双方达成协议或由法院判决确定儿童财产报告的具体内容，包括报告的时间、内容、方式等。

（二）鼓励父母对儿童财产进行共同监护

笔者建议，父母对儿童的财产进行共同监护。财产监护不同于人身监护。儿童拥有的个人财产可以与其人身相分离。不直接抚养子女的父母一方可以不受地域条件的限制，也可以对儿童财产进行监护。同时，共同监护的方式也可以达到互相合作、互相监督、互相约束的目的。对于父母双方和子女来说，这无疑是一种理想的监护方式。如上述的案例三将子女的财产存入由其父母双方共同掌管的银行账户，这就是共同监护的形式。当然，并不是所有的案件都适合采用共同监护这一模式。监护方式的确定还需要综合权衡子女财产、父母双方的人格品行、经济收入、生活状态等因素。如上述的案例四中法院判决儿童的财产由其母亲负责监护管理，其原因就在于其父亲在离婚之前存在擅自侵占子女财产的品行不端行为。法院的这一判决是合理的，有利于儿童财产的管理与保护。

---

① 杨槟涛、孙颖：《离婚家庭未成年子女财产监护问题探析》，载《法治论丛》2008 年第 5 期。

第五章 我国诉讼离婚中儿童探望权保护研究

第一节 我国儿童探望权的立法现状与司法实践

一、我国儿童探望权的立法现状

我国在2001年修正1980年《婚姻法》时，第四章“离婚”部分增设了探望权制度，填补了我国的立法空白，符合现代社会亲子关系法的发展趋势。[①] 2020年制定的《民法典·婚姻家庭编》继承了该规定，但并没有作出实质性修改。

我国《民法典》第1086条主要从以下三个方面规定了探望权制度。第一，明确探望权是父母依法对子女享有的权利。规定探望权是不直接抚养子女的父母一方探望子女的权利，父母是探望权的主体。第二，明确探望权制度在离婚过程中的实施方式。探望权关系父母子女间的私人事务，属于私权利的范畴。对于探望权的具体内容，首先由父母双方协商，有利于离婚之后探望权的实现；如果协商不成，再由法院进行判决。第三，确立了探望权的中止制度。当父母探望不利于子女身心健康时，法院应依法中止探望权；待中

① 在我国，亲属与在押犯人的见面称为“探视”或“探监”。为了与此相区分，我国1980年《婚姻法》（2001年修订）将离婚父母与子女的见面交流称为“探望”。

止事由消失之后，探望权可以得到恢复。

另外，我国现行《未成年人保护法》（2020 年修订）也首次对离婚父母对子女的探望权制度进行了规定。未成年人的父母离婚时，应当妥善处理未成年子女的探望事宜。父母离婚后，不直接抚养未成年子女的一方应当依照协议、人民法院判决或者调解确定的时间和方式，在不影响子女学习、生活的情况下进行探望，直接抚养的一方应当配合，但被人民法院依法中止探望权的除外。同时，人民法院在审理探望案件时，可以自行或委托社会组织对未成人的相关情况进行社会调查。①

我国《民法典婚姻家庭编解释（一）》第 65 条至第 68 条对探望权的单独诉讼、中止和执行问题进一步作出详细解释。该解释第 65 条赋予离婚父母单独提起探望权之诉的权利。也就是说，如果离婚判决书没有关乎探望权，当事人则有权在离婚之后向法院单独提起探望权之诉，这有利于保障父母探望权的实现。第 66、67 条详细规定法院裁定中止探望权的程序以及申请主体。在父母离婚之后，如果探望不符合子女最大利益，那么子女、直接抚养子女的父母一方以及其他法定监护人有权向法院提起中止探望权的诉讼请求。人民法院在处理中止探望权案件时，需要结合双方当事人意见和案件的具体情况，作出是否中止探望权的裁定。如果导致探望中止的情形消失，法院可以根据当事人的申请恢复探望权的行使。第 68 条规定了探望权的强制执行问题，即对于拒不协助另一方行使探望权的有关个人或者组织，可以由人民法院依法采取拘留、罚款等强制措施，但是不能对子女的人身、探望行为进行强制执行。

从上述规定来看，我国已经确立了相对完善的探望权制度，主要涉及探望权的内涵界定、实施方式、中止探望、强制执行等方面。从客观上评价，我国《民法典》确立的探望权制度，完善了离婚亲子关系制度的内容，有利于满足离婚父母和子女双方的情感

① 我国现行《未成年人保护法》（2020 年修订）第 24 条、第 109 条。

需要，符合儿童最大利益原则。同时更重要的是，探望权制度的确立为离婚父母和法院处理探望问题提供了法律依据。近 20 年的实践证明，我国探望权制度的宗旨和作用得到一定程度的彰显与实现，在保护诉讼离婚中儿童权利方面发挥了不可忽视的作用，尽管该制度还存在一些不足之处。

二、我国诉讼离婚中儿童探望权的司法实践考察

（一）儿童探望权的实证调查数据统计情况

1. 父或母请求行使探望权的案件数量情况

从父或母是否请求行使探望权来看，2011—2013 年三个县法院被调查的涉及儿童抚养问题的 863 件离婚案件中，父或母在离婚时请求行使探望权的案件为 29 件，所占比例仅为 3.36%；而未请求行使探望权的案件为 834 件，所占比例多达 96.64%。可见，在诉讼离婚中父或母请求行使探望权的情况非常少见。

从每个县法院的情况来看，在 D 县法院，父或母请求行使探望权的案件有 9 件，占比为 3.47%；未请求行使探望权的案件有 250 件，占比为 96.53%。在 E 县法院，父或母请求行使探望权的案件有 3 件，占比为 1.03%；未请求行使探望权的案件有 289 件，占比为 98.97%。在 F 县法院，父或母请求行使探望权的案件有 17 件，占比为 5.45%；未请求行使探望权的案件有 295 件，占比为 94.55%。

2. 确定父母行使探望权的案件数量情况

从三个县法院确定探望权的案件数量来看，在被调查的 863 件涉及儿童抚养的离婚案件中，确定探望权的共有 61 件，占比为 7.07%；没有确定探望权的案件有 802 件，占比为 92.93%。

从每个县法院的情况来看，在 D 县法院，确定父母行使探望权的案件有 8 件，占比为 3.09%；没有确定探望权的案件为 251 件，占比为 96.91%。在 E 县法院，确定父母行使探望权的案件有 4 件，占比为 1.37%；没有确定探望权的案件为 288 件，占比为

98.63%。在F县法院，确定父母行使探望权的案件有49件，占比为15.71%；没有确定探望权的案件为263件，占比为84.29%。

3. 确定父母行使探望权的时间情况

从父或母行使探望权的时间来看，在2011—2013年三个县法院被调查的涉及父或母行使探望权的61件案件中，没有明确探望时间的案件有53件，所占比例高达87%；确定父或母行使探望权时间的案件仅有8件，所占比例仅为13%。调查数据进一步显示，在明确探望时间的8件离婚案件中，确定周末探望的有2件，随时探望的有3件，节假日探望的有2件，探望时间征求子女意见的有1件。

4. 确定父母行使探望权的方式情况

从父或母行使探望权的方式来看，2011—2013年三个县被调查的涉及父或母行使探望权的61件案件中，明确探望权行使方式的案件仅有4件，所占比例仅为7%，即将孩子带回家中探望，而其他的57件案件都没有确定父母探望子女的方式。

（二）被调查案件中父母行使探望权之不足

1. 探望比例偏低

上述调查数据显示，在被调查涉及儿童监护的离婚案件中，仅有极少数的案件确定了父母一方的探望权。可见，探望权制度在我国诉讼离婚中适用率非常低。这一问题也为其他学者的实证调研所证实。根据学者进行的实证调查数据显示，在300份离婚裁判案件中，裁判内容涉及探望权的案件仅有49件，所占比例仅为16%，其他84%的案件都没有涉及探望权问题。① 还有根据李洪祥教授进行的调研数据显示，在对吉林省发达地区的调查中，涉及探望权的离婚案件所占比例也非常小，而在经济较发达地区和经济欠发达地

① 陈思琴：《离婚后亲子关系法律制度研究》，中国社会科学出版社2011年版，第164页。

区就没有发现关乎探望权的离婚案件。[①] 可见，尽管我国确立了探望权制度，但是该制度在实践过程中并未得到充分适用，子女与非居住父母一方的联系交往机会较少。

2. 探望时间不明确

上述调查数据显示，绝大部分被调查涉及探望权的离婚案件没有明确父母探望子女的时间。在明确探望时间的案件中，探望时间则以周末、节假日、随时探望为主要形式。探望时间的不明确不利于探望权的行使，容易导致发生纠纷。

3. 探望方式模糊

探望方式是保证探望权实现的重要内容，包含不直接抚养子女的父母一方与子女之间会面交流的地点、形式（如逗留式探望、带离式探望或留宿式探望）、子女的接送等问题。探望权的实现需要父母和子女三方的共同协作。这就需要父母在离婚时根据双方和子女的具体情况来确定探望子女的方式，以避免日后产生探望纠纷。

上述数据显示，在被调查的涉及探望权的离婚案件中，明确探望方式的案件非常少，存在探望方式模糊、不确定的问题。其他学者的调研结果同样发现此问题。有的学者经过实证调查发现，在49份涉及探望权的裁判文书中，只有16份比较具体地确定探望的方式，包括时间、地点、接送方式等内容，而其他的33个案件对此均未作出详细安排。[②] 可见，探望方式模糊也是探望权实施过程中存在的主要问题。探望方式模糊或不确定，不仅会直接影响探望权的实施效果，甚至会因此而发生新的纠纷。

---

① 李洪祥、王希元、郑凯波：《离婚家庭儿童权益法律保障司法调查分析——以吉林省经济发展程度不同地区离婚案件为例》，载《中华子女学院学报》2016年第3期。

② 陈思琴：《离婚后亲子关系法律制度研究》，中国社会科学出版社2011年版，第165页。

（三）原因分析

分析和总结导致问题出现的原因是解决问题的前提条件。探望权适用之所以存在上述问题，其原因是多方面的。笔者认为，该问题主要与法律规定不完善、法官的干预较少和父母的错误思想存有较大关联。

1. 法律规定存有缺陷

第一，忽视探望权的义务属性。探望权的制度功能就是弥补因离婚之后不直接抚养子女的父母一方与子女联系减少所带来的情感淡化，维系双方之间和谐、亲密的亲子关系。父母离婚并不会改变其与子女之间的亲子关系。根据我国现行法律规定，不直接抚养子女的父母一方仍是子女的监护人，需要继续对子女承担监护职责。探望权，除了满足不直接抚养子女的父母一方对子女的情感寄托之外，更重要的是还发挥着履行监护职责、保证子女身心健康的重要功能。

我国探望权制度对探望权的性质界定存在偏差，即仅强调其权利性而忽视义务属性。① 从我国 1980 年《婚姻法》（2001 年修订）第 38 条规定来看，探望权就是不直接抚养子女的父母一方对子女享有的权利，而非义务和责任。仅强调探望权之权利属性，忽视了父母探望亦是其应尽的关心、照顾、抚养、教育子女的法定义务，带有明显“父母本位”的传统思维模式，不符合儿童最大利益原则。② 然而，我国《民法典·婚姻家庭编》第 1086 条仍然沿用此规定，对探望权并没有作出实质性修改。既然法律将探望权简单地界定为一种权利，那就意味着其行使具有选择性和随意性。对于子女，不直接抚养子女的父母一方既可以探望，也可以不探望，不具有法律强制性。探望权的行使，完全取决于父母对子女的关切程度

① 陈苇、张庆林：《离婚诉讼中儿童抚养问题之司法实践及其改进建议——以某县法院 2011-2013 年审结离婚案件为调查对象》，载《河北法学》2015 年第 1 期。

② 韩冰：《离婚背景下子女监护问题研究》，载《中共中央党校学报》2012 年第 4 期。

和自身的道德良知，具有很大的随意性。在这样的法律规范引导之下，父母在达成离婚协议时就会行使自己手中的“权利”，可能选择放弃对子女的探望权。可以说，诉讼离婚中探望权适用率偏低的问题，与我国立法忽视探望权的义务属性存有一定联系。

第二，否定子女的主体地位。探望权制度的根本宗旨就是通过维系不直接抚养子女的父母一方与子女的正常联系，以减少父母离婚对子女心理的负面影响，保障儿童的身心健康。探望权的实现需要父母与子女的共同参与和全力配合，以达到双方亲密接触和内心交流的目的。探望权应是双向的交流和联系，而非单一的“探”和“望”。因此，儿童不仅仅是父母探望的对象，更应该和父母一样，独立享有和父母会面交流的权利，成为探望权的主体。而我国探望权制度将子女视为被探望的客体，仅考虑父母探望子女的意愿，而对子女的意愿却视而不见。如果不承认子女的探望权主体地位，子女将只能“眼巴巴”“日思夜想”地等待父母探望自己；同时，子女能否去探望自己的祖父母或外祖父母也只能依赖直接抚养人的认知水平、道德水准甚至性格是否温和等因素。[①] 在诉讼离婚过程中，子女年龄尚幼，欠缺自主、理性表达意见的能力，加之我国尚未建立儿童诉讼代表人制度，使得儿童无法自主表达探望的意愿。

第三，立法技术较为原则。诉讼离婚中探望权的适用比例较低与我国立法技术粗糙、不细致也存有一定关系。具体表现为，我国《民法典》第 1086 条没有就探望权的行使时间和方式作出具体、明确的规范引导。探望权的内容由离婚父母双方协商确定；如协商不成时，再由法院判决确定。这样的内容设计体现了我国一贯的“宜粗不宜细”的立法传统，考虑到不同案件的具体情况和个体差异，在适用方面确实体现出一定的灵活性、包容性和适应性。但

① 黄宇：《疼痛与拯救：离异家庭子女抚养问题的立法理念反思与法律制度构建研究》，中国政法大学出版社 2016 年版，第 43-44 页。

是，考虑到探望权制度是我国 2001 年新增加的法律制度，社会民众可能对其比较生疏甚至存有某些错误认识，我国传统文化缺乏离婚探望的观念习俗等因素，1980 年《婚姻法》（2001 年修订）第 38 条的规定对当事人缺少明确的立法指引。[①] 这不仅导致离婚父母在适用探望权时因没有法定参照标准而比较迷茫，有的甚至干脆放弃探望权，还使法官在确定探望时间和方式时缺乏明确的法律依据，故而在判决离婚时很少确定父母一方的探望权。即使离婚协议确定了探望权，它也很少明确探望的时间和方式，这些情况已经为我们的调查数据所证实。因此，我国《民法典》不应该采取“粗线条”的技术立法，而应该确定探望权适用的一般原则和具体列举出日常生活中经常适用的探望时间和方式。

2. 法官的职权干预较少

在诉讼过程中，法官的职责要求和自身素质直接影响案件的审理结果。根据我国 1980 年《婚姻法》（2001 年修订）第 38 条、《民法典》第 1086 条的规定，探望权的确定及其内容，首先是由父母双方进行协商；协商不成时，再由法院判决确定。这也就意味着，根据“不告不理”的诉讼原则，当父母双方达成的离婚协议没有涉及探望权问题或没有提出探望权的诉讼请求时，法官没有履行释明权的职责，通常会尊重当事人双方的选择，不会主动审查、探究不直接抚养子女的父母一方放弃探望权的缘由。因为根据我国法律规定，对于涉及子女抚养的离婚案件，法官需要处理的主要是判断双方当事人的感情破裂问题、财产分割问题和子女抚养问题。当离婚双方就子女抚养问题无法达成协议时，法官需要解决的就是确定子女的直接抚养人和抚养费，并不包括探望子女问题。可见，法院在诉讼离婚中处理子女抚养问题时，没有一并处理探望权的职责。这也就很好地说明，在判决离婚案件中探望权的适用非常少。

① 司丹：《探望权：法律审视与制度重构》，载《黑龙江社会科学》2015 年第 5 期。

3. 离婚父母的错误观念

离婚是夫妻之间矛盾长期积累、集中爆发的一种表现形式。当诉讼离婚时，当事人双方的对立情绪较为突出，时常伴随着吵架、冷战，甚至出现家庭暴力的情况。为了结束这种紧张、糟糕的婚姻关系，争取幸福美好的生活，离婚成为夫妻双方解脱的唯一选择。为此，有学者认为，离婚是死亡婚姻的葬礼，而非婚姻死亡的原因。[①] 刚从失败甚至是噩梦般的婚姻中解脱之后，离婚双方心理上大多都不愿意与对方联系，更不用说经常见面了。尽管家庭生活存在普遍的利他主义，父母是子女最佳的看护人，[②] 但不可否认的是，人性中存有利己倾向，尤其是在父母离婚之后。事实上，很多直接抚养子女的父母一方内心十分清楚，保持子女与父母双方的联系有利于子女身心健康，但是为了追求自身的安宁和开始新的幸福生活，甚至为了报复惩罚对方，而不允许对方探望子女，宁愿牺牲子女的福祉。

在现实生活中，部分父母对探望权存有错误认识。有的直接抚养子女的父母一方认为，自己就是子女的监护人，与对方不存在关系，享有拒绝对方探望的权利；而有的不直接抚养子女的父母一方认为自己的职责仅限于支付子女抚养费，不考虑探望子女。更加自私的是，有的父母以子女的身心健康为交易筹码，即一方放弃子女抚养费，一方放弃探望权。我们的调查数据也印证了这一点。在被调查涉及儿童抚养的离婚案件中，有 97%的离婚父母没有提出探望权的申请。可以看出，子女成了有些离婚父母错误观念的牺牲品。正是这些错误观念，导致探望权的适用率较低，探望权的执行也异常艰难。

---

① 谈大正：《性文化与法》，上海人民出版社 1998 年版，第 155 页。

② ［美］加里・斯坦利・贝克尔：《家庭论》，王献生、王宇译，商务印书馆 1998 年版，第 390-391 页。

第二节 诉讼离婚中儿童探望权之域外法考察与评析

一、儿童探望权之域外法考察

（一）大陆法系部分国家、地区儿童探望权的立法考察

1. 法国

1970年之前，《法国民法典》没有明确规定探望权制度，探望权纠纷主要通过相关判例进行调整。[①] 法国于1970年修改《民法典》时规定了子女的探望权制度。主要内容如下：

第一，规定子女享有与父母双方保持联系的权利。在父母离婚后，每一方均应当与子女保持个人联系，并尊重子女与另一方的关系。在法官裁定父母一方单独行使亲权时，只有存在重大原因，才能拒绝另一方对子女的探视权与留宿权。家事法官可以采取措施，保证子女与其父母各方联系的持续性与实际性。[②]

第二，除了与父母之外，子女还有与其他亲属保持联系的权利。子女有权与其直系尊亲属（祖父母、外祖父母）保持个人联系，除有重大理由外，父与母不得妨碍这种关系。如果符合子女利益，家事法官得确定子女与第三人关系的方式，无论该人是否为亲属。[③]

2. 德国

《德国民法典》对交往权作出了详细而全面的规定。

第一，子女与父母之间的交往，对于子女来说，是一种权利；

① 根据当时的《法国民法典》规定，父母离婚时，子女的监护权由对诉讼离婚无责任的胜诉一方父母来行使，而无监护权的父母一方则享有监督权。有些法院通过法律解释认为探望权属于监督权的一种形态。

② 《法国民法典》第373-2条、第373-2-6条。

③ 《法国民法典》第371-4条。

对于父母而言，既是义务又是权利。《德国民法典》规定，与父母双亲的交往通常属于子女的最佳利益。子女有权与父母的任何一方交往；父母的任何一方有义务和权利与子女交往。父母应当不作任何有损于子女对另一方父母的关系或使教育产生困难的行为。[①]

第二，与子女交往的主体，除了父母之外，还包括祖父母、外祖父母、兄弟姐妹以及其他的密切相关人。子女的密切相关人还可以是为子女而负担或者已经负担事实上的责任（社会—家庭关系）的人。祖父母、外祖父母和兄弟姐妹有权与子女交往，倘若此种交往有利于子女的幸福。上述规定同样适用于在较长期间与子女在家庭中共同生活的父母一方的配偶或前配偶，并且适用于曾经在较长期间对子女进行家庭看护的人员。[②]

第三，在交往权的行使和保障方面，家庭法院发挥着重要作用。根据规定，家庭法院可以就交往权的范围作出裁判，并对其行使（包括对第三人）作出有效的详细规定。同时，家庭法院还可以通过发布命令来督促利害关系人履行协助义务。如果义务人长期不履行协助义务的，家庭法院可以作出交往保佐的命令。交往保佐包括为进行交往而请求交出子女的权利以及就交往的持续时间确定其居所的权利。最后，如果出现交往有损于子女最佳利益的情况时，家庭法院可以限制或排除交往权。[③]

3. 瑞士

《瑞士民法典》对探视权作出如下规定：

第一，离婚后，未照顾子女的父母一方与子女同时享有探视权，并且进一步扩大探视权的主体范围。没有亲权或未照顾子女的父或母，其和未成年子女之间相互有权要求保持合理的探视。在特殊情况下，为子女的利益可同意其他人，特别是子女的亲属，对子

① 《德国民法典》第 1626 条、第 1684 条。

② 《德国民法典》第 1685 条。

③ 《德国民法典》第 1684 条第 3、4 款。

女进行探视。[①]

第二，规定探视权拒绝和撤销制度。父母一方不得作出一切损害子女与父母另一方关系的行为，也不得作出导致增加探视困难的行为。例如，子女的利益因探视而受到损害，或父母在探视中违反其义务，或严重不关心子女，或基于其他正当理由，探视权将被拒绝或撤销。[②]

第三，法官承担确定探视权的职责。在父母离婚时，法官应当确定子女与不行使亲权的父母一方的探视；同时，在确定探视权时，应当为了子女的利益而考虑所有的重要情况；如果可能的话，也应当考虑子女的意见。[③]

4. 俄罗斯

父母享有与子女交往的权利。与儿童分开居住的父母一方，有权同儿童交往、参加对儿童的培养和解决儿童受教育的问题。同儿童一起居住的父母一方，不应阻挠另一方与儿童的交往，如果该交往未给儿童的身心健康和道德品质的发展造成伤害。

关于探望权的确定方式，父母之间有权订立书面协议，对与儿童分开居住的父母一方实现亲权的方式作出约定。如果父母之间协商不成，有争议的问题，由法院根据父母的请求，在监护和监管机关参加的情况下予以解决。同时，祖父母、外祖父母、兄弟姐妹有权同儿童交往。[④]

5. 日本

2007 年之前，《日本民法典》没有规定探望权制度，父母离婚之后的探望权问题主要由司法判例加以调整。2007 年修改《日本民法典》时明确规定探望权，即在协议离婚时，父母应当优先考

---

① 《瑞士民法典》第 273 条、第 274a 条。

② 《瑞士民法典》第 274 条。

③ 《瑞士民法典》第 133 条。

④ 《俄罗斯家庭法典》第 66 条、第 67 条。

虑子女的利益，对与子女的见面、交流等事项作出约定；在判决离婚时，家庭法院必须以子女最大利益为原则，对探望权问题作出判决。①

6. 韩国

未直接抚养子女的父母一方和子女，有相互探视的权利。家庭法院为了子女的福利认为必要时，可根据当事人的请求或依职权限制或禁止探视。②

7. 我国台湾地区

法院可以依父母请求或依职权，为未行使或负担权利义务方酌定其与未成年子女会面交往的方式及期间。但是其会面交往有妨害子女利益的，法院得依请求或依职权进行变更。③

（二）英美法系部分国家儿童探望权的立法考察

1. 英国

英国《1989 年儿童法》规定了“交往令”，取代之前的“探视令”。第 8 条规定，交往令是指要求已经与或将与儿童一起生活的人允许儿童拜访命令中指明的人，或者与命令指定之人暂住在一起，或允许该人与儿童以其他方式接触的命令。同时，《1996 年家庭法》第 11 条第（4）款（c）项规定，在没有相反证据的情况下，最符合儿童福利的做法是，让子女定期与对其负有父母责任的人和其他家庭成员保持联系，让子女尽可能地与父母持续维持最良好的关系。

2. 美国

美国《统一结婚离婚法》仅规定离婚父母探视子女的权利，而未涉及祖父母、外祖父母、兄弟姐妹等人的探视问题。该法第 407 条规定，法庭在审理后认为进行探视不会严重危害子女身体、

---

① 《日本民法典》第 766 条。

② 《韩国民法典》第 837b 条。

③ 我国台湾地区“民法”第 1055 条。

精神、道德或感情的健康，可以准予无子女监护权的父母一方享有合理地探视子女的权利。从1965年起，美国部分州开始相继肯定祖父母、外祖父母对孙子女、外孙子女的探视权利。到了1993年，美国50个州都通过立法规定，在父母离婚或一方死亡或不胜任时，或子女与祖父母、外祖父母共同居住达到法定期限时，祖父母、外祖父母或第三人都可以对孙子女、外孙子女提起探视之诉。当然，法院裁定的首要前提是祖父母、外祖父母与孙子女、外孙子女之间是否具有实质性关系，判断标准是探视权的行使是否利于孙子女、外孙子女的最大利益。

3. 澳大利亚

澳大利亚《1975年家庭法》明确规定子女与父母、祖父母等亲属见面、交往的权利。该法第七章“子女”部分第60B条（2）（b）规定，子女有权定期地与父母以及其他与其照料、福利和成长有重要意义的人（包括祖父母、外祖父母和其他亲属）交往，除非其交往有悖于子女最大利益。第64B条规定了离婚父母可以申请“子女接触令”。“子女接触令”是法院根据申请，对子女和父母、祖父母或其他人的接触而制作的。根据第65C条的规定，申请接触令的主体包括子女，及其父母、祖父母、外祖父母，还有与子女的照管、福利或成长有关的其他人。①

二、儿童探望权之域外法评析

（一）强调父母与子女交往的重要性

探望权制度对于维系父母子女间的亲情关系，促进子女的身心健康成长，具有重要的意义。父母离婚不会改变父母子女之间的关系。基于血缘关系，父母与子女的见面和交往是必不可少的亲情纽带，符合道德伦理观念。父母离婚导致子女只能与父或母一方共同

① 《澳大利亚家庭法》（2008年修正），陈苇等译，群众出版社2009年版，第114-140页。

居住，减少了子女与不直接抚养子女的父母一方见面交流的机会，淡化亲子关系。为防止此种情况的出现，上述国家或地区的立法或司法实践均确定离婚父母一方探望子女的权利。

(二) 将儿童最大利益作为探望权的行使准则

探望权制度之目的，就是满足子女对父母亲情关怀的需要，以降低父母离婚对子女心理的负面影响。探望权的确立与行使也应该着眼于儿童的身心健康与利益需要。如果不直接抚养子女的父母一方探望权的行使，对子女的身体安全和心理健康造成危险或损害，则应该中止探望权的行使。同时，在判断除了父母之外的其他人能否探望子女的问题时，也必须以儿童最大利益为判断标准。如果有利于儿童的身心健康，就可以探望子女；反之，则不能探望子女。上述国家或地区的立法也都将儿童最大利益作为确定、行使探望权的基本准则。

(三) 肯定子女的探望权主体地位

感情的沟通和交流是相互的、双向的，而非单向的。探望权制度的宗旨就是满足父母与子女双方的情感需求，维系健康的亲子关系，实现子女的最大利益。因此，探望权的主体不仅包括未与子女共同生活的父母一方，更重要的是还应该包括子女。美国印第安纳州的探视权指南指出，父母探视子女是子女的基本权利，保证子女不存有被父母和兄弟姐妹抛弃的感觉是极为重要的事情。子女不仅仅是探望权的行使对象，更是行使探望权的主体，毕竟探望权是以子女的最大利益为考量标准，其实现也需要征求子女的意见和配合。德国、俄罗斯、瑞士、韩国、澳大利亚等国更是从子女为探望权主体的角度来界定探望权，如“子女有权与……保持联系”或“子女与父母相互有探视的权利”，强调与父母保持联系是子女享有的法定权利。这种立法语言的规范性表述凸显出儿童为探望权主体的立法理念和价值导向。

(四) 普遍承认与子女关系密切的其他人为探望权主体

父母离婚后，为了保证子女的情绪稳定和获得更多的亲情关怀，降低离婚给子女带来的家庭破碎感，上述国家除了规定非居住父母一方与子女见面交流的权利之外，还同时规定子女与其关系密切的其他人见面、联系的权利。关系密切的其他人主要包括子女的祖父母、外祖父母、兄弟姐妹，当然并不限于此。这里的“其他人”是不确定的，具有开放性和条件性。确定其他人的探望权标准必须是其与子女关系密切，且符合子女最佳利益的第三人。

祖父母、外祖父母是探望孙子女、外孙子女的重要亲属。上述国家，除了日本和韩国之外，普遍赋予祖父母、外祖父母探望孙子女、外孙子女的权利，但是在条件设置上存在些许差异。有的国家对祖父母、外祖父母探望权的适用限制较少，认为只要符合儿童的最佳利益，祖父母、外祖父母可以探望，除非有重大事由，如德国、法国、俄罗斯和澳大利亚等国的规定。而另外有的国家则对祖父母、外祖父母的探望权进行了较为严格的限制或提出较高的要求。例如，英国、美国要求祖父母、外祖父母必须与孙子女、外孙子女共同居住达到一定期限并且形成实质性关系；瑞士则规定仅在特殊情况下才允许祖父母、外祖父母对孙子女、外孙子女进行探望。

（五）强调法院发挥重要职能作用

保证儿童与父母及其他亲属间的交往，是儿童最大利益原则的应有之义。为了确保儿童探望权的实现，上述国家和地区的立法均要求法院发挥重要的职能作用。根据《瑞士民法典》规定，确定子女探望权是法官的法定职责，无论离婚父母是否提出探视请求。其他国家的法院在离婚诉讼中，可以依据职权确定探望权，并采取措施来保证探望权的实现，如德国家庭法院可以作出交往保佐的命令，来促使交往权的实现。

第三节　我国诉讼离婚中儿童探望权之学者建议稿考察与评析

一、我国诉讼离婚中儿童探望权之学者建议稿考察

（一）梁慧星等学者建议稿之探望权

该建议稿第 1786 条的内容为“探望权及会面交往权”。离婚后，不直接抚养子女的一方，有探望子女的权利；子女亦享有与不共同生活的父母一方会面交往的权利。行使探望权的方式、时间由当事人协议；协议不成时，由人民法院判决。祖父母、兄弟姐妹等其他近亲属有权与该儿童会面交往，但以有利其身心健康为前提。

第 1787 条的内容为“探望权中止的事由”。探望权人有下列情形之一的，子女本人、直接抚养子女的父或母以及子女的其他法定监护人可以请求人民法院中止其探望权：有影响子女身体健康的疾病；有赌博、吸毒等恶习；拒付子女抚养费、教育费；对子女有性侵犯或者暴力行为；教唆、引诱子女实施违法行为。探望权中止的事由消失后，应当依法恢复其探望子女的权利。[①]

（二）王利明等学者建议稿之探望权

该建议稿第 450 条的内容为“探视权”。父母离婚后，一方对另一方监护的子女，有探视权，另一方有协助的义务。行使探视权的方式、时间由双方协议；协议不成的，由人民法院判决。不执行法院有关探视权的判决的，按妨害民事诉讼论处。一方探视子女，不利于子女身心健康的，人民法院可依另一方的请求中止其探视权；中止的事由消失后应当恢复其探视权。[②]

---

① 梁慧星主编：《中国民法典学者建议稿及立法理由·亲属编》，法律出版社 2013 年版，第 199 页。

② 王利明主编：《中国民法典学者建议稿及立法理由·人格权编·婚姻家庭编·继承编》，法律出版社 2005 年版，第 294 页。

（三）徐国栋等学者建议稿之探望权

该建议稿第五章“离婚”部分第140条的内容为“探视权”。未与子女共同生活的父母一方有权探望该子女。该方应与他方协商确定其与未成年子女会面的方式及时间。协商不成的，由法院判决。与子女共同生活的父母一方有协助他方探视的义务。享有探视权的一方与其子女的会面妨害子女利益的，经子女本人、与子女共同生活的父母一方或监护人的申请，法院可裁定中止探视权的行使；中止事由消失后，应当恢复行使探视权。

同时，该建议稿“亲权”部分第242条、第244条之内容为“子女的交往权”。子女有权与父母的任何一方交往；父母任何一方都有义务和权利与子女交往，即使不享有人身照顾权的父母一方也不例外。父母一方不得作出任何有损于子女与他方关系或使教育产生困难的行为。不享有人身照顾权的父母一方和子女交往时不得作出任何有损于子女与他方关系或使教育产生困难的行为。

子女有权与祖父母、外祖父母、兄弟姐妹交往。前款规定适用于在较长时间内与子女在家庭中共同生活的父母一方的前配偶或后配偶，也适用于曾在较长时间内为子女提供家庭看护的人员。父母不得无理由剥夺子女与其兄弟姐妹和其他亲属共处的权利。

二、我国诉讼离婚中儿童探望权之学者建议稿评析

通过对上述三个学者建议稿之探望权的考察，我们可以发现，这三个学者建议稿都规定了探望权制度，涉及探望权的界定、行使以及中止等问题。下面进行简要的评析。

（一）“探望权”的表述用语

通过比较发现，上述三个学者建议稿对“探望权”的表述用语存在一定差异。梁慧星等学者建议稿仍然沿用我国1980年《婚姻法》（2001年修订）的规定，使用“探望权”一词。而王利明等学者建议稿和徐国栋等学者建议稿则放弃“探望权”一词，改用“探视权”的概念。其原因为何？王利明等学者认为，“探望”

一词多指从远道而来进行见面、看望，而“探视”一词仅指看望，并没有远道之意。现实生活中父母与子女间的距离并非总是相隔甚远、远道而居，因此，使用“探视”一词较为妥当。[①] 其实，“探视”一词已经为部分国家所使用，如瑞士、韩国、美国等国家。笔者认为，“探望”与“探视”的区别并不大，都是指一方前来看望另一方。

（二）儿童享有与父母的会面交往权

梁慧星等学者建议稿和徐国栋等学者建议稿，在建议父母对子女享有探望权的同时，还建议增设“子女的会面交往权”，即子女享有与不共同生活的父母一方进行会面交往的权利。徐国栋等学者建议稿甚至进一步指出，父母与子女的交往，既是其义务又是其权利。此种专门赋予子女享有会面交往权的立法建议，重点考虑子女对亲情关怀的心理需求，突出对子女的人格尊严和权利主体地位的尊重和保护，体现了子女本位思想，符合儿童最大利益原则，对完善我国探望权制度具有重要的参考价值。而王利明等学者建议稿仍然沿用我国 1980 年《婚姻法》（2001 年修订）的规定，仅强调父母一方对子女的探视权利。

（三）第三人与子女的交往权利

关于第三人与子女的见面交往权利，梁慧星等学者建议稿和徐国栋等学者建议稿都建议增设子女与祖父母、外祖父母、兄弟姐妹等近亲属的“见面交往权”。然而，王利明等学者建议稿对此却没有作出相关建议。父母的离婚并不能消除祖父母、外祖父母、兄弟姐妹等其他与子女关系密切的近亲属与其天然存在的血缘关系和亲密情感。他们的交往有利于满足子女的情感需要，弥补父母离婚给子女造成的内心创伤。同时，这也是国际上主要国家的通行做法。

---

① 王利明主编：《中国民法典学者建议稿及立法理由·人格权编·婚姻家庭编·继承编》，法律出版社 2005 年版，第 294 页。

(四) 探望权的中止情形

上述三个学者建议稿都建议，如果不直接抚养人的探望不利于子女身心健康的，法院根据子女或直接抚养人或其他监护人的申请，可以裁定中止探望权。这一建议也与我国现行探望权制度的规定相一致，体现了儿童最大利益原则。除了探望权中止的一般原则之外，梁慧星等学者建议稿还增加了探望权中止的五种具体情形。这一建议为法官提供了更加具体的判断标准，有利于司法裁判的实际操作。

第四节　诉讼离婚中儿童探望权之完善建议

探望权是一项旨在通过消除父母子女间的交往障碍，达到维系离婚后正常的亲子关系，促进儿童身心健康，展现人文关怀色彩的制度设计。调查数据显示，探望权制度在诉讼离婚活动中的实施情况并不理想。因此，为了充分发挥探望权制度的功效，满足离婚父母和子女的情感需求，一是需要完善我国的探望权法律制度；二是还应该形成“一种尊重探望权，并为探望权的行使提供各种方便的法律文化和社会条件”。①

一、完善探望权制度之法律规范

完善的法律规范不仅为司法裁判提供合理、健全的法律依据，保证案件结果的公平和公正，而更重要的是，还会引导民众形成良好的思想观念和行为模式，构建依法治国的氛围与环境。

(一) 界定探望权为权利义务的统一体

如前所述，对于不直接抚养子女的父母一方而言，探望权应当是权利义务的统一体，或者说是义务性的权利。探望权是一种源于亲权的身份权利。身份权不单独为权利人之利益，同时为受其行使

① 王丽萍：《亲子法研究》，法律出版社 2004 年版，第 118 页。

之相对人之利益而存在，原则上权利人有行使之义务。[①] “这一权利源自父母的天然属性和与此相关的责任。”[②] 父母对子女负有抚养、教育、保护的法定义务和责任，这种义务和责任并不会因为离婚而解除。父母子女间的亲子关系不会因为离婚而改变。根据我国法律规定，不直接抚养子女的父母一方仍是子女的监护人，仍需承担教育、保护等监护职责。保证其对子女的探望行为，既可以使自己的情感有所寄托，缓解对子女的相思之苦；更重要的是，这也是其履行照顾、保护、教育子女的监护职责。探望权作为一种制度设计，正是离婚父母承担教育、保护义务的法定途径。[③]

不直接抚养子女的父母一方探望子女，不仅是一种权利，更应该是一种义务和责任。故不能让与，也不能抛弃。一方面，作为权利而言，子女的直接抚养人要积极配合，使对方能够按照约定或判决确定的时间、方式探望子女，保障探望权的落实，不能以各种理由和借口阻挠对方行使探望权，除非存在探望严重损害子女利益的情况。另一方面，作为义务而言，探望子女是不直接抚养子女的父母一方应尽的法定义务和职责，不能无故推脱和放弃，否则要承担相应的法律责任。

尽管我国 1980 年《婚姻法》（已被废止）和《民法典·婚姻家庭编》都没有明确探望权的义务属性，但是司法实践已经走在前列，认识到探望权之权利义务的双重属性。如有的判决指出，“探望权作为亲属权的重要内容之一，既是成年近亲属对未成年人的法定权利，也是成年近亲属对未成年人的法定义务”。[④] 为此，我国《民法典·婚姻家庭编》第 1086 条应明确规定，不直接抚养子女的父或母一方有义务并有权利与子女交往。

---

① 史尚宽：《亲属法论》，中国政法大学出版社 2001 年版，第 35 页。

② 王葆莳：《“儿童最大利益原则”在德国家庭法中的实现》，载《德国研究》2013 年第 4 期。

③ 蒋月：《婚姻家庭法前沿导论》（第二版），法律出版社 2016 年版，第 430 页。

④ 参见江苏省无锡市中级人民法院（2015）锡民终字第 01904 号民事判决书。

（二）明确子女的探望权主体地位

从父母子女的身份关系而言，身份法的指导原理已从父母的利益转为子女的利益，因此不仅父母是探望权的主体，子女亦为探望权的主体。[①] 子女和父母是平等的，同样享有探望权。探望权制度的宗旨就是满足父母与子女双方的情感需求，维系健康的亲子关系，实现子女的最大利益。父母子女之间感情的沟通和交流是相互的、双向的，而非单向的。子女不是默默地等待被探望的对象，而是具有独立人格和个人情感且享有探望权的主体，毕竟探望权是以子女的最大利益为考量标准，其实现也需要征求子女的意见和配合。探望权是基于亲子关系所衍生的自然权利，是父母的权利，更是子女的权利，是父母与子女共同享有的权利。[②] 明确子女的探望权主体地位，符合儿童的最大利益原则，更有利于探望权制度之价值功能的实现。

赋予子女以探望权主体地位已经成为世界诸多国家的普遍做法。在英美法系国家，如美国印第安纳州的探视权指南指出，父母探视子女是子女的基本权利，保证子女不存有被父母和兄弟姐妹抛弃的感觉是极为重要的事情。英国《1989 年儿童法》规定了“交往令”，取代之前的“探视权”。[③] 这一概念表述的变化反映了父母子女之间交往的双向性，而非单向性模式。英国《1996 年家庭法》第 11 条第（4）款（c）项规定，在没有相反证据的情况下，最符合儿童福利的做法是，让子女定期与对其负有父母责任的人和其他家庭成员保持联系，让子女尽可能地与父母持续维持最良好的关系。澳大利亚《1975 年家庭法》明确规定了子女有与父母、祖父母等亲属见面、交往的权利。该法第七章“子女”部分第 60B 条（2）（b）规定，子女有权定期地与父母以及其他与其照料、福利

① 陈棋炎、黄宗乐、郭振恭：《民法亲属新论》，三民书局股份有限公司 2008 年版，第 257-258 页。

② 于东辉：《我国探望权法律制度研究》，载《山东社会科学》2009 年第 7 期。

③ 石雷：《英国现代离婚制度研究》，群众出版社 2015 年版，第 47 页。

和成长有重要意义的人交往，除非其交往有悖于子女最大利益。同时，第65C条规定子女还可以申请接触令。[①] 在大陆法系国家中，如《法国民法典》第373-2-6条规定，家事法官应该采取措施，以保证子女与其父母各方联系的持续性与实际性。[②]《德国民法典》第1684条更是明确规定子女享有与父母的任何一方交往的权利。[③]《瑞士民法典》第273条第1款规定，子女和没有亲权或未照顾子女的父或母之间相互有权要求保持合理的探望。[④]《俄罗斯联邦家庭法典》第55条规定，父母离婚后，子女有与父母双方、祖父母、外祖父母、兄弟姐妹和其他亲属来往的权利。

上述国家的立法不仅明确了子女与父母保持联系是其享有的法定权利，有的更是强调子女的优先地位，从子女为探望权主体的角度来表述探望权，如"子女有权与……保持联系"。这种立法语言的规范表述凸显出将儿童作为探望权主体的立法理念和价值导向，有利于培育重视儿童权益的法律文化和价值观念。因此，探望权的主体，除了包括未与子女共同生活的父母一方，更重要的是还应该包括子女本人。

（三）细化规定探望的时间和方式

昂格尔说："普遍拥有的认识和理论所暗含的行为标准必须充分具体和连贯，以便指导人们的交往，因此需要一套明确的法律和规则。"[⑤] 为了增强法律对人们行为的指引功能，为法院处理探望纠纷提供法律依据，笔者建议，我国应采取例示主义的立法模式，即我国《民法典》规定探望行使的一般原则，司法解释具体列举

---

① 《澳大利亚家庭法》（2008年修正），陈苇等译，群众出版社2009年版，第114-140页。

② 《法国民法典》，罗结珍译，北京大学出版社2010年版，第117页。

③ 《德国民法典》（第三版），陈卫佐译，法律出版社2010年版，第498页。

④ 《瑞士民法典》，于海涌、赵希璇译，法律出版社2016年版，第101页。

⑤ ［美］昂格尔：《现代社会中的法律》，吴玉章、周汉华译，中国政法大学出版社1994年版，第30页。

探望时间和行使方式的常见类型。

1. 探望时间

时间包括时刻和时段两个方面。同样，探望时间也包括探望时刻和探望时段。这两个因素直接关系到探望权能否实施及其效果。探望时间往往需要根据子女、父、母三方的具体情况来确定，具有很大的个体性。总的来说，探望时间的确定要以不对子女的生活、学习造成较大影响和便利不直接抚养子女的父母一方的探望为准则。从实践情况来看，常规探望时刻主要集中在周末探望和节假日探望，是因为在这些时间内子女和父母通常不上学、不上班，有比较充裕的时间和精力实施探望行为。这种常规的、有规律性的定期探望，能够保持父母与子女间的持续交往，维持亲子关系的长期性和稳定性，同时，我们还应该考虑到对子女和父母具有重要意义的特殊时刻或实质性重要时间的探望，如生日、六一儿童节、父亲节、母亲节、家长会、生病住院等重要时间。

共度实质性重要时间的探望，能够更进一步增强父母子女间的亲情联系。澳大利亚《1975 年家庭法》第 63DA 条规定，在父母制订养育计划时，应该告知他们，在合理可行和符合子女最大利益的前提下，子女和他们一方应共度相同时间或实质性重要时间。第 65DAA 条规定，法院应考虑在一定情形下让子女花相同时间或实质性重要时间与父母各方在一起。实质性重要时间主要包括下列情形：子女与父母在周末和假期以及非周末和非假期的时间在一起，并且允许父母参加子女的日常事务和对子女来说属于特别重要的场合和事情；同样，子女与父母在一起时，允许子女参加对于父母各方来说属于特别重要的场合和事情。[①]

因此，在我国《民法典·婚姻家庭编》的司法解释中，可以规定探望时间的具体类型，除了常规的周末和节假日探望之外，还

① 《澳大利亚家庭法》（2008 年修正），陈苇等译，群众出版社 2009 年版，第 135-147 页。

应该规定对父母和子女双方来说具有不凡意义的时间。另外，随着电子通信技术的迅速发展和普及，探望所受地域、距离、时间的限制明显趋弱，这为父母子女通过网络形式进行联系和交流提供了便利条件。

2. 探望方式

探望方式是指父母与子女双方见面、交流、联系的具体形式和途径。一般情况下，探望权的行使方式可以分为两种：一种是会面式探望，就是不直接抚养子女的父母一方到子女居住地或指定地点进行探望。这种探望方式的特点是时间短、方便灵活，子女通常有他人的陪同，对子女的生活和学习影响较小。另一种是逗留式探望，就是不直接抚养子女的父母一方按照约定或法院判决确定的方式将子女带离并按时送回，其特点是探望时间较长，能较好培养父母子女间的感情，对子女的生活和学习影响较大。

关于探望方式问题，两大法系采取了不同的立法模式。具有成文法传统的大陆法系国家，如法国、德国、瑞士等，采取概括主义立法模式，没有具体规定行使探望权的具体方式，而是由父母双方协商或法官根据案情裁判，其原因主要是现实生活的复杂多样和探望方式的多元样式。而具有判例法传统的英美法系国家，如英国、美国、澳大利亚等，则采取例示主义立法模式，列举出探望的具体方式，为父母双方和法官提供明确的规范指引和参考。

英美法系国家规定的探望方式丰富多样，甚至包括体现鲜明时代特征的电子通信方式。英国《1989 年儿童法》第 8 条规定，根据案件的具体情况，儿童可以与其探望人共住或者以其他方式接触，不仅包括比较常见的直接接触（逗留、探访），还包括间接接触（书信或电话等形式）。这两种探望方式都有利于增强父母与子女间的感情，对子女的福利非常重要。在直接接触无法实现时，则有必要采取对子女有利的间接接触方式，同时，在条件允许时，应及时恢复直接接触。[①] 美国伊利诺伊州《结婚和婚姻解除法》第607条第（a）款规定，探视是指父母和子女亲身共度的时间，在适当的情况下，父母也可以借助通信工具与子女进行交流，如电话、邮件、即时消息、网络视频等形式。[②] 澳大利亚《1975年家庭法》第63C（2C）条和第64B（4）条规定，父母在制订养育计划和法院作出养育令时，子女与父母及其他人的交流除了见面相聚之外，还包括信件、电话、电子邮件或其他的电子媒介等形式。[③]

比尔·盖茨指出，网络正在改变人类的生存方式。同样，在互联网和多媒体技术迅猛发展的今天，虚拟探望已经成为补充现实探望的重要方式。虚拟探望，与现实探望相对应，是指借助E-mail，即时通信工具，网络摄像头以及其他网络工具，为非居住父母和其子女之间提供定期交流的一种探望方式。[④] 虚拟探望的方式主要有网络视频、电子邮件、即时消息，其中，网络视频交流是虚拟探望最主要的一种方式。作为互联网诞生地的美国，其司法和立法较早地确定了虚拟探望制度。早在1997年纽约Lazarcvic v. Fojelquist一案中，当母亲想要带孩子迁往沙特阿拉伯时，法院裁决将网络作为父亲与孩子交流的方式。在2001年新泽西McCoy v. McCoy一案中，上诉法院认为，网络视频的交流方式是现实探望的补充和创新，可以使父亲与女儿每天都进行交流，故而允许母亲带着女儿迁往加利福尼亚州。同时，美国犹他州2004年首先通过立法明确虚

---

① ［英］基思·摩根（Keith Morgan）：《家庭法基础》（*Essential Family Law*）（Second Edition），武汉大学出版社2004年版，第119页。

② 陈思琴：《离婚后亲子关系法律制度研究》，中国社会科学出版社2011年版，第168-169页。

③ 《澳大利亚家庭法》（2008年修正），陈苇等译，群众出版社2009年版，第134、142页。

④ Elisabeth Bach-Van Horn, "Virtual Visitation: Are Webcams Being Used as an Excuse to Allow Relocation?," *Journal of American Academy of Matrimonial Lawyer*, Vol. 21, 2008, p. 214. 转引自陈思琴：《离婚后亲子关系法律制度研究》，中国社会科学出版社2011年版，第175页。

拟探望的方式，允许父母通过电话和网络与子女进行交流、联系。随后，其他的部分州也都确立了虚拟探望制度。①

与现实探望相比，虚拟探望具有自身特点和价值功能。虚拟探望依赖于硬件设备和网络支持，具有方便、即时、经济、可操作性强等特点。虚拟探望最大的优势就是通过互联网拉近父母与子女间的时空距离，降低现实探望所消耗的较为昂贵的时间成本和经济成本，缓解子女直接抚养人的抵触情绪，避免离婚父母见面时的尴尬和对居住父母现有生活的影响，使父母子女间的见面交流更加方便、快捷。正是基于这些价值优势，虚拟探望可以维持异地居住父母与子女间正常的亲子关系，缓解现实中探望实施难、执行难的困境。

我国具有实施虚拟探望的必要性和可行性。伴随着我国市场经济的发展和城镇化进程的加快，导致人口流动性日益增强。父母离婚之后，可能会离开原来居住地，与子女相隔距离较远，若为经常性地与子女面对面交流实为一种奢望。虚拟探望就能够很好地解决此问题，同时，也为解决我国现实生活中探望权实施比率低和执行难的困境提供了新的思路。在我国互联网普及范围非常广、移动通信设备功能日益强大的今天，采取虚拟探望具有可行性。根据我国互联网信息中心（CNNIC）发布的第 42 次《中国互联网络发展状况统计报告》，截至 2018 年 6 月，我国网民规模达到 8.02 亿，普及率达到 57.7%，其中，手机网民规模达到 7.88 亿，网民通过手机接入互联网的比例高达 98.3%。民众使用的智能手机、平板电脑等通信工具不仅可以打电话、发信息，还可以利用 QQ、微信等即时通信服务的应用软件，快速发送文字、图片、电子邮件、语音信息和视频通话。这些设备在我国非常普及，经济成本不高，且容易操作。父母通过一部手机就能与子女视频通话，实现亲情沟通与

① 陈思琴、李杨：《美国离婚后的虚拟探望制度及其启示》，载《南昌航空大学学报》（社会科学版）2011 年第 2 期。

联系互动，这是何其方便与温馨！另外，我国地方法院已经开始尝试性采用虚拟探望的方式。在2009年珠海香洲区人民法院审理的探望权纠纷中，针对儿子及其母亲在国外居住的现实情况，法院支持了在国内居住的父亲的诉讼请求，允许其对儿子进行现实探望和虚拟探望，即现实探望就是父亲可以每隔三四年出国探望儿子一次，虚拟探望就是父亲与儿子每半个月可以打一次电话10分钟和进行一次网络视频20分钟。[①]

在肯定虚拟探望的同时，我们需要正确处理现实探望与虚拟探望的关系。一方面，虚拟探望仅仅是现实探望的一种补充和辅助，不能替代现实探望。“很难让人相信，在电脑屏幕前见面可以和父母的一个拥抱相比，或者在屏幕前展示一个棒球赛的奖品可以和父母在比赛现场相比。”[②] 因此，父母不能滥用虚拟探望，逃避现实的探望义务。另一方面，虚拟探望并非适合所有案件，其适用应该考虑父母和子女双方的具体情况，体现灵活性。

鉴于我国确立探望权制度的时间较短，以及现实生活中探望方式单一且极易引起纠纷的情况，笔者认为，我国应该采取例示主义的立法模式来规定探望方式。在保持我国《民法典·婚姻家庭编》第1086条第2款内容不变的情况下，司法解释可以列举规定具体的探望方式。具体内容如下：探望方式是指子女与父母以及关系密切的其他亲属之间进行交往、联系的方式，包括现实见面、短期共同生活、电话、即时消息、电子邮件、视频聊天以及其他联系交流的方式。

（四）概念用语：“会面交往权”代替“探望权”

在概念用语方面，笔者建议采用“会面交往权”一词，以替代“探望权”。其主要理由：一是“探望”一词带来的感受是父母

---

① 陈国超：《前夫讨要海外儿童探视权》，载《珠海特区报》2009年4月16日。

② Kenneth Waldron, “A Review of Social Science Research on Post Divorce Relocation”, *Journal of American Academy of Matrimonial Lawyer*, Vol. 19, 2005, p. 242.

一方对子女的探望，父母是主动方，子女处于被动地位，容易强化探望权为父母专有权利的错误观念，与子女应当具有的探望权主体地位不符；而“会面交往权”一词能够凸显子女与父母之间见面、交流、联系的平等性、双方性和互动性。二是如果继续使用“探望”一词，就会出现这样的表述，即子女享有探望父母的权利。部分人就会认为这样表述不妥。因为他们认为未成年子女往往年龄较小，很多情况下无法独自前往探望父母，必须求助于其他人，使其权利受限。三是域外部分国家、地区已经放弃“探望”或“探视”一词，而改用“联系”或“交往”的概念，如德国、英国、澳大利亚、我国台湾地区等均采用“交往”一词。

二、加强法官的干预和督促力度

20世纪中期，深受福利国家之介入主义的影响，家庭法呈现出私法公法化的趋势。国家通过立法和司法选择性地介入亲子关系领域，以维护弱势子女的权益。[①] 在诉讼离婚过程中，法院应当以儿童最大利益为原则，积极促使离婚父母达成探望权协议，或在离婚判决中明确探望权以及探望的时间和方式，以维护子女的合法权益。

（一）将探望与抚养问题一并处理

为了保证探望权的实施，法院在处理离婚案件时，应当将儿童的探望与抚养问题一并处理。我国1980年《婚姻法》（2001年修订）和我国《民法典》第1086条均将探望视为不直接抚养子女的父母一方所享有的权利，允许其自由处分，而非义务和责任，因而导致诉讼离婚中探望权适用率非常低。在诉讼离婚中，未成年子女因年幼往往处于被动支配的弱势地位，其享有的为父母一方所探望的权益时常被侵犯。这就需要法院代表国家积极地介入与干预。如《瑞士民法典》规定，在离婚案件中法官应当确定子女与父母一方

① 王洪：《家庭自治与法律干预——中国大陆婚姻法之发展方向》，载《月旦民商法》2005年第8期。

的探视权。因此，在我国诉讼离婚中，法院应采取如下做法：法院应当先向父母双方释明探望权的法律规定以及对子女的重要意义，促使双方就探望问题达成协议，并进行审核。如果父母双方就探望权问题无法达成协议的，法院需要在全面了解案情和征求未成年子女意见的基础上，确定探望权问题，除非存在探望严重损害子女利益的情形。

（二）确定探望的时间和方式

诉讼离婚中确定探望的时间和方式，有利于保障探望权的实施。在调查过程中，我们发现诉讼离婚中明确探望权的案件很少，而确定探望时间和探望方式的案件更是少之又少。为此，在离婚案件的审理过程中，法官应通过调解，积极促使父母双方就探望时间和探望方式达成一致意见。如果离婚父母双方确实无法达成一致意见的，法官应当在考量案件具体情况和儿童意见的基础之上，确定探望的时间和方式。

从世界上其他国家、地区的司法实践来看，法官在确定探望权的时间和方式方面均发挥着重要作用。如在德国，家事法院可以裁判交往权的行使和范围。为了儿童的最佳利益之必要，家庭法院可以限制或排除交往权或先前关于交往权裁判的执行。在法国，法官有权采取各种措施，以保证子女与其父母各方联系的持续性与实际性。在作出有关确定行使探望权的方式之前，法官得委派有资格的人进行社会调查。在瑞士，法院如果变更了父母的亲权或子女的抚养权，就应该负责安排探视权。在我国台湾地区，法院可以依请求或职权，为未行使或负担权利义务方酌定其与子女会面交往的方式及期间。

对于探望时间和方式的选择，法官需要考虑的因素之一就是子女的实际情况（主要是年龄和个人意愿）。具体来说，对于处于婴幼儿时期（0—3 周岁）的子女，由于他们年龄非常小，缺乏自我表达能力，适应环境能力较差，需要成人的细心照料和稳定的生活环境，因此，对于 0—3 周岁的子女，短暂性的看望式探望是适宜的，时间较长的逗留式探望显然不合适。对于 3—5 周岁的子女而言，虽然他们的语言表达能力和环境适应能力不断提高，但是他们对共同居住父母一方的依赖性还是非常强的。对此，还是应该以看望式探望为主，可以适当地延长探望时间，逐步地向逗留式探望发展。对于 6—10 周岁的儿童，对环境的变化适应能力增强，看望式探望和逗留式探望的方式均可适用。由于 10 周岁以上的未成年子女，为限制民事行为能力人，其在是否探望这一问题上已具备了相对成熟的独立思考和判断能力，在决定探望权问题时应征求和尊重他们的真实意见。

三、提高父母的思想认知水平

探望权制度的实施，除了立法制定完善的法律制度、法官积极履行职责之外，更重要的是取决于离婚父母双方对探望权的认知态度和行为支持，因为探望权的顺利实现最终还是需要父母双方的配合与支持。

（一）正确认识探望权制度对子女的重要价值

离婚父母双方必须认真对待探望权制度，充分发挥其促进子女身心健康的重要作用。男女双方在诉讼离婚过程中，需要关注的不仅包括婚姻解除和财产分割问题，更重要的是，还需要关注子女日后身心健康成长的问题。离婚除了终止男女双方的婚姻关系之外，还极大地影响着子女的生活方式和心理感受等方面。父母离婚之后，未成年子女只能被迫地与一方分离，无法与之共同生活，忍受相思之苦、分离之痛。可以说，父母离婚对子女的影响是最大的。故而，子女的利益应该成为离婚父母关注和考量的首要问题。探望权制度的重要价值之一，就是在父母离婚之后继续维系子女与非居住父母一方及其他关系密切的亲属之间的亲情联系，降低离婚对子女心理上的冲击和损害。故此，探望权制度不是可有可无的，而是在抚慰子女受伤的心灵和维系离婚后正常的亲子关系等方面具有重要价值。

在认识探望权制度重要价值的同时，离婚父母还需要意识到与子女的见面、交流与联系不仅仅是其应当享有的权利，更是双方需要承担的义务和责任。不直接抚养子女的父母一方要积极行使探望权，经常性地与子女进行见面和交流，不能无故推脱探望；直接抚养子女的父母一方更要积极配合和协助，创造便利条件，不能无故阻拦探望，改变传统观念中“离婚即仇敌”的思维定式。①

（二）合理约定探望的时间和方式

对于探望的时间，离婚父母双方要根据子女和双方的具体情况来确定。探望时间的确定，既要考虑定期的、有规律的探望，如周末、月末或节假日等时间点，还要考虑一些具有特殊意义的重要时间，如在六一儿童节、子女和父母的生日、家长会等。探望时间包括探望时间点和探望时间段。父母在约定探望时间点的同时，还需要确定探望的时间段，即父母与子女每次见面、交流多长时间。另外，探望的时间还应该体现灵活性。如因子女或父母一方的原因导致无法在预定的时间进行探望，父母达成的探望协议应该对此事先约定。探望时间的确定，有利于子女、父母个人时间的安排和减少摩擦的发生。

对于探望的方式，离婚父母要有正确的认识，并不能将其字面化地理解为“探”和“望”。探望并不是简单、短促地看，应该有更多的互动内容、陪伴时间和短暂生活的含义。仅仅让非居住父母一方与子女在规定时间见面的做法是消极的、片面的，还必须让其享有抚育子女的实际内涵的权利，使其在子女的身心健康的成长过程、价值观的正确树立和重要事项的知悉选择等方面产生实质性和持续性的影响。这样，探望权才不是“权利的最小化”，而是“权利之外的东西”。②

① 黄宇：《疼痛与拯救：离异家庭子女抚养问题的立法理念反思与法律制度构建研究》，中国政法大学出版社 2016 年版，第 148 页。

② ［日］棚濑孝雄：《现代日本的法和秩序》，易平译，中国政法大学出版社 2002 年版，第 75 页。

第六章　我国诉讼离婚中儿童权利之程序保障研究

程序法与实体法关系密切，在保障实体权利实现方面发挥着至关重要的作用。诉讼离婚是夫妻双方依照法定程序解除婚姻关系的重要方式。诉讼离婚具有特殊性，属于身份性质的法律关系纠纷，交织着错综复杂的情感、血缘和家庭因素，其实质为亲人、熟人之间引起身份关系变动的法律纷争，不同于普通的民事财产（如物权或合同）纠纷。法院如果简单地适用普通的民事诉讼程序，就会经常性地陷入严格依法办案与真正化解纠纷的两难境地。因此，根据诉讼相称性原理，诉讼离婚案件需要适用与其特点相适应的诉讼程序，而不能适用普通的民事诉讼程序。当代社会，离婚率呈现逐年上升的趋势。受父母离婚影响的儿童已经成为一个数量较多、不可忽视的群体。值此我国正在进行家事审判改革的现实背景下，通过科学的、特别的诉讼程序来保障儿童受抚养权、受监护权、探望权等权利的实现，扫除儿童利益保障的程序障碍，已经成为无法回避的迫切问题。

第一节　诉讼离婚中儿童权利程序保障的确立与发展

一、诉讼离婚中儿童权利程序保障的理论分析

（一）诉讼离婚程序对儿童权利保护的重要价值

1. 民事诉讼程序具有重要的外在价值和内在价值

民事诉讼是三大诉讼类型之一，是指法院在当事人和其他诉讼参与人的参加之下，依照法定程序解决民事纠纷的活动。程序性是民事诉讼制度的重要特征。程序性要求在民事诉讼过程中，法院、当事人和其他诉讼参与人都需要按照民事诉讼法规定的程序规则进行诉讼行为；否则，其进行的诉讼行为就会被法律所否定，对实体权利和诉讼活动均会产生不良影响。价值，是客体的属性、功能与主体需求之间的一种效用关系，或者说，就是某物对于某种目的来说具有可用性。“人们通常将价值区分为工具价值和固有价值，即作为方法的善和作为目的的善。”① 故而，民事诉讼程序主要有两项基本的价值，即外在价值（工具价值）和内在价值（固有价值）。

民事诉讼程序的外在价值，是指人们据以评价和判断一项民事诉讼程序在产生公正的裁判结果方面是否有用和有效的价值标准，主要表现为在诉讼过程中通过诉讼程序保证实体法规范得到实施和相关利益得到维护，实现对实体公正的促进与对诉讼秩序的维护。如果一项诉讼程序具有促生善的能力和结果，我们就说它具有工具价值或外在价值。②

民事诉讼程序的内在价值，是指诉讼程序自身体现出公平、正

① 《不列颠百科全书》（第四卷），中国大百科全书出版社 1985 年版，第 306 页。
② 王德新：《民事诉讼法学》，中国政法大学出版社 2013 年版，第 30 页。

义、合理的内在属性和价值取向。程序正义是其内在价值的集中体现。正义不仅要实现，而且还要以人们看得见的方式来实现。这里的“看得见的方式”就是所谓的“诉讼程序”。如审判公开程序体现了司法公正的法治精神，这就是程序自身具有的固有价值或内在价值。程序正义不仅要体现自然正义原则，而且也包括正当程序原则。根据《布莱克法律辞典》的解释，所谓的正当程序是指任何权益受判决影响的当事人都有权获得参加法庭审判、提出个人主张和进行辩论的机会，并且应被告知控诉的性质和理由。

笔者认为，民事诉讼程序的外在价值和内在价值、实体正义和程序正义“犹如一辆车的两只轮子”,[①] 应当并重而行，不能厚此薄彼。实体公正与程序公正是统一的，二者共同构成司法公正的基本内容，最终指向是一致的。[②] 在通常情况下，程序公正是实体公正的前提，二者具有一致性，也就是说，程序公正往往会保障实现实体公正。但是，在有些情况下，公正的程序并非必然产生公正的结果。[③]

2. 诉讼离婚程序对儿童权利保护的重要意义

诉讼离婚是夫妻一方向法院提出解除与另一方婚姻关系的离婚方式。诉讼离婚所适用的法定程序就是诉讼离婚程序。它是民事诉讼程序的重要组成部分。离婚不仅涉及婚姻双方当事人的利益，而且还对儿童利益产生重要影响。因此，对于儿童权利保护而言，诉讼离婚程序同样具有重要的外在价值和内在价值。

诉讼程序与实体权利犹如“车之两轮、鸟之两翼”，二者“虽

---

① ［日］兼子一、竹下守夫：《民事诉讼法》，白绿铉译，法律出版社 1995 年版，第 8 页。

② 田平安主编：《民事诉讼法原理》（第六版），厦门大学出版社 2015 年版，第 39-40 页。

③ 宋朝武主编：《民事诉讼法学》，厦门大学出版社 2015 年版，第 22 页。

旨趣相异，但彼此牵连，相互触动”。[①] 在研究诉讼离婚中儿童实体权利保护的同时，还需要关注诉讼离婚程序的设计与构建。离婚并不会消除父母子女间的权利义务关系，因此，在离婚诉讼过程中，法院、父母双方需要处理儿童事务，主要涉及儿童的受抚养权、受监护权和探望权等实体权利。基于诉讼程序的外在价值考虑，诉讼离婚程序的设计和运行应当着眼于儿童权利的保障与实现，以及婚姻法等实体法的实施；基于诉讼程序的内在价值考虑，诉讼离婚程序的制度设计要遵循儿童最大利益原则，尊重儿童的诉讼主体地位，保障儿童参与诉讼、表达个人意见等诉讼权利。因此，为了充分实现诉讼离婚中儿童的权利保护，诉讼离婚程序的保障作用是不可或缺的。

（二）诉讼离婚中儿童权利之特别程序保障必要性

1. 普通诉讼程序与诉讼离婚案件并不匹配

第一，离婚案件在诉讼主体、诉讼标的、处理方式、社会影响等方面具有自身特点，不同于合同、权属侵权等民事纠纷。在诉讼主体方面，离婚当事人之间具有复杂的情感纠葛和身份关系，财产关系只是身份关系的附属产物，区别于普通的、单纯的财产关系。在诉讼标的方面，除了财产关系之外，更重要的是还包括具有身份属性的夫妻关系和亲子关系。在处理方式方面，离婚案件涉及夫妻之间的情感、家庭隐私和儿童抚养、监护等问题，其处理方式并不能真正做到是非曲直地清晰分割，因此更加青睐使用调解方式来解决。在社会影响方面，离婚案件不仅仅是男女双方的私事，还关系到儿童成长、家庭和睦、社会稳定等社会公共利益。

第二，根据程序相称性原理，即诉讼程序应当与其所对应的纠纷性质相匹配。[②] 离婚案件的特点决定了普通的民事诉讼程序与之

---

① 王德新：《民法典与民事诉讼法的协同构建》，载《河南社会科学》2016 年第 1 期。

② 陈爱武：《人事诉讼程序研究》，法律出版社 2008 年版，第 79 页。

并不匹配。普通的民事诉讼程序主要是针对平等主体之间的财产关系纠纷，采用严格的当事人主义诉讼模式。该模式假定当事人双方在资源、实力等方面是基本平等的，由当事人提出诉讼请求、提供证据、充分辩论、查明案件事实，法官则处于中立的裁断者角色。这样的诉讼模式虽然具有诉讼成本低、经济效益高、尊重当事人意思自治等优点，但是这样的诉讼模式忽视了离婚案件等家事纠纷的特点，常常不能真正化解矛盾、妥善解决纠纷，具有结构性的不足。

正是由于家事纠纷中当事人之间存在血缘关系、情感纠葛和伦理评价等因素，因此要求在程序上具有较一般民事诉讼更为温情、更具温度的关照设计，完全依照刻板的一般民事诉讼程序可能会使当事人之间的情感裂痕雪上加霜，从而使彼此之间的矛盾更为激化。[①] 正如日本著名学者我妻荣先生认为，“财产关系是理性的关系，可以用理性的一般的解决基准来对待，而身份关系是非理性的关系，家事纠纷的基础就是身份关系，其背后潜藏着复杂的人际关系，表面上看，有财产分割、精神安慰费、养育费等支付金钱的请求，其根本则是夫妻间、亲族间情感上、心理上的纠葛，即埋藏着的非理性因素。因此，为了理性地解决表面上的法律纠纷，有必要先解决这些非理性的要素。显然，对待非理性的关系，适用理性的一般基准是不适当的”。[②] 可见，适用诉讼离婚案件的诉讼程序应当具有特殊性。

2. 诉讼离婚中儿童的特殊地位需要特别程序保障

在诉讼离婚中，儿童的正当利益时常会被忽视。俗话说，血浓于水，舐犊情深。通常情况下，父母在离婚时会充分考虑子女利益，努力实现儿童的受抚养权、受监护权和探望权等权利。但是，当父母双方矛盾比较激化时，或者父母过分追求个人私利时，儿童

① 陈棋炎：《亲属・继承法基本问题》，台湾三民书局 1980 年版，第 59 页。

② 我妻荣：《家族法的诸问题》（第一版），有斐阁昭和 27 年版。

往往成为争夺利益的筹码或者父母报复对方的工具，沦落异化为客体。[①] 有些父母只考虑自己的感受和利益需求，或争夺子女的抚养权，或推脱抚养责任，完全忽视了子女的个人意见和利益需要。[②] 因此，有日本学者认为，儿童在诉讼离婚中，应当具有当事人的地位，不应是父母双方争夺的对象。[③]

然而，面对此种情况，在诉讼离婚中，儿童往往只能被动性地听从父母的安排，习惯性地沦为客体，成为一名“失声者”。其原因就在于儿童在诉讼离婚中的特殊地位。在诉讼离婚中，父母是双方当事人，是诉讼活动的主体，行使诉讼权利，根据自身利益需要可以独立地提出请求、发表意见、提供证据、接受调解、处分自己的权利。而儿童在对自身产生重要影响的诉讼离婚中，却不具有诉讼主体资格，既不是案件当事人，又不是诉讼第三人，无法以诉讼主体身份发表意见，保护自己的合法权利。同时，又受年龄幼小、行为能力受限、认知能力欠缺和法律意识淡薄等自身条件的限制，儿童即使参加庭审活动，也无法保证其能够正确表达自己的意见及其意见的合理性。这明显违背正当程序原则。

在诉讼离婚案件中，法院对儿童权利的保护应是第一位的。不管儿童是不是案件的当事人，或者在案件中是否具有某种身份或地

---

① 陈爱武：《家事诉讼与儿童利益保护》，载《北方法学》2016 年第 6 期。

② 2011 年，北京一对夫妻向法院提起离婚诉讼。夫妻双方均同意离婚，只是对 4 岁儿子的抚养问题无法达成协议。母亲认为，自己没有稳定的工作和固定的住所，缺乏抚养能力；而父亲则认为，抚养孩子会影响自己的工作，不愿意抚养孩子。对此，双方争执不休，在庭前调解过程中，父母双方决定采用当庭竞价抚养费的方式来解决儿子的抚养问题。参见《离婚夫妻“竞价抚养费”出价高者可不养孩子》，发布日期：2011 年 3 月 25 日，http：//www. news. qq. com/a/20110325/000269. htm，最后访问日期：2019 年 1 月 15 日。

③ ［日］乌津一郎教授之发言：《现代の亲子问题——座谈会》，ヅユリヌト540 号，第 32 页，转引自林秀雄：《婚姻家庭法之研究》，中国政法大学出版社 2001 年版，第 103 页。

位，只要案件涉及儿童利益，法院都应当主动为其提供特殊保护。[①] 为此有学者指出，关注家事审判程序法的单独化，是合理化解家事纠纷的重要路径。[②]

总之，在诉讼离婚中，儿童是珍贵而又脆弱的特殊群体，保护儿童权利是构建司法程序的首要考量因素。传统的对抗—裁判诉讼程序缺乏对离婚案件特殊性的关照，既未考虑离婚案件双方当事人之间的“情绪调整”或“社会适应性调整”，又未充分考虑儿童在诉讼离婚中的特殊地位与情况。[③] 因此，为了保护诉讼离婚中的儿童权利，依据程序相称性原理，应当根据离婚案件的特点和儿童的情况构建专门的诉讼程序，以实现程序正义与实体正义相结合。

二、诉讼离婚中儿童权利程序保障之域外考察

家事纠纷案件的特殊性需要适用专门的解决程序。为此，世界上诸多国家已经制定相关法律，规定专门解决家事纠纷案件的特殊程序，其中就包括针对离婚案件保护儿童权益的特别程序。

（一）制定专门的家事程序法

正是基于家事纠纷案件具有如此强烈的特殊性，世界上很多国家、地区都规定了特殊的诉讼程序来解决离婚等家事案件。也就是说，构建家事审判程序已经成为共同性经验。故而，包括离婚程序在内的家事诉讼程序脱离普通的民事诉讼程序，并非偶然，是有原因的。有的是在民事诉讼法中以单节或单章的形式规定，如《法国民事诉讼法》第三卷“某些案件的特别规定”就规定了离婚案件的司法程序，《德国民事诉讼法》第六编为“家事事件程序”；有的是专门立法，如日本是第一个对家事诉讼单独立法的国家，早

① 陈爱武：《家事法院制度研究》，北京大学出版社2010年版，第47页。

② 王琦：《聚焦我国家事审判改革的几个面向》，载《政法论丛》2018年第1期。

③ 陈爱武：《论家事审判机构之专门化——以家事法院（庭）为中心的比较分析》，载《法律科学》2012年第1期。

在1898年就制定了《人事诉讼程序法》，2004年经过修改成为《人事诉讼法》；德国于2008年制定了《家事程序与非讼事件法》，将家庭事件从民事诉讼法中剥离出来，整合推进家事审判制度，强调法庭在调整、治疗和修复家庭关系时社会作用；同时，还有英国的2010年《家事程序规则》、澳大利亚的《家事法案》、我国台湾地区的2012年“家事事件法”，等等。

这些家事程序法根据离婚案件的特点，普遍采取特殊的程序制度，如放弃严格的对抗制诉讼模式，扩大法官的职权调查范围和主动干预，并充分发挥调解、和解的重要作用，注意保护离婚案件中妇女、儿童等弱势群体的利益。

（二）规定保护儿童权益的特别程序

儿童是家事程序法重点关注的对象。离婚不仅结束了男女双方的婚姻关系，而且还会对儿童产生重要影响。离婚对于成人和儿童是两种完全不同的体验。对于成人而言，离婚可能是一种解脱，是追求幸福生活的开始；而对于儿童而言，父母离婚则意味着一个完整家庭的破碎，对儿童的伤害会随着时间而逐渐累积。因此，为了充分保护诉讼离婚中儿童的合法权益，最大限度地降低父母离婚对儿童产生的消极后果，很多国家和地区在家事诉讼程序中都专门制定了保护儿童权利的特殊程序。

在家事纠纷激增的大背景之下，世界诸多国家和地区为了保障儿童权利纷纷制定特别保障程序。特定程序如同定做的衣服一样，只有在裁缝能够投入大量时间并且充分尊重顾客的情况下，才可能合乎实际。[①] 美国为了帮助父母在离婚期间或离婚后可以更好地承担教养子女的职责，从20世纪80年代开始举办父母教育计划，允许父母自愿或强令父母参加。犹他州规定，父母必须参加教育计划，否则不能办理离婚。在英国，涉及儿童的诉讼都会有专门的人

① ［美］劳伦斯·罗森：《法律与文化：一位法律人类学家的邀请》，彭艳崇译，法律出版社2011年版，第37页。

员负责协助，包括法院的福利官员和诉讼监护人，他们会调查、了解儿童的生活状况，并向法庭提交调查报告和个人建议。同时，英国1996年《家庭法》鼓励在诉讼离婚中进行调解。澳大利亚在诉讼离婚中设立子女代表人制度，来保障儿童的合法权益。日本在涉及儿童的家事诉讼中，同样设立调查官制度，帮助法官了解儿童的生活状况和内心想法，为妥善解决儿童的抚养、监护等问题奠定事实基础。我国台湾地区“家事事件法”为了保护儿童利益，创设了社工人员陪同制度。

三、我国诉讼离婚程序的现状分析

（一）立法现状分析

从立法现状来看，我国关于诉讼离婚程序的特殊规定非常少。我国《民事诉讼法》缺乏关于诉讼离婚的特别程序，也没有制定专门的家事诉讼法。也就是说，在我国民事诉讼法领域，离婚案件与其他民事案件一样，适用基本相同的诉讼程序。当然，我国立法也注意到离婚案件的特殊性，在诉讼程序方面也作出了少许的特殊规定，散见于我国《民法典》《未成年人保护法》《民事诉讼法》及其相关司法解释之中，主要是将调解程序作为诉讼离婚的法定前置程序和证据调查方面的特殊规定。① 因此，离婚案件的管辖与审判程序适用我国《民法典》《民事诉讼法》《未成年人保护法》等法律法规的有关规定。

而针对诉讼离婚中儿童权利保护的特别程序之规定则少之又

① 我国《民法典》第1079条规定，人民法院审理离婚案件，应当进行调解；如感情确已破裂，调解无效，应准予离婚。最高人民法院2003年《关于适用简易程序审理民事案件的若干规定》第14条规定：对适用简易程序审理的婚姻家庭纠纷和继承纠纷，人民法院在开庭审理时应当先行调解。最高人民法院2001年《关于民事诉讼证据的若干规定》第8条规定，一方当事人对另一方当事人陈述的案件事实明确表示承认的，另一方当事人无需举证。但涉及身份关系的案件除外。最高人民法院2017年《关于依法妥善审理涉及夫妻债务案件有关问题的通知》第2条规定，未具名举债一方不能提供证据，但能够提供证据线索的，人民法院应当根据当事人的申请进行调查取证。

少，主要在诉讼离婚程序中听取并尊重儿童的意见。我国《民法典》第35条第2款规定，儿童的监护人在作出与儿童利益有关的决定时，应当尊重儿童的真实意愿。第1084条第2款规定，人民法院在处理儿童抚养问题时，应当尊重已满8周岁儿童的真实意愿。同样，我国《未成年人保护法》（2020年修订）第107条第2款规定，人民法院审理离婚案件，涉及未成年子女抚养问题的，应当尊重已满8周岁未成年子女的意见。

（二）司法现状分析

我国立法缺乏专门的诉讼离婚程序，导致司法实践中部分法院和法官对家事审判的特殊程序机理认知匮乏，混同家事案件与财产案件审判机理的情形比较普遍，未充分发挥调解制度的功效，严重影响了家事审判的法律效果和社会效果。[①] 同时，深受传统观念的影响，在诉讼离婚之中，法官常常将主要精力用于解决夫妻之间的人身关系和财产关系问题，而忽视儿童抚养、监护、探望问题的重要性，不利于儿童权利的保护。[②]

正是在这样的背景之下，我国司法实践开始进行家事审判改革的探索工作，其目标之一就是依法保障家事纠纷中儿童的合法权益。准确地说，这项工作首先是由地方法院自主探索开始的。最早在2010年3月，广东省在7个中级人民法院和基层人民法院开展试点工作，试行“财产申报、不公开审理、当事人亲自到庭”等新的制度，成为我国家事审判改革的先行者。随后，湖北武汉、江苏徐州等地法院也开始尝试家事审判改革。2016年，为了加快家事审判工作的进行，最高人民法院发布了《关于开展家事审判方式和工作机制改革试点工作的意见》，在118个基层人民法院和中

① 罗书臻：《家事审判改革为相关立法提供实践依据：专访最高人民法院审判委员会专职委员杜万华》，载《人民法院报》2016年3月3日。

② 陈苇、董思远：《家事审判改革视野下祖国大陆家事审判程序立法完善研究——兼以我国台湾“家事事件法”为学术视点》，载《西南政法大学学报》2018年第1期。

级人民法院开展为期两年的家事审判改革试点工作。经过多方努力，我国家事审判改革已取得初步成效。具体表现为，家事审判理念得以转变，家事审判机构与人员逐步专业化，积极创新家事审判工作机制（如家事调查、心理干预、婚姻冷静期、多方调解机制、案后回访等），制定家事审判工作规则等。

在司法实践中，部分地方法院在审理离婚案件时，以儿童最大利益原则为指导，积极探索，进行理论创新和制度创新，从审判程序方面来保障儿童权利。上海市普陀区人民法院探索创设了“儿童权益代表人”制度，由区妇儿工委办公室工作人员作为儿童权益代表人，通过独立地调查、取证、参与庭审等诉讼行为代表儿童参与诉讼。[①] 海南省、广东省部分试点法院创设了亲子关系报告制度，委托调查员对儿童的生活状况进行调查或委托心理咨询师对儿童进行心理测试，形成调查报告以供法官参考。2012 年，江苏省常州市天宁区人民法院制定了《关于审理未成年人民事案件的若干规定》，充分尊重儿童的诉讼参与权、知悉权、意见表达权，彰显儿童的诉讼地位，填补了未成年人民事审判领域的“专项空白”。[②] 上述地方法院的有益探索为我国诉讼离婚中儿童权利保护特别程序之构建提供了实践经验和依据。

2018 年 7 月 18 日，在总结两年来家事审判改革经验的基础之上，为了进一步深化家事审判改革工作，最高人民法院出台了《关于进一步深化家事审判方式和工作机制改革的意见（试行）》（以下简称《家事审判工作意见》），在家事调解、家事调查、心理疏导和审理规程方面提出了具体化的建议。

---

① 最高人民法院：《为社会建设奠基 为幸福生活护航——人民法院家事审判方式和工作机制改革综述》，发布日期：2018 年 7 月 20 日，https：//www. chinacourt. org/article/detail/2018/07/id/3398212. shtml，最后访问日期：2019 年 1 月 20 日。

② 谢晴等：《江苏常州天宁探索完善未成年人民事审判规范》，发布日期：2012 年 8 月 27 日，http：//www. chinapeace. gov. cn/2012-08/27/content_ 4900028. htm，最后访问日期：2019 年 1 月 20 日。

第二节　我国诉讼离婚中儿童权利程序保障之完善建议

一、完善诉讼离婚的调解程序

（一）家事调解对诉讼离婚中儿童权利保护的制度价值

调解制度在我国历史悠久，是古往今来解决民事纠纷的重要方式。调解是纠纷双方在第三方调停疏解、沟通劝导之下，依据人情、事理和法律，达成和议、解决纠纷的重要方式。“调解集法、理、情于一体，能较好地平衡当事人之间的利益，有效节省司法资源，是解决民事纠纷的最佳方式。”[①] 家事调解的意义在于促进当事人之间的有效沟通，冷静务实地协商解决问题，实现人际关系的重构。即使调解最终没有成功，从社会意义上来说，调解对纷争的解决也是非常有益的。[②] 因此，我国《民事诉讼法》将调解作为民事诉讼活动的基本原则之一。

作为民事纠纷的重要部分，离婚案件与调解制度具有天然的契合性和匹配性。俗话说，“清官难断家务事”。离婚案件混合着当事人之间的情感纠葛、家庭矛盾、利益冲突、血缘纷争等问题，并非简单的、可通过金钱来衡量的经济利益纠纷。离婚案件的特殊性质决定着需要“更多地适用更具温情的调解方式而不是刻板的法律判决”。[③] 如果法院通过普通的民事审判程序对夫妻之间的权利义务进行清晰分割，可能会导致矛盾进一步激化与升级，进而产生二次纷争，无法实现定分止争、案结事了的司法目标。

---

① 蒋月：《家事审判制：家事诉讼程序与家事法庭》，载《甘肃政法学院学报》2008 年第 1 期。

② 汤鸣：《家事纠纷法院调解实证研究》，载《当代法学》2016 年第 1 期。

③ 陈娟、尚丽娟：《家事诉讼中构建特别程序的价值及其实现》，载《河北法学》2018 年第 10 期。

另外，调解制度在实现离婚当事人的情感修复、矛盾化解、和平分手等方面具有明显优势的同时，对于离婚案件中儿童权利的保护同样具有重要的价值。即使调解无法使夫妻双方放弃离婚请求，法官也应当尽力促使双方通过协商达成协议，解决子女事务问题。《法国民法典》第252-2条规定："如法官不能使夫妻双方放弃离婚请求，仍应尽力让夫妻双方通过协商达成协议，解决离婚的各项后果问题，尤其是有关子女的问题。法院在作出判决时得考虑此种协议。"

1. 调解有利于减少父母离婚对儿童造成的心理伤害

调解方式可以缓和离婚双方之间的紧张关系，以避免涉及其中的儿童的心理受到二次伤害。调解方式的工作机理就是通过调解人员的沟通、疏导，摆事实，讲道理，依据情、理、法，分析原因，消除误会和矛盾，最终达成双方的谅解。对于危机婚姻，调解可能会促使双方和好，挽救一个家庭。对于死亡婚姻，调解可以让双方明白分手的原因，即使离婚也会缓和双方的紧张关系。这种和平分手的方式，也会让儿童理解父母，并相信父母是爱自己的。上述两种情况都可以使儿童避免陷入激烈的冲突之中，减少父母离婚对儿童造成的心理伤害。

如果通过审判的方式来处理离婚案件，夫妻双方就会互相举证，证明对方的过错，互揭伤疤，互相辩论和指责，甚至谩骂。这样紧张、激烈的父母关系必定会对儿童造成不知所措、紧张担心，甚至恐惧的心理。可以说，父母离婚会对儿童的身心健康造成持续的伤害，而其离婚过程的非理想解决方式又会对儿童造成不可否认的二次伤害。

2. 调解有利于促进父母双方对儿童事务的合作

父母离婚并不能消除双方对子女的义务和责任。诉讼离婚不仅要解决双方的人身关系和财产关系，而且还要妥善处理子女的抚养、监护、探望等问题。而子女事务的妥善处理需要父母双方共同合作。调解可以缓和父母之间紧张、对立的关系，从而在子女抚养、监护和探望方面更容易达成共识，以更加平和、负责的心态来处理子女问题。同时，调解协议的达成，也有利于离婚之后父母义务与责任的履行。例如，非直接抚养人按照约定定期支付抚养费，直接抚养人积极配合对方探望子女，双方就子女重要事项进行及时、充分的交流与沟通，这些都是符合儿童最大利益原则的体现。可见，“调解能够帮助婚姻已经彻底破裂的当事人以尽可能和缓的方式结束他们失败的婚姻，并对他们自己和孩子的将来作出最合理的安排”。①

而如果采取开庭审理的方式来处理离婚案件，当事人之间的矛盾和冲突可能会进一步加剧。双方可能会把对对方的怨气和不满发泄到儿童身上。此时，儿童就会成为双方争夺利益的交易筹码，或者报复对方的手段，因此就会出现父母双方争夺子女的抚养权，或者都不愿意抚养照顾子女的情况。在如此氛围之下，父母双方很难从有利于子女身心健康的角度出发来处理儿童事务。

法院对此类案件的处理，重要的是要展望未来，积极促成父母之间的合作。在离婚之后，儿童的健康成长仍需要长期依赖于父母双方，尤其需要不直接抚养的父母一方定期足额支付抚养费和定期探望。这些行为的完成都建立在父母双方关系缓和的基础之上。如果一方不积极主动支付抚养费，或者一方不主动配合对方探望子女，这些都会导致矛盾的激化和诉讼纠纷的二次发生。很显然，这种后果的出现都是不利于子女健康成长的。

（二）我国诉讼离婚中调解制度的现状检视

1. 我国诉讼离婚中调解制度的现状

从立法规定来看，我国规定了针对普通民事案件的调解制度，而针对离婚案件等家事纠纷的专门调解制度则缺乏系统性、专门性的规定。我国《民事诉讼法》专门规定了民事调解制度，并将调

---

① See Finer Report (1974), para. 4. 305. 转引自石雷：《现代英国家事案件审判体制的变迁及其启示》，载《时代法学》2012 年第 5 期。

解原则作为民事诉讼法的基本原则之一，并就调解的原则、组织形式、调解书的法律效力等问题作出规定。而我国关于离婚案件调解的法律规定主要散见于我国《民法典》《民事诉讼法》《未成年人保护法》及其相关司法解释之中。

第一，调解是法院审理离婚案件的必经程序。我国《民法典》第 1079 条第 2 款规定："人民法院审理离婚案件，应当进行调解；如果感情确已破裂，调解无效的，应当准予离婚。"该法将调解视为离婚案件的必经程序，即强制调解。最高人民法院 2015 年《关于适用〈中华人民共和国民事诉讼法〉解释》第 145 条第 2 款规定，人民法院审理离婚案件，应当进行调解，但不应久调不决；同时第 143 条规定，对于婚姻等身份关系确认案件，不得进行调解。可见，在我国，离婚案件的调解是强制性的诉中调解。

第二，在简易程序中，调解是前置调解程序。最高人民法院 2003 年《关于适用简易程序审理民事案件的若干规定》第 14 条规定，人民法院在适用简易程序开庭审理婚姻家庭纠纷时，应当先行调解；但是根据案件的性质和当事人的实际情况不能调解或者显然没有调解必要的除外。根据该规定，在简易程序中，调解为前置程序，即前置调解。

第三，离婚案件当事人须亲自参加调解。最高人民法院 2015 年《关于适用〈中华人民共和国民事诉讼法〉解释》第 147 条第 2 款规定，离婚案件当事人确因特殊情况无法出庭参加调解的，除本人不能表达意志以外，应当出具书面意见。因为离婚案件具有特殊性，涉及身份关系和夫妻感情的确认等问题，同时，也为了调解的顺利进行，需要双方当事人亲自参加调解活动。

第四，离婚案件的调解方式主要是法院调解，并配合协助调解和委托调解。根据上述法律规定，离婚案件的调解是诉中调解，是由法官来主持进行的。同时，根据最高人民法院 2004 年《关于人民法院民事调解工作若干问题的规定》第 3 条规定，又增加了协助调解和委托调解。协助调解是指法院可以邀请与当事人有特定关系或者与案件有一定联系的企事业单位、社会团体或者其他组织和具有专门知识、特定社会经验、与当事人有特定关系并有利于促成调解的个人协助调解工作。委托调解是在各方当事人同意的情况下，人民法院可以委托有调解经验的社会单位或个人对案件进行调解，达成调解协议后，由法院依法予以确认。可见，调解方式类型的丰富，有利于吸纳社会资源，促成案件的调解。

2. 我国诉讼离婚中调解制度存在的问题

第一，调解的时机选择欠缺合理性。由上述我国法律规定可知，离婚案件的调解是在起诉之后庭审过程之中进行的，而且是法官可以随时进行的，也可以在庭审之后进行调解。当然，在简易程序之中，是先行调解。这就导致离婚案件调解程序启动比较迟缓，[①] 存在一定的弊端。一是在庭审过程之中，双方当事人提供各自的证据来证明对方的过错或婚姻关系已经破裂，这种激烈的庭审调查和辩论程序无疑激化了双方的矛盾，使本来关系较为紧张的当事人双方冲突更加激烈，互不让步。很显然，双方之间剑拔弩张的紧张关系不利于调解的进行，促进调解的希望也很渺茫。二是在庭审过程之中进行调解，其花费的时间必然挤压审理期限，造成调解和审判都很仓促，无法保障调解和审判活动的高质量。

第二，强制调解的法律属性不明显。针对离婚案件的调解，我国《民法典·婚姻家庭编》和刚刚被废止的1980年《婚姻法》均使用的是“应当进行调解”。此处的“应当”二字没有体现出法律上的强制性要求，这也就造成在司法实践中，法官总是简单询问一下双方是否同意调解；如果不同意，就直接进行审判。“有时候，调解成为流于形式的几句对话。”[②] 这种敷衍之举是否属于调解行为？如果不是，那么法律后果是什么？对此法律没有作出明确规

---

① 蒋月、冯源：《台湾家事审判制度的改革及其启示——以“家事事件法”为中心》，载《厦门大学学报》（哲学社会科学版）2014年第5期。

② 蒋月、冯源：《台湾家事审判制度的改革及其启示——以“家事事件法”为中心》，载《厦门大学学报》（哲学社会科学版）2014年第5期。

定。因此，有学者认为，我国离婚案件的调解是非强制性的、倡导性的调解。[①]

第三，法官调解缺乏一定的专业性。调解其实是一项专业性、技术性较强的工作。而对于蕴含情感、家庭、血缘因素的离婚案件进行调解，则更需要专业的调解人员。而在我国，离婚案件的调解工作主要是由审理案件的法官进行的。虽然由法官调解具有较强的权威性，但是也容易出现一定的问题。一是法官作为案件的审判者，其更擅长的是客观事实的判断与法律规范的适用，而对离婚案件的人情世故和调解技巧、手段、策略则并不熟悉，进而导致调解的效果比较差；二是法官主持调解，可能会产生利用职权而重判轻调或以判压调的倾向与风险。

（三）我国诉讼离婚中调解制度的完善

针对我国诉讼离婚中调解制度存在上述问题，现提出以下完善意见。

1. 确定立案先行调解程序

如上所述，调解的“非对抗”方式非常适合解决离婚案件纠纷。为了充分发挥调解的制度优势，妥当处理离婚案件，笔者建议：首先，我国《民法典·婚姻家庭编》第1079条应明确规定，人民法院审理离婚案件，必须进行调解。当然不包括婚姻无效、家庭暴力、虐待等情况。使用“必须”的字样而不再使用“应当”的表达方式。尤其是涉及儿童的离婚案件，必须经过调解程序。美国多数州都规定，对涉及子女抚养、监护的家事纠纷都必须进行强制调解。其次，实行立案先行调解程序。也就是说，在离婚一方当事人向法院申请离婚，进行立案登记之前，必须先向法院申请离婚调解。这一调解程序属于强制调解和诉前调解。经过调解之后，无非是三种结果：一是调解和好，当事人不再起诉；二是通过调解，双方达成离婚调解协议，经过法院确认之后，具有执行效力；三是

① 陈爱武：《人事诉讼程序研究》，法律出版社2008年版，第229页。

调解失败，双方无法达成协议，这时才能进行立案登记，进入诉讼程序。当然，在庭审过程之中，法官应当事人的申请，也可以再次对案件进行调解。其实在我国司法实践之中，已经有部分法院在实行立案先行调解的做法。①

2. 组建家事调解委员会

俗话说，专业人干专业事。离婚案件的调解工作应该主要由家事调解委员会来负责。离婚案件的调解委员会由具有丰富调解经验的社会人士组成。这些调解员主要是具有社会学、心理学、教育学、行为学、法学等专业知识背景的人员，同时，长期从事律师、妇联、街道工作的人员具有丰富调解经验的人员也可以参加。调解委员会应是法院的内设机构，调解员可以是专职的，也可以是兼职的。

3. 规定离婚调解的具体程序与制度

调解作用的发挥离不开健全的程序和完善的制度。《德国调解法》规定调解具有秘密性和框架性。其中，框架性是指参与调解程序的所有人员应当遵守特定的流程与规则。② 为此，我国在确立离婚等家事调解制度的同时，还需要规定相关的调解程序。调解程序主要包括：调解的启动、人员组成、具体的调解环节、调解信息资料的保密、调解人员的回避、调解的费用负担、调解协议的达成及其效力，以及涉及儿童抚养、监护等问题的调解协议必须由法院进行审查，确保儿童最大利益原则的实现。

二、强化法院的职权干预程序

不同性质的诉讼需要适用相应的诉讼程序。根据程序相称性原理，“程序的设计应当与所处理案件的性质、争议的金额、争议事

---

① 陈爱武：《人事诉讼程序研究》，法律出版社 2008 年版，第 146、147 页。

② § 1Abs. 1 MediationsG. 转引自张泽涛、肖振国：《德国〈调解法〉评述及其启示》，载《法学评论》2013 年第 1 期。

项的重要性、复杂程度等因素相适应，由此使案件得到妥善的处理”。[①] 根据诉讼的主导方式，民事诉讼可以分为职权主义与当事人主义两种诉讼模式。传统的诉讼原理认为，当事人主义诉讼模式主要适用于民事主体之间的财产纠纷，因为这类案件主要是当事人之间的经济利益纠纷，而不涉及第三人或社会公共利益，适用意思自治原则、辩论原则和处分原则。而职权主义模式主要适用于涉及身份关系纠纷的案件，因为这类案件的处理不仅关系双方的身份，而且还具有对世效力，会影响到第三人利益和社会公共利益，适用职权探知原则、有限处分原则和有限辩论原则。

家事审判改革的一个重要趋势，就是强化法官的职权干预色彩，适度淡化家事法官的消极裁判角色，进而贯彻国家的婚姻家庭政策和相关法律。[②] 正如有学者指出的，“家事诉讼的诉讼结构更像一个圆形结构。圆心是未成年人利益保护、健全社会共同生活等终极目标。法院、原告、被告、未成年人、程序监理人、家事调查官、社工等围绕该圆心活动。在这样的诉讼构造中，原告与被告的地位有较大降低，同时法官在诉讼中的地位和作用大大提升”。[③] 可见，保护诉讼程序中儿童的合法权益，是强化法官职权干预的重要动因。

（一）法院职权干预的必要性分析

离婚案件的属性决定了职权主义模式的适用。离婚案件不仅是夫妻两个人的私事，更关系到儿童的健康成长和社会公共利益；不仅涉及身份、财产关系的变动，还关系家庭和谐、社会稳定以及伦理道德。因此，离婚案件的解决目的具有多重面向，既要保护个人

---

① 刘敏：《原理与制度：民事诉讼法修订研究》，法律出版社 2009 年版，第 29 页。

② 王德新：《家事审判改革的理念革新与路径调适》，载《当代法学》2018 年第 1 期。

③ 孙永军：《中国家事诉讼法的背景、特别规定及立法例》，载《三峡大学学报》（人文社会科学版）2018 年第 3 期。

的自由与平等，又要保护儿童等弱势群体的利益，实现个人利益与社会公共利益的平衡保护。

儿童是国家的希望和未来，从某种意义上来说，儿童利益也属于社会公共利益范畴。尤其是在涉及儿童问题的诉讼离婚中，儿童的抚养、监护、探望等问题的处理是否得当，直接关系到儿童的身心健康。在诉讼离婚中，因自身能力的限制，儿童往往只能是被动性地接受父母的安排。至于其安排是否合理、妥当，儿童则很难去判断和改变。为此，基于国家亲权理论和司法实质正义理论，法官有责任积极行使审判职权，采取职权主义模式，确保儿童利益的最大化。

职权主义模式的内涵，就是法院在诉讼案件的审理过程中，可以主动调查收集证据；可以在当事人请求的范围之外考虑当事人所未提出的事实；当事人在诉讼中所为的事实自认和权利认诺均不能拘束法院；法官可依自由心证对有关事项作出判断或裁判，如关于判决离婚者，法院得为其未成年子女之利益，酌定监护人。[①] 该模式的主要特点为，一是诉讼程序的进行主要由法官主导；二是诉讼资料和证据主要由法官收集。基于此，职权主义模式又包括职权进行主义（程序主导）和职权探知主义（事实主导）两个方面的内容。为了保护诉讼离婚中的儿童权利，法官的职权干预也可以分为两个方面：一是法官的释明行为；二是法官的证据调查。

（二）加强法官释明权的运用

所谓释明，是指在当事人的主张不正确、有矛盾，或者不清楚、不充分，或者当事人误认为自己提出的证据已经足够充分时，法官依职权予以提示，让当事人把不正确和有矛盾的主张予以排除，不清楚的主张予以澄清，不充足的证据予以补充的行为。[②] 根据释明对象的不同，释明可以分为诉讼请求释明、抗辩权释明、案

① 陈爱武：《人事诉讼程序研究》，法律出版社 2008 年版，第 146 页。

② 参见最高人民法院（2015）民申字第 1417 号裁定书。

件事实释明、证据释明和法律释明。释明的运用，可以提高办案效率、加强沟通、化解矛盾，对推进司法为民和司法公正具有重要意义。

1. 法官释明在诉讼离婚中的重要作用

同样，在诉讼离婚中，法官释明权的运用对于离婚纠纷的解决和儿童权利的保护，具有重要的积极作用。

第一，由于我国缺乏专门的家事审判程序，法官的释明行为可以在一定程度上弥补此缺陷。在我国司法实践中，法院通常适用普通的审判程序来审理离婚案件，具有较强的当事人主义色彩，然而这种诉讼模式并不适合于离婚等家事纠纷案件。此时，法官将会面临比较尴尬的两难境地。从一定意义上说，释明权则是破解难题的一剂良药。因为释明的本质是国家公权力对民事诉讼的介入与干预。“真正意义上的释明是对当事人主义的必要修正与补充，并带有浓重的程序保障色彩。”① 例如，父母双方达成的抚养协议，法官可以要求父母双方提供相关证据来证明该协议的合理性，包括直接抚养人的确定、抚养费的数额等问题。

第二，释明行为在一定程度上可以缓和父母之间的紧张关系。在诉讼离婚中，法官通过释明行为，向双方当事人解释婚姻的神圣性和严肃性、离婚所涉及的法律关系和法律后果、对家庭和子女的影响，尤其是对子女的消极影响。这样，释明行为就具有一定的咨询教育和缓和矛盾的效果，更有可能化解婚姻危机，挽救婚姻，避免完整家庭的破碎。很显然，完整的家庭才是儿童健康成长的最佳环境。

第三，释明行为可以保障相关法律规范的落实。虽然国家的法治进程不断加快，但是不容否认的事实是公民的法治观念和法治水平还有待提高，对相关法律制度并不熟悉，尤其是对于文化水平不高的居民，更是如此。在诉讼离婚中，法官的释明行为，可以让父

① 任重：《我国民事诉讼释明边界问题研究》，载《中国法学》2018 年第 6 期。

母双方了解离婚亲子关系的法律规定，涉及子女抚养、监护和探望问题，经过法官的解释和引导，努力促成父母就上述事务达成一致意见。例如，探望权制度，根据我国法律规定不是诉讼离婚必须解决的问题，很多父母可能也不清楚相关规定，造成探望权的实施比例很低，这一点在本书的调查情况中就已得到证实。如果经过法官对探望权的释明，阐释探望权的内容及其重要意义，积极促成父母双方就探望权达成协议。这既有利于离婚后子女的身心健康，又有利于防止纠纷的再次发生。

2. 促使法官积极行使释明权

我国《民事诉讼法》没有具体、明确规定法官释明制度，但是部分司法解释有较多规定。在司法实践中，法官也经常行使释明权。有学者认为，从我国现行的立法及司法改革的内容来看，法院在诉讼程序运作方面指挥权的构建较为充分，但在协助当事人就案件实体内容方面释明权的内容则显得较为缺乏。[①] 这一问题同样存在于离婚案件之中。因此，为了更好地处理离婚案件，保护儿童权利，实现儿童最大利益原则，我国有必要规定，法官有在诉讼离婚中行使释明的权利和职责。当然，法官行使释明权并不意味着需要关注所有问题，可以采取以“法官释明、当事人根据释明进行举证”为主、法官职权调查为补充的方式，这样既有利于调动当事人举证的积极性，也能避免给法院带来沉重的查证负担是更为合理的做法。[②]

在审理离婚案件中，法官行使释明权之内容主要表现为：第一，向离婚当事人双方释明离婚的严肃性和慎重性及其法律后果，尤其是离婚对儿童的影响；第二，向父母双方释明其对儿童的抚养责任，以及确定直接抚养人、抚养费的原则与规定，引导双方就抚

① 田平安主编：《民事诉讼法 · 原则制度篇》，厦门大学出版社 2006 年版，第 144 页。

② 王德新：《家事审判改革的理念革新与路径调适》，载《当代法学》2018 年第 1 期。

养问题达成协议；第三，向父母双方释明其对儿童的监护责任，引导双方明确监护权的行使方式及其范围，包括对儿童的人身监护和财产监护；第四，向父母双方阐述非直接抚养人探望子女的重要意义和相关规定，引导双方就探望权的行使方式、时间、地点等问题达成协议；第五，引导父母双方征求具备表达能力的儿童的意见。

（三）加大法官证据调查的力度

1. 职权探知主义是处理离婚案件的理想模式

职权探知主义，是指法官不限于当事人主张的事实和提出的证据，而可以依职权主动收集事实和调取证据。[①] 离婚案件的裁判结果具有对世效力，除了事关双方当事人利益之外，还与儿童和社会公共利益、社会秩序和国家利益密切相关，以追求客观真实和全面解决为追求目标。故而，很多国家在解决这类纠纷时，主要奉行两个原则：一是实体真实主义；二是全面解决主义。在家事诉讼中，法官为追求实体的真实，在审理的过程中采取职权探知；为奉行全面解决，亦加强法官之职权，旨在保障社会权益与国家公益，这种超常涉入具有合理性。[②]

儿童事务的妥当处置，往往需要以相关案件事实的查明为基础。法院在解决离婚纠纷时，还需要处理儿童的抚养、监护、探望等问题。而这些问题的妥善处理与相关案件事实密切相关，如父母双方的基本情况、性格、与儿童平时的关系，儿童日常的生活状况、个人意见等。只有全面了解儿童的情况，才能确保裁判结果符合儿童最大利益的原则。然而在诉讼离婚中，儿童不具有诉讼主体资格，儿童事务成为离婚的附属事项。在这样的诉讼环境之下，儿童不仅缺乏提供证据的能力，更缺失参加诉讼的机会。这就需要法官履行职权探知职能，积极主动进行证据调查，以全面了解案件的

---

① 陈莉：《以法官职权探知主义为原则的家事审判》，载《人民司法》2017年第1期。

② 田平安主编：《民事诉讼法·原则制度篇》，厦门大学出版社2006年版，第171页。

真实情况。可见，对于妥善处理离婚案件以及保护儿童权利而言，职权探知主义显然是一种理想模式。

为此，诸多大陆法系的国家或地区规定，在诉讼离婚程序中，法院可以依据职权进行证据调查，同时也可以斟酌当事人未提出的事实主张。《法国民事诉讼法》第 1078 条和《法国民法典》第 287-2 条规定，法国在确定离婚案件中行使亲权与探视方式等问题时，如果认为掌握的材料不充分，法官可以依职权委派调查官进行社会调查。《法国民法典》第 259-3 条规定，在离婚诉讼中，夫妻双方应向法官传达关于抚养费、财产清算的各项材料、文件，同时，法官也可以派人前往进行调查。《德国民事诉讼法》第 616 条第 1 款规定，法院可以依职权命令进行调查取证，并且在审讯配偶双方后，也可以依职权考虑双方未提出的事实。日本新《人事诉讼法》第 20 条规定，法院对当事人未主张的事实可以斟酌，并可以依职权进行调查取证。我国台湾地区“家事事件法”第 10 条第 1 款规定，法院在审理离婚案件时，可以斟酌当事人所未提出的事实，并依职权调查取证。可见，上述立法均强调法官依职权进行调查取证的职责。

2. 加大法官证据调查的力度

由于我国尚未建立针对离婚等家事纠纷案件的特别诉讼程序，在司法实践之中，法官通常只能运用普通的民事审判程序。而普通的民事审判程序主要是针对财产纠纷而设立的当事人主义诉讼模式，该模式具有强调意思自治、辩论充分、当事人调查取证责任、弱化法院职权干预的特点。而这种模式显然与离婚等家事纠纷案件不契合。虽然我国当前的审判方式改革倾向于从职权主义诉讼模式向当事人主义诉讼模式转变，但是在家事纠纷领域仍应当保留较强的职权主义色彩。为此，在我国推进家事审判改革工作中，强调法官调查取证职责的做法得到推广。例如，《家事审判工作意见》第

42 条规定法院应当依据职权进行调查取证。[①]

因此，笔者建议，在诉讼离婚之中，法官应当秉承职权探知主义理念，尤其对儿童的情况需要进行详细的证据调查，以全面了解案件事实情况，为妥善处理儿童事务奠定事实基础。当然，法官的职权探知并不是绝对排斥当事人的举证，而是有条件的，即只有在当事人提供的证据材料无法合理还原案件事实真相的情况下，无法获得内心确认和裁判心证。证据调查的内容主要是父母的情况（性格、经济收入、居住情况、平常照顾子女情况、与子女之间的亲情关系）和儿童的情况（性别、年龄、人数、个人意愿、学习生活）。当然，基于案源的压力，法官虽可能没有充足的时间和精力去进行调查取证，但是可以借助社会力量的介入来减轻调查取证的负担，如建立家事调查官制度。[②]

三、完善儿童的诉讼参与程序

妥善处理儿童事务，保障父母离婚后儿童身心健康成长，是诉讼离婚需要处理的重要内容。很显然，在与儿童切身利益密切相关的诉讼离婚中，儿童的程序参与，既合理又必要。为了保障儿童的参与程序，笔者认为，需要完善儿童表达意见的程序，同时设立儿童诉讼代表人制度。

---

① 我国《家事审判工作意见》第 42 条规定："监护权纠纷、探望权纠纷、抚养纠纷等涉及未成年人的案件，对于与未成年人利益保护相关的事实，人民法院应当根据当事人的申请或者依职权进行调查取证。"

② 家事调查官制度已经为世界主要国家所确立，同时，在我国司法实践中，该制度也已经得到地方法院的应用，并取得一定的效果，如宁波海曙区人民法院就试行了家事调查官制度。另外，我国《未成年人保护法》（2020 年修订）第 109 条也规定，法院可以自行或委托社会组织对未成年人的相关情况进行社会调查。因家事调查官制度涉及内容较多，本书就不再详细论述。参见杜江涌、丁婧雅：《论我国家事调查官制度的构建》，载《家事审判改革暨家事法修改研讨会论文集》，西南政法大学 2018 年 5 月 25 日。

（一）诉讼离婚中儿童参与程序的正当性分析

1. 儿童最大利益原则的必然要求

儿童最大利益原则的基本要求，就是在涉及儿童的一切事务中都必须保障儿童利益的最大化。父母离婚会对儿童将来的生活造成长期、持续性影响。为了保障儿童的身心健康，在诉讼离婚中，父母或法官必须对儿童的抚养、监护和探望问题作出处理。这些事务的处理与儿童利益密切相关，不仅会影响儿童的身体健康和生存状况，而且还会对其心理产生不可估量的影响。

对于自身产生如此重要影响的活动，如果缺乏儿童本人的参与，很显然不符合程序的参与性原则。程序的参与性，是指与程序的裁判结果有利害关系的人或者权益可能受到影响的人均有充分的机会并富有意义地参与法庭的裁判，有机会充分发表自己的意见、观点，提出自己的主张和证据以及反对对方提出的主张和证据，并能拥有为进行这些活动所必需的便利和保障措施，从而为自己的行为对裁判结果的形成发挥积极而有效的作用。

2. 符合联合国《儿童权利公约》的规定

联合国《儿童权利公约》是为国际社会公认的、具有广泛影响力和法律效力的儿童权利保护公约。作为该公约的成员国，我国应当承担贯彻、落实该公约的国家义务和责任。联合国《儿童权利公约》第12条规定，缔约国应确保有主见能力的儿童有权对影响到其本人的一切事项自由发表自己的意见，对儿童的意见应按照其年龄和成熟程度给予适当的看待。为此目的，儿童特别应有机会在影响到自己的任何司法和行政诉讼中，以符合国家法律规定的诉讼规则，直接或通过代表或适当机构陈述意见。可见，儿童参与诉讼程序并发表个人意见符合联合国《儿童权利公约》的规定。

（二）完善儿童表达意见的程序

1. 表达个人意见是儿童参与诉讼程序的重要方式

本人是自己事务的最佳判断者。对于达到一定年龄的儿童来说，也同样如此。然而，有些人会持相反意见，认为儿童年幼，认知能力差，欠缺理性思维，容易受父母一方的影响，因而不具有参与诉讼程序的能力与条件。但是，儿童自身能力欠缺并不是阻碍其参与诉讼程序的充分理由。法官可以根据儿童的年龄、认知和理解能力，对儿童意见的真实性与合理性进行衡量和判断。随着年龄的增长，儿童的认知和理解能力在逐步提升。尤其是 8 周岁以上儿童的认知判断能力已经具有相当水平，在一定程度上可以对自己的事务作出较为理性、正确的判断。如离婚后愿意跟随父母哪一方共同生活，以及是否愿意同父母保持经常性的联系等。同时，国外的调查数据显示，在被调查的儿童中，希望自己的想法能够被听取的儿童所占比例达到 82%，并且绝大部分的儿童希望直接与做决定的人进行交谈。[①] 可见，达到一定年龄的儿童具备自我表达的能力与愿望。儿童的意见应当得到父母和法官的认真倾听与对待，这样才能最大限度确保儿童利益和司法公正的实现。

从部分国家、地区的立法来看，普遍设置在离婚案件中儿童享有参与诉讼与表达个人意见的程序。如在大陆法系国家或地区中，《德国关于家庭事件和非诉事件的程序的法律》规定，儿童具有一定的诉讼主体地位。在涉及亲子关系的诉讼之中，儿童未满 14 岁的，如果其意见对案件处理会产生重要影响，则法官需要听取其意见；儿童年满 14 岁的，则法官必须听取其意见，并提供表达意见的机会，甚至可以对涉及人身关系的法院裁判单独提出抗告，而无须经过父母的同意。[②]《日本人事诉讼法》规定，在涉及儿童利益

---

① Ursula Kilkelly, Listening to Children about Justice: Report of the Council of Europe Consultation with Children on Child-friendly Justice, Strasbourg, Council of Europe, CJ-S-CH (2010) 14 rev, p. 246.

② 王葆莳：《“儿童最大利益原则”在德国家庭法中的实现》，载《德国研究》2013 年第 4 期。

的家事案件中，法院必须听取15岁以上儿童的个人意见。[①] 我国台湾地区“家事事件法”第108条规定了儿童意见表达权及相关程序。[②] 在英美法系国家中，英国政府承诺，10岁以上的儿童有权利向法官表达个人观点。[③] 澳大利亚《1995年家庭法改革法案》规定在涉及儿童的诉讼程序中，儿童有权表达自己的意见。

另外，我国《家事审判工作意见》还规定，家事调查官可以就抚养、探望事项征询8周岁以上儿童的意见；法院应当就抚养问题征求8周岁以上儿童的意见。[④] 由此可以看出，该意见将征求意见的儿童年龄降至8周岁，但是，法院征求儿童的意见事项仅限于抚养问题，而并未涉及监护、探望问题，对如何判断、权衡、取舍儿童的意见则更是付之阙如。可喜的是，我国2020年制定的《民法典》和《未成年人保护法》（2020年修订）明确规定，应当尊重已满8周岁儿童的真实意愿。虽说该规定体现了征求儿童意见的精神，但是规定较为原则，并且尚未明确规定征求子女意见的具体条件与程序。

---

① 曲昇霞：《未成年人民事审判的双轨制建构——以日本未成年人民事审判为借鉴》，载《学海》2014年第6期。

② 我国台湾地区“家事事件法”第108条第1款规定，法院应依子女之年龄及识别能力等身心状况，于法庭内、外，以适当方式，晓谕裁判结果之影响，使其有表达意愿或陈述意见之机会；必要时，得请儿童及少年心理或其他专业人士协助。

③ 齐凯悦：《论英国家事审判改革中的儿童程序参与及对我国的启示》，载《甘肃政法学院学报》2017年第6期。

④ 《家事审判工作意见》第22条规定：“家事调查员可以采取下列方式进行调查：（1）与当事人本人及其父母、子女或其他有关人员面谈交流，观察当事人与其子女、父母或其他有关人员之间的关系；（2）征询八周岁以上的子女对抚养事项及探望事项的意愿和态度；（3）走访当事人居住的社区、所在单位、子女的学校等；（4）其他调查方式。”第38条规定：“人民法院审理家事案件，涉及确定子女抚养权的，应当充分听取八周岁以上子女的意见。必要时，人民法院可以单独询问未成年子女的意见，并提供符合未成年人心理特点的询问环境。”

在我国司法实践中，诉讼离婚中父母或法官征求儿童个人意见的情况也并不乐观。如本书的调查数据显示，法官征求儿童意见的案件仅占16%，所占比例非常低。这也说明，儿童并未真正参与到诉讼离婚程序之中，只能默默地听从父母或法官的安排与支配。基于上述考察分析，完善我国诉讼离婚中儿童的参与程序，对于尊重儿童主体地位，保护儿童权利，具有重要意义。

2. 完善诉讼离婚中儿童表达意愿的法律程序

第一，扩大儿童表达意愿涉及的事项范围，而不仅仅涉及抚养问题。儿童享有积极主动参加诉讼的权利。法官应当根据儿童的年龄和理解能力来尊重儿童的真实意愿。[①] 根据我国《民法典》的规定，8周岁以上儿童的知识、社会经验逐步丰富，基本处于小学二三年级阶段，具备相当的认知能力和判断能力，关于抚养问题，其意愿具有较强的参考价值，应当得到尊重。但是，父母离婚除了关系儿童的抚养，还涉及儿童的监护与探望问题，因此征求儿童意见的事项应当包括抚养、监护和探望等问题。

当然，这个年龄段的划分仅具有参考意义和便于具体操作的作用。儿童的意见能够起到多大决定作用，以及能否被法官所采纳并不具有绝对性。在诉讼离婚中，法官除了要考虑儿童意见之外，还需要综合考虑案件的实际情况（包括父母个人情况、与儿童的情感联络亲密程度、离婚缘由等）、儿童的物质需求和心理需求、短

---

① 任凡：《论家事诉讼中未成年人的程序保障》，载《法律科学》（西北政法大学学报）2019年第2期。

期利益和长期利益等，最终以儿童最大利益为原则作出决定。①

第二，明确儿童发表个人意愿的方式。儿童发表个人意愿的方式，主要有两种：一是法官通过与儿童见面、对话的方式，了解儿童的想法和意见。见面的地点可以是在儿童的家里，或者在法院特定的接待室。接待室的环境布置应该是温馨的，能够让儿童轻松地表达个人的真实想法。二是儿童可以将个人意见通过父母、诉讼代表人或家事调查官转达给法官。这种转达可以是口头的，也可以是书面形式。

（三）增设儿童诉讼代表人制度

1. 儿童诉讼代表人制度的确立与发展

儿童诉讼代表人制度是指具有独立的诉讼地位，由父母之外的第三人代表儿童参加诉讼活动，从维护儿童利益的立场出发，向法院和父母提出个人意见的诉讼制度。设立儿童诉讼代表人，对于弥

① 下面为本次调研中的一个案例，简单案情如下：1994 年 9 月 9 日，江某（男）与贺某（女）登记结婚，于 1996 年生育一女（父母离婚时 15 周岁）。后来，江某发生车祸受伤导致残疾（智力二级残疾），并于 2007 年全家享受最低生活保障。近几年，江某与贺某不断发生矛盾，贺某则外出打工，很少回家，双方感情逐渐淡化。女儿一直由江某抚养照顾。2010 年，贺某向法院起诉离婚，而法院以夫妻感情尚未破裂为由判决不准离婚。2011 年，贺某再次向法院起诉要求与江某离婚，关于“小孩抚养按规定办理”。江某则不同意离婚。在离婚诉讼中，他们的女儿向法院递交了意见书，主要内容为“由于父母感情不和，因此申请离婚，离婚后我自愿和爸爸生活”。父母双方对此表示认可。在庭审中，江某提出女儿由自己抚养和贺某承担全部抚养费的请求，贺某对此表示同意。最后，审理法院作出判决，女儿由其父亲江某负责抚养，其母亲承担全部抚养费。由此案件可以看到，儿童已经 15 周岁，年龄较大，具备相当成熟的理解能力和判断能力，能够表达自己的真实意愿，其意见应当得到尊重。除此之外，法官还考虑到一个重要因素，即儿童的心理需求。正常情况下，孩子的母亲身体健康，能够工作，经济条件要强于其父亲，由其抚养自己的女儿应该更能保障孩子的生活。但是法官考虑到，近几年孩子一直由其江某抚养照顾，孩子在感情上更加依赖和亲近父亲；而作为母亲的贺某则在外打工，对孩子疏于照顾。可以说，最后的判决结果体现了法官对案件整体情况，包括孩子的个人意见、父母双方的抚养意愿、孩子的生活环境、孩子的物质需求和精神需求等作出的权衡与判断，合情、合理、合法，符合儿童最大利益原则。参见重庆市（2011）A 市民初字第 2039 号判决书。

补儿童诉讼能力的缺陷，最大限度地维护儿童的合法利益和实现司法公正，具有重要的理论意义和实践价值。

儿童的诉讼代表人可以更好地维护儿童利益。在诉讼离婚中，儿童的父母既是案件的当事人，需要解决双方之间的人身与财产争议，同时又作为儿童的抚养人、监护人处理儿童事务。一般而言，父母是子女利益的最佳维护者和判断者，舐犊情深、血浓于水。在诉讼离婚中，父母基本上会妥当处理儿童事务。但是，在有些情况下，父母之间关系比较紧张，或者是父母与子女之间存在利益的冲突。此时，父母达成的抚养协议可能会导致儿童利益“工具化”“虚位化”。同时，又由于儿童年幼，认知能力和诉讼能力有限，而我国法律又没有赋予儿童在诉讼离婚中一定的诉讼地位。对于父母损害儿童利益的行为，儿童往往只能被动接受，没有其他人为其发声。于是有学者指出，儿童是家事纠纷中最安静的一个，也是对家事纠纷是否起诉到法院以及对解决问题的掌控力最小的那一个。① 因此，基于此种考虑，儿童诉讼代表人的设立可以很好地解决此种困境。

为了保护诉讼离婚中儿童的合法权益，世界上诸多国家或地区均确立了儿童诉讼代表人制度，只是各国对之称谓有所差异而已。英国《1989 年儿童法》首先创立了儿童诉讼监护人制度，作为专门代表子女利益的一方参与离婚诉讼，对子女抚养、监护、探望提出自己的意见。同时，英国《1991 年家事诉讼程序规则》第 4.10、4.11 条规定，在家事诉讼程序开始后，法院应当尽快为儿童指定诉讼监护人；同时，诉讼监护人应当委托 1 名律师为该儿童的代理人，并向其提出合理的建议。《澳大利亚家庭法》（2008 年修正）第 68L 条规定，如果法院认为夫妻双方并非是其子女最大

① Herring j., “The Welfare Principle and the Rights of Parents,” Bainham A. , Day Sclater S. and Richards M. (eds), *What is a parent*? Oxford: Hard, 1999, p. 100. 转引自石雷:《英国现代离婚制度研究》，群众出版社 2015 年版，第 223 页。

利益的保护者，子女的合法权益有可能得不到保障时，法院可主动或经有关儿童福利组织、其他相关人员的申请，为该儿童设立诉讼代表人，以保障该子女的合法权益。[①]

在大陆法系国家，德国设立程序辅佐人制度。德国新修订的《家事事件及非讼事件程序法》第158条规定，法院认为出于保护子女利益的需要，应尽可能迅速地选任适当的程序辅佐人。程序辅佐人不是子女的法定代理人，而是具有独立地位的参与人。尽管德国建立了程序辅佐人制度，但并未取消法院听取14周岁以上子女意见的制度，并且规定法院听取意见时应有程序辅佐人在场，且必须征求少年局的意见，少年局经申请可以参与诉讼程序。我国台湾地区“家事事件法”确立程序监理人制度，是用以保护家事纠纷中无程序能力人的权益，并协助法官处理家事案件而设置的。

我国现行立法没有规定儿童诉讼代表人制度，但是，在我国家事审判改革的实践过程中，部分法院已经先行尝试确立儿童的诉讼代表人制度。2014年南京市中级人民法院少年家事庭就已经尝试建立“诉讼监护人制度”，即当子女的法定代理人无法出庭或者因利益相反不宜出庭的情况下，可以申请由诉讼监护人代理儿童出庭参与诉讼。[②] 还有上海市普陀区人民法院探索创设“儿童权益代表人”制度，即由区妇儿工委办公室工作人员作为儿童权益代表人，通过独立地调查、取证、参与庭审等诉讼行为代表儿童参加诉讼。[③] 2015年，北京市高级人民法院制定的《北京市法院少年法庭抚养探望类家事案件审判工作报告》也建议创设儿童诉讼监护人制度。

---

① 《澳大利亚家庭法》（2008年修正），陈苇等译，群众出版社2009年版，第188页。

② 陈爱武：《家事诉讼与儿童利益保护》，载《北方法学》2016年第6期。

③ 最高人民法院：《为社会建设奠基 为幸福生活护航——人民法院家事审判方式和工作机制改革综述》，发布日期：2018年7月20日，https：//www. chinacourt. org/article/detail/2018/07/id/3398212. shtml，最后访问日期：2019年1月20日。

2. 构建我国的儿童诉讼代表人制度

为了弥补儿童诉讼能力的欠缺，保护儿童权利，防止诉讼离婚中父母对儿童的伤害，鉴于域外国家的成功经验和我国地方法院的实践探索，笔者建议，在诉讼离婚中，应增设儿童诉讼代表人制度。

一方面，儿童诉讼代表人的选任。在离婚案件中，如果父母对子女事务争议较大，或父母达成的协议没有涉及子女抚养费、监护权行使及探望权问题的，法官依职权主动为儿童指定儿童诉讼代表人。儿童诉讼代表人的人选问题，既需要对儿童状况较为了解，又需要对法律事务较为熟悉。法院可以建立一个儿童诉讼代表人资源库，主要由妇儿工委的工作人员、关心儿童发展的社会公益组织人员、承办法律援助工作的律师组成。[①] 同时，还可以由与儿童关系较为密切的近亲属来担任。

另一方面，儿童诉讼代表人的职责。在诉讼离婚中，儿童诉讼代表人具有独立的诉讼地位，代表儿童全面介入诉讼活动，不受父母意愿的影响，以最大限度维护儿童权益为目标。具体职责主要是：就抚养、监护和探望等问题，征求儿童的意见，并将其提交给法官；调查、收集有利于维护儿童利益的相关证据，在庭审过程中向法官提交；代表儿童参加庭审活动，包括参加调解活动；如果父母达成的协议存在不利于儿童利益的情况，可以向法院提出反对意见；就儿童的抚养、监护等问题，可以向法院提出个人建议，以供参考。

① 张元华、郑永建：《家事审判改革中完善未成年人权益保障的几点思考》，载《人民法院报》2016 年 11 月 30 日。

参考文献

一、中文类参考文献

(一) 中文著作类

1. 陈苇:《中国婚姻家庭法立法研究》(第二版),群众出版社 2010 年版。

2. 史尚宽:《亲属法论》,中国政法大学出版社 2000 年版。

3. 李双元、李娟:《儿童权利的国际法律保护》(第二版),武汉大学出版社 2016 年版。

4. 王勇民:《儿童权利保护的国际法研究》,法律出版社 2010 年版。

5. 姚建龙:《少年刑法与刑法改革》,中国人民公安大学出版社 2005 年版。

6. 管华:《儿童权利研究:义务教育阶段儿童的权利与保障》,法律出版社 2011 年版。

7. 王雪梅:《儿童权利论——一个初步的比较研究》,社会科学文献出版社 2005 年版。

8. 吴鹏飞:《儿童权利一般理论研究》,中国政法大学出版社 2013 年版。

9. 袁正清:《国际政治理论的社会学转向:建构主义研究》,上海人民出版社 2005 年版。

10. 杨大文:《婚姻家庭法》,中国人民大学出版社 2001

年版。

11. 熊秉真：《童年忆往：中国孩子的历史》，广西师范大学出版社 2008 年版。

12. 薛宁兰主编：《中华人民共和国婚姻法评注·家庭关系》，厦门大学出版社 2017 年版。

13. 苏力：《制度是如何形成的》，北京大学出版社 2007 年版。

14. 张爱宁：《国际人权法专论》，法律出版社 2006 年版。

15. 国务院新闻办公室编：《中国的人权状况》，中央文献出版社 1991 年版。

16. 李步云：《论人权》，社会科学文献出版社 2010 年版。

17. 夏勇：《人权概念起源——权利的历史哲学》，中国政法大学出版社 2001 年版。

18. 郑玉波：《民法总则》，中国政法大学出版社 2003 年版。

19. 夏勇：《中国民权哲学》，生活·读书·新知三联书店 2005 年版。

20. 杨春福、张仁善主编：《全球化背景下的法治与人权研究》，南京大学出版社 2008 年版。

21. 王泽鉴：《民法总则》，北京大学出版社 2009 年版。

22. 张扬：《西方儿童权利理论及其当代价值研究》，中国社会科学出版社 2016 年版。

23. 张文显：《法学基本范畴研究》，中国政法大学出版社 1993 年版。

24. 佟柔：《中国民法学·民法总则》，中国人民公安大学出版社 1990 年版。

25. 孙国华：《法学基础理论》，天津人民出版社 1988 年版。

26. 沈宗灵：《现代西方法理学》，北京大学出版社 1992 年版。

27. 王启富、刘金国主编：《人权问题的法理学研究》，中国政法大学出版社 2003 年版。

28. 汪金兰：《儿童权利保护的国际私法公约及其实施机制研究》，法律出版社 2014 年版。

29. 杨大文主编：《婚姻家庭法》，中国人民大学出版社 2015 年版。

30. 杨遂全：《民法婚姻家庭亲属编立法研究》，法律出版社 2018 年版。

31. 王丽萍：《亲子法研究》，法律出版社 2004 年版。

32. 夏吟兰：《离婚自由与限制论》，中国政法大学出版社 2007 年版。

33. 白红平：《中澳婚姻家庭法律制度比较研究》，法律出版社 2011 年版。

34. 曹贤余：《儿童最大利益原则下的亲子法研究》，群众出版社 2015 年版。

35. 梁慧星主编：《中国民法典学者建议稿及立法理由·亲属编》，法律出版社 2013 年版。

36. 王利明主编：《中国民法典学者建议稿及立法理由·人格权编·婚姻家庭编·继承编》，法律出版社 2005 年版。

37. 徐国栋主编：《绿色民法典草案》，社会科学文献出版社 2004 年版。

38. 李霞：《监护制度比较研究》，山东大学出版社 2004 年版。

39. 李洪祥：《我国民法典立法之亲属法体系研究》，中国法制出版社 2014 年版。

40. 陈苇主编：《当代中国内地与港、澳、台婚姻家庭法比较研究》，群众出版社 2012 年版。

41. 费孝通：《乡土中国 生育制度》，北京大学出版社 1998 年版。

42. 高凤仙：《亲属法：理论与实务》，台湾五南图书出版股份有限公司 2015 年版。

43. 蒋月：《婚姻家庭法前沿导论》（第二版），法律出版社 2016 年版。

44. 何海澜：《善待儿童：儿童最大利益原则及其在教育、家庭、刑事制度中的运用》，中国法制出版社 2016 年版。

45. 蒋月：《20 世纪婚姻家庭法：从传统到现代化》，中国社会科学出版社 2015 年版。

46. 宋豫主编：《国家干预与家庭自治：现代家庭立法发展方向研究》，河南人民出版社 2011 年版。

47. 陈棋炎、黄宗乐、郭振恭：《民法亲属新论》，三民书局股份有限公司 2008 年版。

48. 杨立新：《家事法》，法律出版社 2013 年版。

49. 张俊浩：《民法学原理》（上），中国政法大学出版社 2000 年版。

50. 佟柔：《中国民法》，法律出版社 1990 年版。

51. 李永军：《民法总论》（第二版），法律出版社 2009 年版。

52. 魏振瀛主编：《民法》（第三版），北京大学出版社、高等教育出版社 2007 年版。

53. 龙卫球：《民法总论》，中国法制出版社 2001 年版。

54. 王利明：《人格权法新论》，吉林人民出版社 1994 年版。

55. 杨大文：《亲属法》，法律出版社 1997 年版。

56. 陈棋炎：《亲属、继承法基本问题》，三民书局 1980 年版。

57. 梁慧星：《民法总论》，法律出版社 2001 年版。

58. 李霞：《民法典成年保护制度》，山东大学出版社 2007 年版。

59. 王竹青、杨科：《监护制度比较研究》，知识产权出版社 2010 年版。

60. 杨大文：《亲属法》，法律出版社 1997 年版。

61. 曹诗权：《未成年人监护制度研究》，中国政法大学出版社 2004 年版。

62. 黄风：《罗马私法导论》，中国政法大学出版社 2003 年版。

63. 周楠：《罗马法原论》（上册），商务印书馆 2001 年版。

64. 陈苇主编：《外国婚姻家庭法研究》，群众出版社 2006 年版。

65. 李喜蕊：《英国家庭法历史研究》，知识产权出版社 2009 年版。

66. 陈思琴：《离婚后亲子关系法律制度研究》，中国社会科学出版社 2011 年版。

67. 石雷：《英国现代离婚制度研究》，群众出版社 2015 年版。

68. 夏吟兰：《美国现代婚姻家庭制度》，中国政法人学出版社 1999 年版。

69. 瞿同祖：《中国法律与中国社会》，中华书局 2003 年版。

70. 高留志：《扶养制度研究》，法律出版社 2006 年版。

71. 杨大文、曹诗权：《婚姻家庭法》，中国人民大学出版社 2008 年版。

72. 王丽萍：《家庭成员间的权利义务》，山东人民出版社 2006 年版。

73. 杨国荣：《伦理与存在——道德哲学研究》，上海人民出版社 2002 年版。

74. 陈玉玲：《台湾婚姻家庭制度理论与实务》，九州出版社 2015 年版。

75. 陶建国：《家事诉讼比较研究——以子女利益保护为主要视角》，法律出版社 2017 年版。

76. 夏吟兰、薛宁兰：《民法典之婚姻家庭编立法研究》，北京大学出版社 2016 年版。

77. 卓泽渊：《法的价值总论》，人民出版社 2001 年版。

78. 余延满：《亲属法原论》，法律出版社 2007 年版。

79. 王洪：《婚姻家庭法》，法律出版社 2003 年版。

80. 王歌雅：《扶养与监护的法律救济》，法律出版社 2001 年版。

81. 夏吟兰：《21 世纪婚姻家庭关系的新规制》，中国检察出版社 2001 年版。

82. 李喜蕊：《英国家庭法历史研究》，知识产权出版社 2009 年版。

83. 陈苇主编：《中国妇女儿童权益法律保障情况实证调查研究——以中国五省市被抽样调查地区妇女儿童权益法律保障情况为对象》，群众出版社 2017 年版。

84. 黄宇：《疼痛与拯救：离异家庭子女抚养问题的立法理念反思与法律制度构建研究》，中国政法大学出版社 2016 年版。

85. 王德新：《民事诉讼法学》，中国政法大学出版社 2013 年版。

86. 田平安主编：《民事诉讼法原理》（第六版），厦门大学出版社 2015 年版。

87. 宋朝武主编：《民事诉讼法学》，厦门大学出版社 2015 年版。

88. 陈爱武：《家事法院制度研究》，北京大学出版社 2010 年版。

89. 陈爱武：《人事诉讼程序研究》，法律出版社 2008 年版。

90. 张晓茹：《家事裁判制度研究》，中国法制出版社 2011 年版。

91. 刘敏：《原理与制度：民事诉讼法修订研究》，法律出版社 2009 年版。

92. 王丽萍：《婚姻家庭法律制度研究》，山东人民出版社 2004 年版。

（二）译作著作类

93. ［美］乔尔·范伯格：《自由、权利和社会正义》，王守昌等译，贵州人民出版社 1998 年版。

94. ［美］路易·亨金：《权利的时代》，信春鹰、吴玉章、李林译，知识出版社 1997 年版。

95. ［荷］格老秀斯：《战争与和平法》，何勤华等译，上海人民出版社 2005 年版。

96. ［英］沃克：《牛津法律大辞典》，李双元等译，法律出版社 2003 年版。

97. ［美］尼科尔斯、施瓦茨：《家庭治疗——理论与方法》，王曦影、胡赤怡译，华东理工大学出版社 2005 年版。

98. ［英］大卫·帕金翰：《童年之死》，张建中译，华夏出版社 2005 年版。

99. ［德］康德：《法的形而上学原理——权利的科学》，沈叔平译，商务印书馆 1991 年版。

100. ［英］霍布斯：《利维坦》，黎思复、黎廷弼译，商务印书馆 1985 年版。

101. ［美］罗斯科·庞德：《通过法律的社会控制》，沈宗灵、董世忠译，商务印书馆 1984 年版。

102. ［英］米尔恩：《人的权利与人的多样性：人权哲学》，夏勇等译，中国大百科全书出版社 1995 年版。

103. ［澳］布赖恩·克里滕登：《父母、国家与教育权》，秦惠民等译，教育科学出版社 2009 年版。

104. ［日］大须贺明：《生存权论》，林浩译，法律出版社 2001 年版。

105. ［挪威］艾德等：《经济、社会和文化的权利》，黄列译，中国社会科学出版社 2003 年版。

106. ［加］罗德里克·菲利普斯：《分道扬镳——离婚简史》，李公昭译，中国对外翻译出版社 1998 年版。

107. ［美］马克·赫特尔：《变动中的家庭——跨文化的透视》，宋践、李茹等译，浙江人民出版社 1987 年版。

108. ［美］理查德·波斯纳：《性与理性》，苏力译，中国政法大学出版社 2002 年版。

109. ［美］芭芭拉·怀特黑德：《离婚文化》，叶凌云译，春风文艺出版社 1998 年版。

110. ［法］卢梭：《爱弥儿论教育》（上卷），李平沤译，商务印书馆 1978 年版。

111. ［意］彼得罗·彭梵德：《罗马法教科书》，费安玲译，中国政法大学出版社 1992 年版。

112. ［美］茱蒂丝·沃勒斯坦、茱莉亚·路易士、珊卓·布莱克斯利：《父母离婚后孩子走过的内心路》，张美惠译，四川大学出版社 2007 年版。

113. ［英］约翰·密尔：《论自由》，程崇华译，商务印书馆 1962 年版。

114. ［德］马克斯·韦伯：《经济、诸社会领域及权力》，李强译，三联书店 1995 年版。

115. ［英］安东尼·W. 丹尼斯、罗伯特·罗森：《结婚与离婚的法经济学分析》，王世贤译，法律出版社 2005 年版。

116. ［美］加里·斯坦利·贝克尔：《家庭论》，王献生、王宇译，商务印书馆 1998 年版。

117. ［美］昂格尔：《现代社会中的法律》，吴玉章、周汉华译，中国政法大学出版社 1994 年版。

118. ［日］棚濑孝雄：《现代日本的法和秩序》，易平译，中国政法大学出版社 2002 年版。

119. ［德］卡尔·拉伦茨：《德国民法通论》（上），王晓晔、邵建东、程建英等译，法律出版社 2003 年版。

120. ［英］凯特·斯丹德利：《家庭法》，屈广清译，中国政法大学出版社 2004 年版。

121. ［美］哈里·D. 格劳斯、大卫·D. 梅耶：《美国家庭法精要》（第五版），陈苇等译，中国政法大学出版社 2010 年版。

122. ［法］菲利普·阿里埃斯：《童年的世纪》，沈坚、朱晓罕译，北京大学出版社 2013 年版。

123. ［英］大卫·帕金翰：《童年之死》，张建中译，华夏出版社 2005 年版。

124. ［美］尼尔·波兹曼：《童年的消逝》，吴燕莛译，广西师范大学出版社 2004 年版。

125. ［英］鲁道夫·谢弗：《儿童心理学》，王莉译，电子工业出版社 2010 年版。

126. ［法］菲利普·阿里埃斯：《儿童的世纪：旧制度下的儿童和家庭生活》，沈坚、朱晓罕译，北京大学出版社 2013 年版。

127. ［日］兼子一、竹下守夫：《民事诉讼法》，白绿铉译，法律出版社 1995 年版。

128. ［德］迪特尔·施瓦布：《德国家庭法》，王葆莳译，法律出版社 2010 年版。

129. ［美］劳伦斯·罗森：《法律与文化：一位法律人类学家的邀请》，彭艳崇译，法律出版社 2011 年版。

（三）论文类

130. 薛宁兰：《我国亲子关系立法的体例与构造》，载《法学杂志》2014 年第 11 期。

131. 王丽萍：《论家庭对未成年人的保护——以父母照顾权为中心》，载《法商研究》2005 年第 6 期。

132. 马忆南、罗玲：《裁判离婚理由立法研究》，载《法学论坛》2014 年第 4 期。

133. 安维复：《社会建构主义：后现代知识论的“终结”》，载《哲学研究》2005 年第 9 期。

134. 许放明：《社会建构主义：渊源、理论与意义》，载《上海交通大学学报》（哲学社会科学版）2006 年第 3 期。

135. 范进学：《权利概念论》，载《中国法学》2003 年第 2 期。

136. 贾云：《论儿童观的范式转型——社会建构主义视野中的儿童观》，载《南京师范大学学报》（社会科学版）2009 年第 2 期。

137. 苗雪红：《当代西方社会建构童年研究范式考察》，载《教育学术月刊》2015 年第 3 期。

138. 苗雪红：《童年的本质：基于两种童年研究范式的思考》，载《安徽师范大学学报》（人文社会科学版）2016 年第 3 期。

139. 刘保：《作为一种范式的社会建构主义》，载《中国青年政治学院学报》2006 年第 4 期。

140. 施义慧：《道德中近代西方童年观的历史变迁》，载《中共福建省委党校学报》2004 年第 12 期。

141. 谭旭东：《论童年的历史建构与价值确立》，载《涪陵师范学院学报》2006 年第 6 期。

142. 张伟：《儿童·家庭·学校：西方近代教育观念的兴起与演进》，载《北京社会科学》2017 年第 9 期。

143. 王本余：《儿童权利的观念：洛克、卢梭与康德》，载《南京社会科学》2010 年第 8 期。

144. 韦禾：《儿童的权利：一个世界性的新课题》，载《教育研究》1996 年第 8 期。

145. 郭道晖：《对人权的法哲学沉思》，载《中国社会科学》1994 年第 4 期。

146. 吴英姿：《论诉权的人权属性——以历史演进为视角》，载《中国社会科学》2015 年第 6 期。

147. 莫纪宏：《人权概念的历史分析》，载《宪政与行政法治评论》2005 年第 2 期。

148. 沈宗灵：《二战后西方人权学说的演变》，载《中国社会科学》1992 年第 5 期。

149. 广州大学人权理论研究课题组：《中国特色社会主义人权理论体系论纲》，载《法学研究》2015 年第 2 期。

150. 吴飞：《当代中国婚姻的价值缺位》，载《文化纵横》2011 年第 1 期。

151. 夏吟兰：《离婚衡平机制研究》，载《中华女子学院学报》2004 年第 5 期。

152. 徐安琪：《离婚风险的影响机制——一个综合解释模型探讨》，载《社会学研究》2012 年第 1 期。

153. 张春泥：《当代中国青年父母离婚对子女发展的影响》，载《中国青年研究》2017 年第 1 期。

154. 何俊萍：《父母对未成年子女的人身安全保护义务研究》，载《暨南学报》（哲学社会科学版）2016 年第 12 期。

155. 周皓：《家庭社会经济地位、教育期望、亲子交流与儿童发展》，载《青年研究》2013 年第 3 期。

156. 赵梅：《婚姻冲突影响儿童心理发展的机制——对认知情景模型的研究支持》，载《山东社会科学》2005 年第 6 期。

157. 伍伟华：《视讯会面交往——美国家事法探视权之借镜》，载《法令月刊》2014 年第 4 期。

158. 陈苇、张庆林：《离婚诉讼中儿童抚养问题之司法实践及其改进建议——以某县法院 2011—2013 年审结离婚案件为调查对象》，载《河北法学》2015 年第 1 期。

159. 刘敏：《论民事诉讼当事人听审请求权》，载《法律科学》2008 年第 6 期。

160. 王雪梅：《儿童权利保护的“最大利益原则”研究》（上），载《环球法律评论》2002 年冬季号。

161. 王雪梅：《儿童权利保护的“最大利益原则”研究（下）》，载《环球法律评论》2003 年春季号。

162. 李立茹：《法不入家门？家事法演变的法律社会学分

析》，载《中原财经法学》2003 年第 10 期。

163. 王丽：《监护二元属性新论》，载《法学论坛》2018 年第 6 期。

164. 王占明：《再论监护性质》，载《太平洋学报》2007 年第 3 期。

165. 孟勒国、蒋慧、黄鹏：《论监护的性质及监护人的权益》，载《法学》1996 年第 11 期。

166. 李超：《英国、西班牙离婚后子女共同监护制度比较研究及对我国的启示》，载《河南财经政法大学学报》2018 年第 2 期。

167. 雷文玫：《以子女最佳利益之名：离婚后父母对未成年子女权利义务行使与负担之研究》，载《台大法学论丛》1999 年第 3 期。

168. 王洪：《论子女最佳利益原则》，载《现代法学》2003 年第 6 期。

169. 夏吟兰：《离婚亲子关系立法趋势之研究》，载《吉林大学社会科学学报》2007 年第 4 期。

170. 陈苇、王鹍：《澳大利亚儿童权益保护立法评价及其对我国立法的启示——以家庭法和子女抚养（评估）法为研究对象》，载《甘肃政法学院学报》2007 年第 3 期。

171. 冉启玉：《英美法“儿童最大利益原则”及其启示——以离婚后子女监护为视角》，载《河北法学》2009 年第 9 期。

172. 刘莉：《试论父母离婚后的未成年子女问题》，载《宁夏社会科学》2005 年第 6 期。

173. 高留志、于志强：《扶养制度的伦理分析》，载《云南大学学报》（法学版）2005 年第 4 期。

174. 赵玉：《婚姻家庭法中的利他主义》，载《社会科学战线》2018 年第 10 期。

175. 夏吟兰、何俊萍：《现代大陆法系亲属法之发展变革》，载《法学论坛》2011 年第 2 期。

176. 山东省济南市中级人民法院课题组：《关于 2015—2017 年度山东省济南市法院离婚纠纷案件的调研报告》，载《山东法官培训学院学报》2018 年第 3 期。

177. 王丽萍：《中日探望权制度研究》，载《山东大学学报》（哲学社会科学版）2004 年第 6 期。

178. 孙若军：《论探视权的立法和法律适用》，载《法学家》2002 年第 3 期。

179. 瞿灵敏：《探望权的理论反思与规则重构——兼论民法典婚姻家庭编探望权的立法完善》，载《江汉论坛》2018 年第 9 期。

180. 林进生、陈政龙、周家颖等：《父母对其未成年子女会面交往权之研究》，载《美和学报》2017 年第 1 期。

181. 赵敏、余荣红：《应明确子女为探望权的权利主体——兼评我国探望权制度的立法宗旨》，载《前沿》2005 年第 5 期。

182. 李洪祥、王希元、郑凯波：《离婚家庭儿童权益法律保障司法调查分析——以吉林省经济发展程度不同地区离婚案件为例》，载《中华女子学院学报》2016 年第 3 期。

183. 韩冰：《离婚背景下子女监护问题研究》，载《中共中央党校学报》2012 年第 4 期。

184. 司丹：《探望权：法律审视与制度重构》，载《黑龙江社会科学》2015 年第 5 期。

185. 王玮：《探望权及其相关问题研究》，载《河北法学》2003 年第 7 期。

186. 陈思琴、李杨：《美国离婚后的虚拟探望制度及其启示》，载《南昌航空大学学报》（社会科学版）2011 年第 2 期。

187. 王洪：《家庭自治与法律干预——中国大陆婚姻法之发展方向》，载《月旦民商法》2005 年第 8 期。

188. 王葆莳：《“儿童最大利益原则”在德国家庭法中的实

现》，载《德国研究》2013 年第 4 期。

189. 陈苇、谢京杰：《论“儿童最大利益优先原则”在我国的确立——兼论〈婚姻法〉等相关法律的不足及其完善》，载《法商研究》2005 年第 5 期。

190. 王德新：《民法典与民事诉讼法的协同构建》，载《河南社会科学》2016 年第 1 期。

191. 陈爱武：《家事诉讼与儿童利益保护》，载《北方法学》2016 年第 6 期。

192. 陈爱武：《论家事审判机构之专门化——以家事法院（庭）为中心的比较分析》，载《法律科学》2012 年第 1 期。

193. 陈苇、董思远：《家事审判改革视野下祖国大陆家事审判程序立法完善研究——兼以我国台湾“家事事件法”为学术视点》，载《西南政法大学学报》2018 年第 1 期。

194. 蒋月：《家事审判制：家事诉讼程序与家事法庭》，载《甘肃政法学院学报》2008 年第 1 期。

195. 汤鸣：《家事纠纷法院调解实证研究》，载《当代法学》2016 年第 1 期。

196. 陈娟、尚丽娟：《家事诉讼中构建特别程序的价值及其实现》，载《河北法学》2018 年第 10 期。

197. 蒋月、冯源：《台湾家事审判制度的改革及其启示——以“家事事件法”为中心》，载《厦门大学学报》（哲学社会科学版）2014 年第 5 期。

198. 王德新：《家事审判改革的理念革新与路径调适》，载《当代法学》2018 年第 1 期。

199. 孙永军：《中国家事诉讼法的背景、特别规定及立法例》，载《三峡大学学报》（人文社会科学版）2018 年第 3 期。

200. 任重：《我国民事诉讼释明边界问题研究》，载《中国法学》2018 年第 6 期。

201. 陈莉：《以法官职权探知主义为原则的家事审判》，载

《人民司法》2017 年第 1 期。

202. 齐凯悦：《论英国家事审判改革中的儿童程序参与及对我国的启示》，载《甘肃政法学院学报》2017 年第 6 期。

203. 张泽涛、肖振国：《德国〈调解法〉评述及其启示》，载《法学评论》2013 年第 1 期。

204. 任凡：《论家事诉讼中未成年人的程序保障》，载《法律科学》2019 年第 2 期。

205. 陈苇、贺海燕：《论中国民法典婚姻家庭编的立法理念与制度新规》，载《河北法学》2021 年第 1 期。

（四）法规类

206. 《法国民法典》，罗结珍译，北京大学出版社 2010 年版。

207. 《德国民法典（第三版）》，陈卫佐译，法律出版社 2010 年版。

208. 《瑞士民法典》，于海涌、赵希璇译，法律出版社 2016 年版。

209. 《西班牙民法典》，潘灯、马琴译，中国政法大学出版社 2013 年版。

210. 《葡萄牙民法典》，唐晓晴等译，北京大学出版社 2009 年版。

211. 《澳大利亚家庭法》（2008 年修正），陈苇等译，群众出版社 2009 年版。

（五）其他类

212. 李娟娟：《西方儿童观的发展》，载《光明日报》2011 年 7 月 12 日，第 14 版。

213. 张元华、郑永建：《家事审判改革中完善未成年人权益保障的几点思考》，载《人民法院报》2016 年 11 月 30 日，第 7 版。

214. 彭玉：《如何对待人权？——从马克思主义人权观切入》，载《中国社会科学报》2017 年 1 月 18 日。

215. 彭志新：《家事审判中实现未成年人利益最大化的思考》，载《人民法院报》2018年6月20日，第7版。

216.《离婚夫妻“竞价抚养费”出价高者可不养孩子》，发布日期：2011年3月25日，载 http://www.news.qq.com/a/20110325/000269.htm,最后访问日期：2019年1月15日。

217. 最高人民法院：《为社会建设奠基 为幸福生活护航——人民法院家事审判方式和工作机制改革综述》，发布日期：2018年7月20日，载 http://www.court.gov.cn/zixun-xiangqing-108471.html，最后访问时间：2019年1月20日。

218. 谢晴等：《江苏常州天宁探索完善未成年人民事审判规范》，发布日期：2012年8月27日，载 http://www.chinapeace.gov.cn/2012-08/27/content_4900028.htm，最后访问日期：2019年1月20日。

二、外文类参考文献

（一）著作类

219. MacCormic, *Legal Right and Social Democracy: Essays in Legal and Political Philosophy*, Oxford: Clarendon Press, 1982.

220. Sharon Detrick, *A commentary on the United Nations Convention on the Rights of the Child*, London: Martinus Nijhoff Publishers, 1999.

221. S. S. Mclanahan and G. Sandefur, *Growing up with a Single-Parent: What Hurts, What Helps*, Cambridge, MA: Harvard University Press, 1994.

222. Roderick Phillips, *Putting Asunder: A History of Divorce in Western Society*, Cambridge: Cambridge University Press, 1988.

223. Philip Alston, eds., *The Best Interests of the Child*, Oxford: Clarendon Press, 1994.

224. Stephen Cretney, *Family Law in the Twentieth Century*, Oxford: Oxford University Press, 2003.

225. R. Anshen, ed. , *The Family: Its Function and Destiny* , New York: Harper &. Broth, 1949.

226. C. A. Wringe, *Children's Rights: A Philosophical Study*, London: Routledge & Kegan Paul Ltd, 1981.

227. Jane Fortin, *Children's Rights and the Developing Law*, London: Reed Elsevier Ltd, 2003.

228. Robert Audi, *The Cambridge Dictionary of Philosophy*, Cambridge: Cambridge University Press, 1999.

229. Roger Smith, *A Universal Child?* New York: Palgrave Macmillan, 2010.

230. Michael Freeman, *The Moral Status of Children: Essays of the Rights of the Child*, Leiden: Martinus Nijhoff Publishers, 1997.

231. David William Archard, *Children, Family and the State*, London: Ashgate Publishing Company, 2003.

（二）论文类

232. Robert Mnookin, "Child – Custody Adjudication: Judicial Functions in the Face of Indeterminacy", *Law and Contemporary Problems*, Vol. 39, No. 3, 1975.

233. Stephen Parker, "The Best Interest of the Child: Principles and Problems", in Philip Alston eds. , *The Best Interest of The Child: Reconciling Culture and Human Rights* , Oxford: Clarendon Press, 1994.

234. Kenneth Waldron, "A Review of Social Science Research on Post Divorce Relocation", *Journal of American Academy of Matrimonial Lawyer* , Vol. 19, 2005.

235. Martin D. Ruck, eds. , "Children's and Adolescents' Understanding of Rights: Balancing Nurturance and Self-Determination", *Child Development*, Vol. 69 (2), 1998.

236. Samantha Brennan, Robert Noggle, "the Moral Status of Children: Children's Rights, Parent's Rights, and Family Justice", *So-*

cial Theory and Practice , Vol. 23, 1997.

237. Carl Rogers and Lawrence Wrightsman. "Attitudes Toward Children's Rights: Nurturance or Self-determination", *Journal of Social Issues*, Vol. 34, 1978.

238. Steven Mintz. "Placing Children's Rights in Historical Perspective", *Criminal Law Bulletin* , June 2008.

239. John Eekelar, "The Emergence of Children's Rights", *Oxford Journal of Legal Studies* , Vol. 6, No. 2, Summer, 1986.

240. Micchael S. Wald, "Children's Rights: A Framework for Analysis", *University of California*, Vol. 12, 1979.

241. T. J. Biblarz and A. E. Raftery, "Family Structure, Educational Attainment, and Socioeconomic Success: Rethinking the 'Pathology of Matriarchy' ", *American Journal of Sociology* , Vol. 105, No. 2, 1999.

后 记

本书是以我的博士学位论文为基础撰写的。我的博士学位论文从选题到定稿，历经三年之余。从 2015 年开题之始，笔者收集并阅读了大量关于父母离婚后儿童权利保护的相关学术成果。正是在这些研究成果基础之上，本书才能对诉讼离婚中儿童权利保护问题进行研究。在此，对诸位前辈、老师、同学表示真诚的感谢！

我首先要感谢尊敬的陈苇教授。陈苇老师是我攻读博士学位的导师，从论文的选题一直到写作完成，都给予我莫大的帮助与鼓励。在写作过程中，陈老师不辞辛苦，百忙中抽出时间对我进行耐心指导。可以说，我的博士学位论文之所以能够完成，凝聚了陈老师极大的付出与心血。在此，我对陈老师表示衷心的感谢！同时，我在读博阶段，能够得到陈老师的指导和教诲，实乃本人最大之幸事。陈老师学识渊博，不仅拥有学富五车的专业知识，更有兢兢业业、一丝不苟、忘我工作的科研精神。陈老师的这些宝贵品质与精神一直深深地感动着我、影响着我、鼓励着我、鞭策着我。

我的博士学位论文的完成，还要感谢尊敬的张力教授、石慧荣教授、刘云生教授、徐洁教授、宋豫教授、汪青松教授、薛宁兰教授、王歌雅教授、张建文教授、吴春燕教授在论文开题、写作、答辩过程中提出的宝贵建议。

我还要感谢同门师兄师姐师弟师妹们。你们提出的宝贵建议和无私帮助，对我完成论文和学业帮助甚大。特别是要感谢 2014 年 1 月参加陈苇老师主持的 2014 年度中国法学会部级法学研究课题

“我国妇女儿童权益法律保障情况实证调查研究”司法实践调研活动的同门，他们是张鑫、张志媛、罗西贝贝、陈钊、卢秀平、侯艳芳、孙双双等同学。正是这些具体、翔实的调研数据和统计汇总资料，为本书中我国司法实践实证调研部分内容的写作与论证提供了参考资料。

同时还要感谢河北经贸大学和中央司法警官学院的领导和同人给予我的帮助与支持。

最后感谢我的家人们，包括我的父母、妻子、孩子们，正是你们的理解与支持才让我无后顾之忧，安心写作，谢谢你们！

张庆林

2020 年 12 月 26 日

附 录

西南政法大学外国家庭法及妇女理论研究中心简介（中英文对照）

学术顾问（以姓氏笔画为序）：万相兰、王中伟、王建华、李春茹、陈 苇、谢晓曦

主　　任：张 力

常务副主任：朱 凡

秘 书 长：石 婷

2003 年 12 月至 2004 年 12 月，西南政法大学民商法学院博士生导师陈苇教授受国家留学基金资助，由教育部公派出国留学，作为访问学者到澳大利亚悉尼大学法学院进修家庭法 1 年。她回国后于 2005 年 1 月向学校提出了建立“西南政法大学外国家庭法及妇女理论研究中心”的书面申请。2005 年 4 月 1 日，西南政法大学校长办公会议批准同意该研究中心成立。

本“研究中心”的工作宗旨是：通过整合本校婚姻家庭法及妇女理论方面的科研与教学资源，联合校内外其他单位与部门的相关人员，以西南政法大学为依托，开展中外学术交流，着力研究现阶段中外婚姻家庭继承法及妇女领域的重大理论和实践课题，为我国婚姻家庭继承法的完善及妇女理论的发展提供有益的借鉴经验，为我国立法机关提出相关建议，为司法部门提供法律咨询服务，争取多出科研成果，特别是精品科研成果，为创建国内一流、国际知名的西南政法大学而努力。

本“研究中心”的主要任务包括：1. 开展中外学术交流；2. 提供专业咨询服务；3. 进行学术前沿理论和司法实务问题研究；4. 培养婚姻家庭继承法及妇女理论的学术人才；5. 组织开展学术

讲座等，以期造就一批在本学科领域有一定影响的学术骨干和后备学术带头人。

本“研究中心”的学术研究平台：为促进学术研究和学术交流，研究中心主任陈苇教授自2005年起先后创办、主编出版《家事法研究》学术论文集刊和《家事法研究学术文库》丛书，到2020年年底为止的16年期间，已出版《家事法研究》（2005年卷至2010年卷）学术论文集刊6卷和《家事法研究学术文库》丛书著作27部。这些论文集和著作，着力研究婚姻家庭继承法领域的前沿理论和司法实务的热点难点问题，在我国学术界和实务界已产生了良好的社会影响。需要说明的是，为进一步扩大《家事法研究》的学术影响，在2009年中国婚姻家庭法学研究会常务理事会上，经陈苇教授提出申请，研究会常务理事一致同意，夏吟兰会长宣布自2010年起《家事法研究》改由学会主办。但由于2010年学会将出版“2009年中国婚姻家庭法学研究会年会论文集”，故夏会长委托陈苇教授继续主编出版《家事法研究》（2010年卷），即从2011年起《家事法研究》改由中国婚姻家庭法学研究会主办，它成为该学会的会刊。为继续推进婚姻家庭继承法领域前沿理论和司法实务问题的研究，本“研究中心”决定打造新的学术研究和交流的平台。自2012年起，陈苇教授担任主编，负责遴选出版《家事法研究学术文库》丛书，每年计划出版1~3本，由国家级出版社出版。同时，本“研究中心”继续与杨晓林律师组建的家事法律师团队合作，在“西南政法大学外国家庭法及妇女理论研究中心”网页——学习园地之“学术前沿”栏，通过登载婚姻家庭法律资讯简报，发表婚姻家庭继承法领域的前沿理论和司法实务热点难点问题的最新研究成果，以期实现学术研究与立法、司法的良性互动，促进中外学术研究和学术交流。

本“研究中心”的团队成员：以西南政法大学民商法学院婚姻家庭继承法和妇女理论研究所的人员为主，并聘请校内外的专家、学者担任学术顾问和特邀研究员。

Appendix:

Introduction of the Research Center on Foreign Family Law and Women's Theory of Southwest University of Political Science and Law, China

Academic Consultants: WAN Xianglan, WANG Zhongwei, WANG Jianhua, LI Chunru, CHEN Wei, XIE Xiaoxi

Director: ZHANG Li

Deputy Director: ZHANG Huagui, ZHU Fan

Academic Secretary: SHI Ting

Introduction

Professor CHEN Wei, the doctor tutor of the Civil and Business Law School of Southwest University of Political Science and Law, China [hereinafter refers to SWUPL], studied family law in the Law School of Sydney University, Australia from Dec. 2003 to Dec. 2004 with the sustentation of "STATE SCHOLARSHIP FUND AWARD". In Jan. 2005, some days after came back to China, she presented the application for establishing "Research Center on Foreign Family Law and Women's Theory of SWUPL, China". On Apr. 1st 2005, the President's Working Office of SWUPL approved her application.

The aim of the Research Center is to develop academic exchange between China and foreign countries, put emphasis on grand important theory and practice problems of family law and women's theory by associating the researching and teaching resources of SWUPL with relevant personnel of other units and departments. All of that we have done and will do have some important meaning: first of all, we may provide the valuable experiences for the perfection of the laws of family and succession in China and the development of women's theory; the second, we may provide relevant suggestions to Chinese legislature, and may provide legal advices to judicial practice departments. We hope that SWUPL will be top ranking internally and famous internationally with our efforts.

The assignments of the Research Center including: (1) developing academic exchange between China and foreign countries in relevant fields; (2) providing professional consultation service; (3) strengthen academic research; (4) training some academic adepts of family law and women's theory; (5) giving academic lectures. We hope that some adepts and reserve academic leaders with certain influence in family law field would be brought up.

The academic research platforms of the Research Center: In order to promote the academic research and exchanges, Professor CHEN Wei, director of the Research Center, has founded and edited the publication of the Periodical of Research on Family Law and the Works of Researches on Family Law early or late since 2005. By the end of 2020, 6 volumes of the Periodical of Research on Family Law (Volumes 2005 to 2010) and 27 Works of Researches on Family Law have been published during the sixteen years. These papers and books, focusing on the frontier theory research on Marriage, Family and Inheritance Law and the judicial practice issues, have had good social affluence in the academic circle and practice circle of China. It is noteworthy that, in order to further expand the academic influence of the Periodical, in the Executive Council of Society of Marriage and Family Law of China (SMFLC) in 2009, upon Professor CHEN Wei's proposal, the Executive Council agreed and President XIA Yinlan announced that the Periodical of Research on Family Law was edited by SMFLC after 2010. As SMFLC would publish the papers submitted to the Annual Meeting of SMFLC in 2009, President XIA Yinlan authorized Professor CHEN Wei to edit the publication of the Periodical of Research on Family Law (Volume 2010) in 2010. The Periodical was edited by SMFLC and became its Society Journal from 2011. In order to continue to advance the theoretical research and judicial practice in the field of Marriage, Family and Inheritance Law, the "Research Center" decided to build a new platform for academic research. 1 – 3 of the Works of Researches on Family Law which will be selected and edited by Professor CHEN Wei for publication each year by the national publishing press since 2012. At the same time, the "Research Center" continues to cooperate with the Family Law Lawyer Team built by Lawyer YANG Xiaolin. On the webpage of "Foreign Family Law and Women's Theory Research Center of SWUPL"——"Academic Frontier" of Study Column, by published the Information Briefing of Marriage and Family Law, the latest research achievements on the frontier theory of Marriage, Family and Inheritance Law and judicial practice issues are published to realize the benign interaction between academic research, legislation and justice and promote the academic research and exchanges between China and foreign countries.

The personnel of the Research Center is mainly composed of scholars from the Marriage, Family and Succession Law and Women's Theory Research Institute of the Civil and Business Law School of SWU PL, China. We also invite some famous experts and scholars around the whole country to be the consultants and special research fellows. They are the members of the Research Center too.

西南政法大学外国家庭法及妇女理论研究中心
2006~2012年已出版书目

《外国婚姻家庭法比较研究》（2006年出版）

《中国大陆与港、澳、台继承法比较研究》（2007年出版）

《当代中国民众继承习惯调查实证研究》（2008年出版）

《改革开放三十年（1978~2008）中国婚姻家庭继承法研究之回顾与展望》（2010年出版）

《中国婚姻家庭法立法研究（第二版）》（2010年出版）

《外国继承法比较与中国民法典继承编制定研究》（2011年出版）

《当代中国内地与港、澳、台婚姻家庭法比较研究》（2012年出版）

《加拿大家庭法汇编》（2006年出版）

《澳大利亚家庭法（2008年修正）》（2009年出版）

《美国家庭法精要（第五版）》（2010年出版）

《澳大利亚法律的传统与发展（第三版）》（2011年出版）

《家事法研究》2005年卷（2006年出版）

《家事法研究》2006年卷（2007年出版）

《家事法研究》2007年卷（2008年出版）

《家事法研究》2008年卷（2009年出版）

《家事法研究》2009年卷（2010年出版）

《家事法研究》2010年卷（2011年出版）

西南政法大学家事法研究学术文库
2012~2014 年已出版书目

《婚姻家庭法之女性主义分析》

《基于性别的家庭暴力之民法规制——中国法与美国法之比较》

《亲属法的伦理性及其限度研究》

《人文主义视阈下的离婚法律制度研究》

《遗产债务法律制度研究》

《防治家庭暴力立法与实践研究》

《私法自治视域下的老年人监护制度研究》

《离婚扶养制度研究》

《中国继承法修改热点难点问题研究》

《我国防治家庭暴力情况实证调查研究——以我国六省市被抽样调查地区防治家庭暴力情况为对象》

《家事调解制度研究》

图书在版编目（CIP）数据

中国诉讼离婚中儿童权利保护研究/张庆林著．—北京：中国人民公安大学出版社，2021.5

（家事法研究学术文库/陈苇主编）

ISBN 978-7-5653-4210-3

Ⅰ.①中…　Ⅱ.①张…　Ⅲ.①离婚—民事诉讼—未成年人保护法—研究—中国　Ⅳ.①D922.74

中国版本图书馆 CIP 数据核字（2021）第 086376 号

中国诉讼离婚中儿童权利保护研究

张庆林　著

出版发行：中国人民公安大学出版社
地　　址：北京市西城区木樨地南里
邮政编码：100038
经　　销：新华书店
印　　刷：北京市科星印刷有限责任公司

版　　次：2021 年 5 月第 1 版
印　　次：2021 年 5 月第 1 次
印　　张：10.125
开　　本：880 毫米×1230 毫米　1/32
字　　数：273 千字

书　　号：ISBN 978-7-5653-4210-3
定　　价：48.00 元

网　　址：www.cppsup.com.cn　www.porclub.com.cn
电子邮箱：zbs@cppsup.com　zbs@cppsu.edu.cn

营销中心电话：010-83903991
读者服务部电话（门市）：010-83903257
警官读者俱乐部电话（网购、邮购）：010-83901775
法律分社电话：010-83905745